LA LNH, UN RÊVE POSSIBLE

Continue de Rêver et
J'espère que tout sera possible
pour toi... avec ou sans moi

Je t'aime

Maman.

Luc Gélinas

LA LNH, UN RÊVE POSSIBLE

Les premiers pas de huit hockeyeurs professionnels québécois

Catalogage avant publication de Bibliothèque et Archives nationales du Québec et Bibliothèque et Archives Canada

Gélinas, Luc

La LNH, un rêve possible

ISBN 978-2-89428-984-6

1. Joueurs de hockey - Québec (Province). 2. Ligue nationale de hockey. I. Titre.

GV848.5.A1G44 2008 796.962092'2714 C2008-941314-8

Les Éditions Hurtubise HMH bénéficient du soutien financier des institutions suivantes pour leurs activités d'édition :

- Conseil des Arts du Canada
- Gouvernement du Canada par l'entremise du Programme d'aide au développement de l'industrie de l'édition (PADIÉ)
- Société de développement des entreprises culturelles au Québec (SODEC)
- Programme de crédit d'impôt pour l'édition de livres du gouvernement du Québec

Photographies de la couverture : Les photographies des joueurs proviennent de leurs archives personnelles ; la photographie de Martin Brodeur est reproduite avec l'aimable autorisation de Denis Brodeur ; la photographie du jeune hockeyeur inconnu provient de la banque d'images i stock photo.
Maquette de couverture : La Boîte de Pandore
Maquette intérieure et mise en page : Folio infographie

L'auteur a fait les meilleurs efforts pour retrouver les titulaires des droits des photographies reproduites dans cet ouvrage. Si certains n'avaient pas été contactés, qu'ils veuillent bien se faire connaître auprès des Éditions Hurtubise HMH.

Éditions Hurtubise HMH ltée
1815, avenue De Lorimier
Montréal (Québec) H2K 3W6
Tél. : (514) 523-1523

DISTRIBUTION EN FRANCE :
Librairie du Québec / DNM
30, rue Gay-Lussac
75005 Paris
www.librairieduquebec.fr

ISBN : 978-2-89428-984-6

Dépôt légal : 3e trimestre 2008
Bibliothèque et Archives nationales du Québec
Bibliothèque et Archives du Canada

Imprimé au Canada
www.hurtubisehmh.com

À mon meilleur ami, Paul Buisson, qui insistait souvent pour que j'écrive un livre. Il cherchait même des sujets susceptibles de m'intéresser !

Paul est parti trop vite et je n'ai pas eu le temps de partager ce projet avec lui. En bout de ligne, il a quand même eu son mot à dire et *La LNH, un rêve possible* n'aurait pas été le même livre si je n'avais pas croisé sur ma route cet homme extraordinaire. Pourquoi ? Parce que Paul a changé ma façon de voir la vie, de la savourer... et par conséquent d'écrire.

PRÉFACE

Tu as neuf ans et tu rêves au jour où tu patineras aux côtés de tes idoles. Tu as onze ans et tu rêves du jour où tu lèveras la coupe Stanley au bout de tes bras. Tu as douze ans et tu voudrais seulement qu'une équipe te sélectionne au repêchage pour avoir une chance de démontrer ce que tu peux faire... mais il te reste encore beaucoup de chemin à parcourir. Les obstacles seront nombreux et, au fil des ans, tu oublieras sans doute ce beau rêve, comme la plupart des jeunes. Mais tout le monde a le droit de s'accrocher à son rêve. Jouer dans la grande ligue, la fameuse Ligue nationale de hockey, a aussi été mon rêve. J'ai eu le privilège de le réaliser et de le chérir avec ma famille et mes amis. Le sentiment d'accomplissement ressenti après mon premier match ou mon premier but... wow ! Juste à y penser, j'en ai encore des frissons.

J'ai toujours comparé la vie d'un joueur de hockey à un iceberg : elle est constituée de 10 % de talent et de 90 % d'effort et de persévérance. Dans une carrière, 10 % est facile et 90 % est un marathon mental et physique. Nous ne connaissons que 10 % de la vie des joueurs ; le reste, le 90 %, les gens l'imaginent ou l'inventent de toutes pièces. Tous ces petits faits et gestes qui confirment l'athlète au fil des ans dans sa passion pour son sport sont trop souvent méconnus. Chaque joueur a son histoire, ses défaites, ses contre-performances, ses déceptions et ses blessures. Toutes ces épreuves font partie du long parcours d'un jeune hockeyeur. Beaucoup d'aspects restent inconnus du grand public car nul n'a, en temps normal, accès à ces informations, sauf la famille ou les proches des joueurs.

Ce livre écrit par mon bon ami Luc Gélinas raconte l'histoire de huit hockeyeurs québécois ayant accompli ce rêve réputé impossible. D'une page à l'autre, nous avons le privilège d'être témoin du cheminement de ces huit enfants qui ont grandi dans des milieux différents, dans des encadrements différents et avec des talents différents. Leur histoire saura certainement inspirer nos jeunes, au-delà du hockey, ainsi que leurs parents. Ceux-ci, trop souvent laissés à eux-mêmes, y trouveront sûrement quelques pistes très intéressantes à explorer pour aider et soutenir leur progéniture.

J'aimerais tellement revenir dans le temps, au début de mon adolescence, lire ce livre et refaire mon parcours...

Joël BOUCHARD

VINCENT LECAVALIER

Vincent Lecavalier n'a qu'un an et, déjà, il regarde attentivement les matchs du Canadien, collé contre son père, Yvon, envoûté par ce qui se déroule devant ses yeux. Lorsqu'il effectue ses premiers pas, Vincent s'assure d'être stable, puis, comme par instinct, il saisit un petit bâton de hockey et se met à frapper sur une balle.

Vincent Lecavalier est né pour jouer au hockey. Il ne s'est pratiquement jamais amusé avec des camions ou des blocs Lego comme les autres bambins. Avec lui, les casse-tête demeuraient dans les boîtes et les petits soldats n'allaient jamais à la guerre. Dès qu'il a été en mesure de choisir ses activités, il n'en a eu que pour les rondelles, les balles ou les ballons. Ses parents se sont même demandé s'il était normal qu'un enfant de cet âge soit si captivé par le sport.

S'il est aujourd'hui devenu l'un des meilleurs joueurs au monde, c'est aussi parce que ses parents et lui se sont imposé des sacrifices que peu de familles étaient prêtes à accepter. À 14 ans, alors qu'on disait de lui qu'il était l'un des plus beaux espoirs de la province, il quitte pourtant sa famille et ses amis pour s'exiler dans un collège de la Saskatchewan afin d'améliorer ses chances de réaliser un jour son rêve de jouer dans la Ligue nationale. Et pendant ce temps, son père, Yvon, doit occuper trois emplois à la fois pour défrayer les coûts faramineux reliés aux études de Vincent. Mais chaque mois, le paternel s'arrange pour trouver les fonds nécessaires car il sait que son fils est né pour jouer au hockey.

* * *

Vincent a toujours été fasciné par le hockey, comme s'il avait été victime d'un ensorcellement. Comme si, quelque part au sommet du mont Olympe, caché dans l'ombre de Zeus, un timide dieu du Hockey avait décidé, le 21 avril 1980, de doter un humain de dons surnaturels. Ce n'était sûrement pas la première intervention de cette divinité inconnue, qui, au fil des ans, avait aussi posé sa main sur d'autres bébés comme Maurice Richard, Jean Béliveau, Bobby Orr ou Wayne Gretzky.

Lui-même maniaque de hockey, Yvon Lecavalier n'en demandait pas tant. Comme bien des Québécois, il avait rêvé de jouer un jour dans la Ligue nationale quand il était enfant. Ses parents l'avaient toujours soutenu et avaient encouragé cette ambition farfelue. Mais à 20 ans, Yvon constata par lui-même qu'une carrière de pompier serait certainement plus appropriée. Cette décision s'avérera bonne. Il rencontrera Christiane, l'épouse et le couple s'installera à l'Île-Bizard, en banlieue de Montréal. En 1975, le statut des deux tourtereaux passera de couple à famille avec l'arrivée d'un premier enfant, Philippe. En 1977, c'est Geneviève qui se pointera le bout du nez. Vincent viendra compléter les rangs deux ans et demi plus tard.

Sportif accompli, Yvon Lecavalier ne tarde pas à initier son fils aîné à plusieurs disciplines en mettant l'accent, on s'en doute, sur le hockey. Cependant, au départ, fiston ne semble pas avoir la piqûre. Chaque samedi, il faut presque le traîner jusqu'à l'aréna. Le paternel n'insiste pas, mais il tient mordicus à ce que ses enfants fassent du sport. Pas question pour lui que ses rejetons passent leurs journées devant la télé. Finalement, vers huit ou neuf ans, le petit Philippe a développé un certain talent pour le hockey, tant et si bien qu'à sa première année chez les pee-wee, il se taille une place au sein de l'équipe CC. Il est même promu au niveau AA en milieu de saison. À partir de ce moment, le hockey devient pour lui aussi une passion. Lors de sa deuxième saison dans cette catégorie, il devient un joueur dominant et ne passe pas inaperçu sur la glace du haut de ses 5 pieds 11 pouces et de ses 180 livres.

Parallèlement à cela, le petit Vincent demande et redemande du hockey. À la caserne, Yvon est plus souvent qu'autrement affecté au quart de travail de soirée. Pendant que les deux plus âgés sont à l'école, il se retrouve seul à la maison avec le petit dernier. Pour meubler son temps libre et satisfaire l'appétit de son fils cadet, il se rend souvent aux arénas situés près de la maison. Le petit Vincent n'a que deux ans et demi et il patine déjà trois ou quatre fois par semaine. Le père et le fils font la tournée des arénas du West Island : Beaconsfield, Pierrefonds, Dollard-des-Ormeaux et Pointe-Claire, au gré des horaires de patinage libre. Comme l'affluence n'est pas toujours très forte, ils peuvent souvent prendre possession d'un petit coin de la patinoire. Yvon y place des cônes et propose des parcours à Vincent. Le paternel insiste pour que chaque exercice soit exécuté des deux côtés afin que son garçon parvienne à tourner et pivoter aisément autant à gauche qu'à droite. Le bambin n'a pas toujours envie de se plier aux instructions, mais la routine n'excède jamais 10 minutes et, par la suite, il est libre de faire ce que bon lui semble pour le reste de l'heure.

Plus tard, la même chose se répète pour le maniement de la rondelle : les manœuvres se terminent autant par un tir des poignets que par un lancer du revers. Les apprentissages proposés par Yvon sont créatifs et diversifiés. Vincent s'amuse comme un fou et en veut toujours plus, sans réellement comprendre qu'il s'améliore.

TROP TALENTUEUX POUR SON GROUPE

Bientôt, le moment tant attendu arrive enfin pour Vincent alors qu'il a la chance de prendre part à de vraies parties. À l'intérieur du programme d'initiation au hockey, les petits disputent des matchs amicaux. La patinoire est divisée en deux sur le sens de la largeur, de sorte que quatre équipes peuvent évoluer simultanément. Lors de sa première présence, le petit Lecavalier, âgé de quatre ans et demi, s'empare de la rondelle, décampe, déjoue tout le monde, accélère et marque le premier but de sa carrière. Lorsque le sifflet sonne pour arrêter le jeu et permettre d'effectuer des changements de joueurs après une minute, Vincent a déjà enfilé trois buts. Il est évident qu'il est beaucoup trop talentueux pour le groupe.

On décide donc que ce mini Wayne Gretzky ira jouer dans la ligue locale de catégorie novice. Il se frottera à des garçons de huit et neuf ans à qui il concédera parfois un pied et demi, mais c'est la solution la plus logique dans les circonstances. Vincent manifeste beaucoup d'aplomb et fait relativement bonne figure.

À cinq ans, il se joint à une équipe de calibre novice C. Son ascension se poursuit l'année suivante alors qu'il gradue dans la catégorie B. À l'âge de sept ans, lors de ce qui aurait normalement dû être sa dernière année d'initiation au hockey, le voilà déjà avec la formation novice BB du Lac Saint-Louis. Même s'il est le plus jeune joueur de la ligue, le petit phénomène inscrit plus de 80 points à sa fiche et termine la saison au deuxième rang des marqueurs du circuit régional.

Un an plus tard, c'est l'explosion ! En additionnant les matchs réguliers de la ligue, des séries éliminatoires et des tournois, Vincent accumule un incroyable total de 75 buts et près de 250 points en 70 parties. Encore une fois, le jeune garçon s'avère beaucoup trop fort pour son groupe.

À l'issue de cette saison, où il a outrageusement dominé le novice BB, Hockey Québec change la réglementation et abolit les catégories « doubles lettres » au niveau novice. En théorie, selon les nouvelles règles, le petit surdoué doit donc faire partie de l'équipe novice A de l'Île-Bizard, ce qui est parfaitement ridicule. Cette situation est injuste, autant pour Vincent que pour les enfants qui auraient à l'affronter. Yvon Lecavalier entreprend donc des démarches pour que son garçon obtienne la permission de jouer tout de suite dans les rangs atome.

Les dirigeants de l'Association de North Shore, qui chapeaute ce territoire, refusent toutefois la requête sous prétexte que le geste va à l'encontre des politiques de l'organisme et que personne n'a jamais été autorisé à « sauter une année » sous leur férule. Bon joueur, Yvon Lecavalier ne comprend pas ce qui peut dicter un tel comportement, mais s'en remet à la décision.

« Je trouvais ça ridicule, mais je me suis dit : "O.K., Vincent va jouer novice A cette année." On s'en va donc à l'aréna pour sa première partie. Vincent commence le match sur la patinoire et

Même tout jeune, Vincent Lecavalier faisait déjà parler de lui et il n'a jamais ralenti la cadence.

ça n'a pas de bon sens. Il faisait ce qu'il voulait sur la glace. Il était tellement fort que son *coach* ne l'a pas embarqué une seule autre fois par la suite. Il a passé une heure assis au bout du banc », se rappelle Yvon.

Évidemment, on doit rectifier le tir, car la situation est embarrassante pour tout le monde. On décide donc que le petit Lecavalier passera l'hiver au sein d'une équipe atome A, ce à quoi s'objecte son père immédiatement.

— Non ! C'est hors de question. Vincent va suivre les mêmes étapes que tous les autres qui passent du novice à l'atome. Il va d'abord tenter sa chance au AA, et s'il est pas assez bon, il sera retranché au CC comme prévu. Et si, là encore, il n'est pas assez fort, il se joindra à un club A de Pierrefonds. Pis si ça marche pas dans le A, vous l'enverrez dans le B, ça me dérange pas, mais vous allez lui donner le droit de s'essayer avec les meilleurs comme vous faites avec tout le monde.

— Non, monsieur Lecavalier. Il est pas question qu'on fasse ça.

— Ah non ? Et pourquoi ?

— Ben, vous le savez, c'est contre notre politique.

— Ah oui… Ben parfait. Signez-moi une dérogation et Vincent va aller jouer ailleurs cet hiver. Ça a pas de maudit bon sens !

— On vous comprend de pas être content. Mais il est pas question qu'on vous donne une *release* pour Vincent.

— O.K. ! Ben regardez-moi aller d'abord. Vous allez voir que c'est pas fini, cette histoire-là.

Résolu à ne pas voir son garçon perdre sa saison en raison du jugement douteux des dirigeants de l'Association de North Shore, Yvon effectue des démarches légales et parvient à se faire entendre par la Fédération québécoise de hockey sur glace. L'histoire fait jaser dans le secteur et le père de Vincent ne se fait pas que des amis en pilotant ce dossier. Finalement, Hockey Québec accepte d'entendre les revendications du clan Lecavalier. Le verdict est clair. Vincent est victime d'une injustice et doit jouir du même privilège que les autres enfants, même s'il a un an de moins.

Bien que la décision de la fédération soit sans équivoque, l'application des règles revient néanmoins à l'association locale. Les dirigeants de North Shore refusent de s'avouer vaincus. Même si Hockey Québec vient de les blâmer dans cet épineux dossier, ils ne veulent rien entendre. Pour eux, le développement d'un enfant de neuf ans revêt moins d'importance que leur orgueil démesuré et leur soif de pouvoir. Mais comme Vincent doit poursuivre sa saison, et que la fédération provinciale suit attentivement le dossier, on accepte de lui signer un formulaire de libération d'un an. Vincent Lecavalier passera l'année avec la troupe atome CC de Vaudreuil-Dorion.

Pendant l'hiver, le garçon se lie d'amitié avec de nouveaux coéquipiers qu'il ne perdra jamais de vue par la suite. Pour lui, le contretemps est vite oublié, car le plus important demeure de jouer au hockey. Il trouve cependant un peu étrange de croiser le fer avec ses amis de North Shore lorsque les deux équipes s'affrontent. Et quand c'est le cas, les gradins sont remplis. Beaucoup de gens se déplacent pour voir le petit Lecavalier, mais certaines personnes souhaitent ouvertement le voir rater son coup. Toutefois, Vincent démontre par ses performances sur la patinoire que son père a eu raison de tenir tête à l'association. L'équipe de Vaudreuil-Dorion remporte les séries éliminatoires de la ligue en plus du tournoi de Mont-Laurier, durant lequel Vincent reçoit le titre de joueur par excellence. Après la finale, il accorde même une entrevue à la radio locale tellement ses exploits sont fameux.

« J'avais passé pour un révolutionnaire dans cette histoire-là, raconte Yvon. Mais si c'était à refaire, je referais la même chose, car c'était d'abord et avant tout une question de justice. C'est une histoire rocambolesque mais pour nous, c'est un grand moment, car ce fut probablement la plus belle année de Vincent dans le hockey mineur. »

UN VÉRITABLE PASSIONNÉ

Vincent continue de remplir le filet la saison suivante alors qu'il se retrouve dans une équipe atome AA. La petite machine offensive domine toujours sur la patinoire. Yvon craint que son fils devienne égoïste lorsqu'il enfile les patins. Dans les gradins, certains parents rémunèrent leur progéniture si elle trouve le fond du filet. L'idée inspire Yvon qui décide donc d'offrir cinq sous à Vincent quand il touche la cible. Toutefois, lorsque son garçon se fait complice du but d'un de ses coéquipiers, la bourse est majorée à 10 sous. En accédant au niveau pee-wee, le jeune garçon domine de façon moins outrageuse et réussit à se négocier une augmentation. Les bonis passent ainsi à 10 sous pour un but et 25 sous pour une passe.

Quand il n'engraisse pas son compte de banque en jouant dans sa ligue, Vincent passe son temps libre en s'amusant dans la rue.

« J'avais des chaudières pleines de rondelles et, l'été, je passais des heures à pratiquer des lancers sur le mur de brique de la maison. J'avais toujours un bâton de hockey dans les mains. Quand je ne lançais pas des rondelles, je jouais avec une balle de tennis ou une balle rouge en plastique. Je lançais, je dribblais tout seul ou bien on s'organisait des parties dans la rue. »

« On dit que tout le monde joue au hockey dans la rue au Québec, mais dans son cas, c'était tout le temps, raconte son père Yvon. Il jouait dans la rue 365 jours par année. L'été, s'il allait jouer au baseball au parc le matin, c'était certain qu'il allait ensuite passer l'après-midi à jouer au hockey en face de la maison. Il était né pour ça. Ses *chums* finissaient par se tanner de toujours s'amuser au même jeu. Les autres petits gars partaient et allaient faire autre chose. Mais pas Vincent. Et si ce n'était pas le hockey, c'était le basket-ball, le baseball ou le football. Il n'écoutait jamais la télévision. Il a fait du sport tout au long de l'année à partir du moment où il a eu deux ans. »

Conscient de son immense talent, Vincent prend à l'occasion certains matchs à la légère. S'il est méticuleux quand il prépare les entraînements de fiston, Yvon est aussi intransigeant quand son petit bonhomme se traîne les pieds. Les seules fois où le père de famille lève un peu le ton, c'est quand Vincent ne fournit pas d'efforts.

— C'est impossible que tu connaisses du succès si tu travailles pas fort. C'est sûr et certain que tu compteras pas si tu te donnes pas à 100 %. Penses-tu que ton équipe a des chances de gagner quand tu te défonces pas ?

Le jeune Lecavalier fait la pluie et le beau temps sur la patinoire, mais il commence aussi à affronter un peu d'adversité en devenant pee-wee. Il est sélectionné au niveau AA dès sa première année dans cette catégorie de jeu et réalise pour la première fois qu'il y a d'autres excellents jeunes joueurs dans la région de Montréal. Autant dans sa ligue que lors de certains tournois, il n'est plus le seul à retenir l'attention. Dans les arénas du Québec, les petits surdoués de l'époque se nomment Simon Gagné, Mike Ribeiro, Simon Laliberté et Jonathan Girard. Vincent n'a rien à envier à ces joueurs aux talents exceptionnels. Toutefois, son coup de patin s'avère déficient comparé au reste de ce groupe sélect.

« Je ne patinais vraiment pas vite. J'étais lent et je me demandais comment réussir à améliorer mon coup de patin, car je voyais bien que les autres étaient beaucoup plus rapides. Mon père m'avait dit que la seule bonne façon d'y parvenir, c'était de patiner à pleine vitesse dans tous mes entraînements. Atome ou pee-wee, on exécute rarement les exercices à plein régime. Mais j'ai décidé de suivre son conseil. Je patinais à 150 % chaque fois qu'on pratiquait un jeu. Je me défonçais comme un fou à chaque exercice. Au fil des mois, mes jambes ont pris de la force et j'ai développé mon endurance. »

Mais au-delà de l'effort, Yvon s'aperçoit aussi que la technique de son garçon est légèrement déficiente. Lorsqu'il patine, Vincent fait de petites enjambées saccadées. Le père en parle à Sylvain Lalonde, un collègue de la caserne qui a connu une très belle carrière en patinage artistique et qui a même déjà participé au championnat canadien en couple. Lalonde lui propose d'initier Vincent au *power-skating*, une technique plutôt avant-gardiste au début des années 1990. Pendant la dizaine de séances auxquelles prend part le jeune hockeyeur, le professeur insiste surtout pour qu'il effectue de longues poussées avec ses patins. L'élève apprend vite, et ce n'est pas par hasard si, aujourd'hui, la vedette du Lightning possède un coup de patin aussi élégant que fluide.

AUSSI TALENTUEUX AU BASEBALL

L'été, Vincent s'adonne également au baseball. Athlète naturel, il excelle aussi dans cette discipline. Il joue atome AA, moustique AA et pee-wee AA comme lanceur et arrêt-court pour les Dodgers de Pierrefonds. Vincent ne possède pas le meilleur coup de bâton, mais il se débrouille très bien en défensive. À 11 ans, il lance un match sans point ni coup sûr, ce qui lui permet de faire la manchette du journal local. Lors de sa première année bantam, il est la seule recrue à être sélectionnée au sein de l'équipe AA. Les lancers sont alors plus rapides et sa moyenne au bâton surpasse à peine son poids. Plus petit et moins costaud que les autres joueurs du circuit, le jeune Lecavalier frappe la balle avec peu de puissance, mais l'œil et le synchronisme ne lui font pas défaut. À preuve, Vincent n'est retiré au bâton qu'une fois au cours de la saison.

À l'âge de 14 ans, tout se dessine pour qu'il réussisse à se tailler une place au sein de l'équipe régionale midget AAA, mais il préfère consacrer son été à l'entraînement afin d'être fin prêt pour son entrée au collège Notre-Dame, en Saskatchewan. Vincent est à ce point talentueux qu'en y repensant aujourd'hui, Yvon est convaincu que son fils aurait connu une belle carrière dans le baseball majeur s'il était né en Floride et qu'il avait préféré ce sport au hockey.

Le reste du temps libre de Vincent est comblé par le golf. Il n'y avait donc pas beaucoup de moments pour s'ennuyer du hockey.

« Je me tenais tout le temps occupé. C'était par choix, mais ça faisait aussi l'affaire de mes parents. Mon père ne voulait absolument pas que j'aille flâner au parc avec les jeunes de mon âge qui se ramassaient là pour passer le temps. J'avais été avisé qu'il me ramènerait personnellement à la maison s'il me trouvait là, assis à ne rien faire avec le groupe. Parfois, je me rendais au parc pour jouer au basket-ball ou au football et j'allais jaser avec mes amis qui étaient là pour fumer ou, tout simplement, pour se rassembler entre ados. Dans ces cas-là, je surveillais la rue et si je voyais arriver la voiture de mon père, je prenais mon ballon de football et je commençais tout de suite à pratiquer des lancers avec un copain ! Mais je n'allais pas au parc très souvent, car j'étais pas mal occupé avec le baseball. Je ne m'ennuyais pas du tout du hockey. En fait, je trouvais ça étrange de jouer au hockey l'été. »

Mais chaque année, à la fin de la saison régulière de hockey, il reste quelques semaines à combler avant le premier match de baseball. Vincent en profite donc pour disputer un ou deux tournois de hockey AAA avec d'autres bons jeunes joueurs de la région de Montréal. Qu'on le veuille ou non, le hockey d'élite entraîne des dépenses faramineuses pour une famille à revenu moyen. Chez les Lecavalier, la situation est encore pire. Philippe étudie en Saskatchewan et Yvon tient à ce que ses fils profitent du meilleur équipement disponible sur le marché. Il faut aussi défrayer les coûts d'inscriptions plutôt onéreux du AAA et payer les dépenses d'hôtels et de transport reliées aux tournois à l'extérieur. De plus, le père de famille loue parfois l'aréna pour permettre à Vincent de travailler adéquatement certains aspects de son jeu.

« Mon père avait trois ou quatre emplois pour qu'on soit capable de profiter de tout ça. Il travaillait comme pompier et, quand il n'était pas à la caserne, il lavait des tapis ou il peinturait des maisons. Avec l'argent qu'il gagnait, il m'achetait toujours les meilleurs patins, les meilleurs gants, les meilleurs bâtons, etc. Mes deux parents ont fait beaucoup de sacrifices pour nous et je me compte extrêmement chanceux d'avoir pu compter sur un père et une mère comme eux. C'est grâce à eux si je suis devenu ce que je suis aujourd'hui. Je regarde parfois des reportages à propos de joueurs de football de la NFL qui connaissent du succès sur le terrain, mais qui ont des problèmes ailleurs. Quand tu prends le temps de te renseigner sur leur histoire, tu découvres souvent que ces gars-là ont été élevés uniquement par leur mère et qu'elle devait travailler 60 heures par semaine pour faire vivre ses 4 ou 5 enfants. Moi, j'ai profité d'un encadrement extraordinaire », explique Vincent, visiblement très reconnaissant à l'égard de ses parents.

LE COLLÈGE NOTRE-DAME

Même s'il est déterminé à réaliser un jour son rêve, Vincent doit prendre une décision déchirante au cours de l'été de 1994. De concert avec ses parents, il accepte de quitter le confort du nid familial même s'il n'est âgé que de 14 ans. Plutôt que de poursuivre son développement et son apprentissage à travers le système de hockey mineur québécois, l'adolescent s'exile à 3 000 kilomètres de chez lui, au milieu des prairies saskatchewanaises. Perdue entre Winnipeg et Calgary, à travers d'immenses champs de blé se trouve là-bas une école réputée qui fera de lui un meilleur homme, mais aussi un bien meilleur joueur de hockey. Il s'agit du collège Notre-Dame. Située dans la minuscule municipalité de Wilcox, cette institution privée offre un programme sport-étude hockey de renommée internationale. Ne prenez même pas la peine de chercher ce bled sur une carte car Wilcox ne compte à peine que 200 habitants. Pourtant, plusieurs joueurs ayant connu de très belles carrières sont passés par là. Rod Brind'Amour, Wendell Clark, Russ Courtnall, Scott Daniels, Curtis Joseph, James Patrick et Gary Leeman ont notamment contribué à donner à Notre-Dame ses lettres de noblesse.

Même si plusieurs vedettes de la LNH avaient transité par cette vénérable maison d'enseignement, le sacrifice demeure majeur à cet âge. Mais le jeune homme est résolu à faire tous les efforts possibles pour pouvoir un jour accéder à la LNH. De plus, il suit les traces de celui qu'il veut imiter… son grand frère Philippe, qui était passé par là de 1989 à 1993.

« La première fois que j'ai entendu parler du programme des Hounds de Notre-Dame, c'est quand les Lions du Lac Saint-Louis les avaient affrontés en demi-finale de la coupe Air Canada en 1984, à North Bay, en Ontario. J'avais mis la main sur de la documentation qui parlait du programme de l'école Notre-Dame, explique Yvon. Ce collège est très peu connu au Québec, mais il jouit d'une réputation extraordinaire ailleurs au pays. Christiane et moi, on se disait que Philippe devrait bientôt nous quitter de toute façon pour aller jouer midget AAA et l'aventure allait devenir un véritable enfer si on décidait de l'emmener nous-mêmes aux entraînements et aux matchs. On voulait, en même temps, lui procurer la chance d'étudier en anglais, ce qui est difficile à faire au Québec. J'ai découvert qu'on pouvait obtenir une aide financière, mais que ça allait quand même nous coûter au moins 15 000 dollars par année dans le meilleur des cas.

« À la fin de l'été de 1989, Philippe est donc parti tout seul comme un grand. Ça nous a déchiré le cœur de le voir partir si loin de la maison. Je suis allé le visiter pour la première fois six semaines plus tard, lors du long week-end de la fête de l'Action de grâce, continue Yvon. Nous n'étions jamais allés là-bas. Nous n'avions vu l'établissement qu'en photos. Il est situé à environ 50 kilomètres de Regina et peu importe où l'on regarde, il n'y a que des champs de blé à perte de vue. Le village n'est habité que par les enseignants et le personnel du collège, et il n'y a rien aux alentours. L'école a été construite dans un endroit isolé parce qu'à l'origine, c'était une institution pour les jeunes délinquants. Je ne pouvais pas croire que je venais d'inscrire mon fils à cette école-là, poursuit le chef du clan Lecavalier. Mais en partant, le lundi matin, je savais qu'on avait pris une excellente décision. Les gens avaient été tellement chaleureux et humains qu'on était convaincus, Christiane et moi, que notre fils aîné serait entre de très bonnes mains à Notre-Dame. »

Même si la rupture fut extrêmement difficile, les parents et leur fils n'ont jamais regretté cette décision de quitter le Québec pour poursuivre des études là-bas. Au terme de sa quatrième année en Saskatchewan, Philippe a vu ses efforts et ses sacrifices être drôlement bien récompensés puisque 23 universités américaines l'avaient contacté pour lui offrir des bourses d'études.

Pour Vincent, la décision ne fut donc pas difficile à prendre, mais la rupture fut de nouveau ardue, autant pour les parents que pour le fiston.

« Comme pour Philippe, Christiane et moi, on a pleuré en regardant partir Vincent. Du point de vue affectif, c'est terrible de voir ton enfant quitter la maison à 14 ans. Ça a peut-être été un peu plus difficile quand est venu le tour de Vincent parce que c'était notre petit dernier, dit Yvon. Il me suivait partout et il était toujours avec moi. Je l'ai d'ailleurs beaucoup trop gâté et ça ne l'a pas aidé en arrivant à Notre-Dame. Je faisais tout pour lui. Quand il vivait avec nous à la maison, j'allais même jusqu'à faire son lit le matin et ranger ses choses à sa place, avoue-t-il en toute honnêteté. Je lui ai donné de mauvais plis ; encore aujourd'hui, il n'est pas très ordonné ! »

« Je n'irai pas jusqu'à dire que c'était militaire, mais c'était très discipliné à Notre-Dame, d'ajouter Vincent. Les premiers mois ont été très difficiles. Il n'y avait que l'école et des champs de blé. Il n'y avait rien d'autre. C'était comme une prison sans barreaux ni remparts. Je savais cependant que c'était la meilleure chose pour moi, car le programme de hockey là-bas est fantastique. Je voulais aussi poursuivre mes études dans une université américaine comme mon frère Philippe et c'était un excellent moyen de m'y préparer. »

Vincent sait un peu à quoi s'attendre lorsqu'il saute dans l'avion. Seul et perdu dans ses pensées, il a peine à retenir ses larmes. L'adolescent ne reverra sa famille et ses amis que dans quatre mois, pour les vacances de Noël. Timide de nature, il n'en mène pas large à son arrivée. Même s'il maîtrise parfaitement l'anglais, il craint d'être pris à partie en raison de son accent. Mais ses peurs s'avèrent totalement injustifiées. D'ailleurs, dès la première journée, le jeune Québécois rencontre celui qui allait devenir son comparse avec l'Océanic de Rimouski, puis avec le Lightning de Tampa Bay.

« En arrivant, le premier jour, on nous a souhaité la bienvenue, puis on nous a assigné des chambres. Je suis arrivé le deuxième dans la chambre et je me suis choisi un lit. Un troisième gars est entré et il s'est installé en haut de moi. Ce gars-là venait de l'Île-du-Prince-Édouard et il se nommait Brad Richards. Comme je ne connaissais personne à Notre-Dame, on a passé la journée ensemble et on a bâti au fil du temps une relation d'amitié qui dure toujours. »

Brad se souvient aussi de cette première rencontre. Il ressentait à peu près la même chose que Vincent en débarquant en Saskatchewan. Il se sentait réellement privilégié de pouvoir étudier à Notre-Dame, mais, en même temps, sa famille et ses amis lui manquaient terriblement.

« Je me rappelle très bien d'avoir vu le nom "Lecavalier" sur la liste de mes cochambreurs et j'avais déduit que j'allais me retrouver avec un Canadien français ! Le deuxième soir, nous sommes tous allés à l'église. Vincent et moi, on s'est assis ensemble et on a passé toutes nos journées ensemble par la suite, car on a toujours été dans la même classe et la même équipe de hockey. On vivait les mêmes choses, après tout, car c'était difficile de tout quitter à 14 ans. On peut bien dire ce qu'on veut, mais à cet âge-là, ce n'est pas réellement l'enfant qui décide. Ce sont les parents qui tirent les ficelles. Les premières semaines à Notre-Dame ont été assez pénibles. Vincent et moi, on a tenu le coup, mais il y a des gars qui ont été incapables de supporter ça et qui ont demandé à quitter le collège après quelques jours seulement.

« Le soir, je pleurais en cachette, de continuer Richards. Vincent aussi pleurait. Personne ne nous a jamais vus sangloter. C'est un secret qu'on a partagé plus tard, quand on a commencé à se sentir bien au collège. Après deux semaines, ça allait déjà mieux. Le matin, tu te levais, une nouvelle journée commençait et ça passait vite. L'horaire était très chargé. Puis, tout à coup, c'était le congé des fêtes qui arrivait. Tu te disais que tout avait passé bien vite et tu ne te souvenais plus des moments de tristesse des premières semaines.

« Le jeu en valait la chandelle. Vincent et moi, on a vécu de belles choses, autant sur la glace qu'en dehors de l'aréna. On était toujours ensemble. On déjeunait, on dînait et on soupait ensemble. On a vécu des premières expériences inoubliables à Notre-Dame. À 14 ans, on est partis en autobus pour aller jouer à Vancouver. On a passé une journée à Banff. C'était la première fois de notre vie qu'on voyait les montagnes Rocheuses. Pour un jeune de l'Île-du-Prince-Édouard ou du Québec, c'est assez impressionnant. »

LES MEILLEURS AU PAYS

Lorsque les recrues arrivent à Notre-Dame, elles ne chaussent pas les patins avant un mois. Difficile donc de savoir qui sont les vrais bons joueurs parmi cette horde de hockeyeurs qui prétendent tous être les meilleurs de leur coin de pays.

« Un des gars qui étudiaient avec nous affirmait être le meilleur joueur bantam de l'Ontario. Un autre disait être le plus bel espoir de son âge en Colombie-Britannique. Un autre certifiait être étiqueté "LNH", un autre était déjà connu de tous en Alberta, etc. C'était intimidant ! J'avais hâte de voir tout le monde sur la glace au camp d'entraînement, surtout que 80 joueurs essayaient de se tailler un poste au sein de l'équipe du collège », se souvient Vincent.

« Il était plutôt timide. Plusieurs gars se vantaient, mais Vincent ne parlait pas beaucoup, de peur qu'on se moque de son accent. Dès la première séance d'entraînement, tout le monde a constaté qu'il n'était pas un joueur comme les autres. Plutôt maigrichon, mais très grand, il possédait des habiletés incroyables et il avait une plus longue portée que la moyenne avec son bâton », raconte Richards.

Les deux compagnons sont les seules recrues à être sélectionnées au sein de l'équipe bantam AA du collège. Afin de pouvoir consacrer assez de temps au hockey, les journées commencent tôt à Notre-Dame. À sept heures, le réveille-matin sonne pour tous les élèves, qui se préparent rapidement, puis se dirigent vers la cafétéria. Après la prière, on enfile le petit-déjeuner et les cours débutent comme dans chaque institution de niveau secondaire. Vers 15 h, les jeunes troquent leurs livres pour leurs patins. Chaque jour de la semaine, une à deux heures sont consacrées au hockey.

« On jouait aussi dans une ligue. C'était réellement *tough*, car on jouait contre des fils de fermiers et ça frappait fort. C'était des gars de notre âge, mais vraiment plus costauds que nous. C'était intimidant parce qu'il était permis de se battre au sein de ce circuit. À 14 ans, les gars se regardaient, enlevaient leur casque et ils se frappaient dessus comme dans le junior », raconte Lecavalier en ajoutant qu'il ne s'est cependant jamais battu.

Pendant ce temps, Christiane et Yvon se rendent à tour de rôle visiter leur fils à toutes les six semaines. Comme ce fut le cas avec Philippe, l'expérience est difficile à vivre pour les parents.

« On écrivait des lettres à Vincent comme on avait fait auparavant pour Philippe. Deux fois par semaine, on restait éveillés jusqu'à minuit pour essayer de lui parler au téléphone. On attendait qu'il soit tard, car il fallait tenir compte du décalage horaire et les interurbains étaient beaucoup moins coûteux en soirée. On tentait de le rejoindre, mais ce n'était pas toujours facile, car il n'y avait que trois appareils téléphoniques pour un dortoir de 45 jeunes. Souvent, on laissait des messages pour qu'il nous rappelle à la maison, mais les autres oubliaient de lui dire ! Quand on finissait par l'avoir au bout du fil, on pouvait jaser avec lui une demi-heure avant qu'il aille se coucher », se rappelle Yvon.

UNE DISCIPLINE MILITAIRE

Le passage au collège Notre-Dame a été une étape importante pour le joueur de hockey qu'est devenu Vincent Lecavalier. L'attaquant vedette avoue que l'expérience, quoique parfois difficile, a aussi été extrêmement enrichissante en dehors de la patinoire. Ces deux années passées en Saskatchewan l'ont aidé à devenir une meilleure personne.

« Nous étions six élèves par chambre : cinq recrues de troisième secondaire et un finissant de sixième secondaire. Les jeunes étaient au service du plus vieux. Nous devions faire son lit le matin et préparer ses repas le soir. On était en quelque sorte ses esclaves ! Chaque dimanche, les plus âgés inspectaient les chambres comme dans l'armée. S'ils trouvaient de la poussière, on devait se soumettre à un entraînement d'une heure, dehors, à 23 h. Je dois avouer que j'ai eu beaucoup de chance, car mon frère Philippe était en charge d'un dortoir entier et il avait été président de l'école lors de sa dernière année d'étude. C'était un gars très populaire et tout le monde l'aimait à Notre-Dame. J'ai donc profité de quelques indulgences quand je suis arrivé, car les plus vieux se souvenaient que mon frère avait été correct avec eux ! J'étais quand même régulièrement soumis à l'entraînement de 23 h, mais j'étais presque toujours le premier à pouvoir quitter !

« J'ai énormément mûri à cet endroit, ajoute Vincent. J'étais un enfant quand je suis arrivé à Notre-Dame. Ça m'a bien préparé à la vie qui m'attendait et ça a aussi fait de moi un bien meilleur joueur de hockey. C'est assurément à Notre-Dame que je me suis le plus amélioré et c'est normal, car on ne vivait pratiquement que pour le hockey là-bas. Quand on allait disputer des matchs, on devait régulièrement se taper cinq ou six heures d'autobus, car les villes sont plutôt éloignées les unes des autres en Saskatchewan. »

« J'ai l'impression qu'il n'y avait ni concierges ni cuisiniers à Notre-Dame, car on devait tout faire là-bas, se rappelle Brad Richards en riant. On se retrouvait avec énormément de corvées et c'est certain que ça aide beaucoup à développer et à responsabiliser des adolescents. Quand le travail n'était pas effectué correctement, on héritait de tâches supplémentaires. C'était difficile, mais c'était peut-être aussi la meilleure façon de nous occuper et ainsi d'oublier l'ennui. »

JUNIOR A À HAWKESBURY

Même s'il s'est habitué à la vie à Notre-Dame, Vincent préfère ne pas y retourner pour une deuxième année. Il a peut-être apprivoisé son nouveau milieu de vie mais malgré tout, l'adolescent de 15 ans s'ennuie beaucoup de sa famille et de ses amis. Il réussit donc à convaincre son père de ne pas l'envoyer passer un autre hiver en Saskatchewan en lui proposant une autre voie intéressante : l'équipe junior A de Hawkesbury. Cette petite ville ontarienne est située à la frontière du Québec, à une trentaine de minutes à peine du domicile familial de l'Île-Bizard.

Sans accepter d'emblée, Yvon ne repousse toutefois pas l'idée avancée par Vincent. Son garçon pourrait possiblement se développer en évoluant avec et contre des joueurs âgés jusqu'à 20 ans. Mais les parents de Vincent entretiennent certaines craintes, car leur fils se retrouverait dans un vestiaire rempli d'adultes s'il passait l'hiver à Hawkesbury. Ils s'inquiètent aussi pour la sécurité physique de Vincent. Qu'en est-il des coups sournois et des bagarres ? L'entraîneur-chef, Yvan Joli, se charge de les rassurer en leur disant que la ligue dans laquelle l'équipe évolue ne prône pas la violence et les combats. Comme le camp d'entraînement des Hawks se déroule bien avant la rentrée des classes à Notre-Dame, Christiane et Yvon décident de permettre à Vincent de tenter sa chance avec le club de Hawkesbury.

Au départ, l'expérience se déroule plutôt bien et Vincent connaît un bon camp d'entraînement mais l'aventure se termine abruptement dès le premier match de la saison. Malgré les belles paroles de l'entraîneur, l'affrontement contre l'équipe de Pointe-aux-Trembles se déroule dans le chaos et, vers la fin de la partie, un vétéran de 20 ans du nom d'Éric Tremblay se précipite sans raison apparente sur Vincent qui n'avait jamais prévu un pareil assaut. Beaucoup plus lourd et costaud que le jeune adolescent,

Vincent Lecavalier détient encore le record pour le plus grand nombre de points en une saison au collège Notre-Dame : 104 points en 22 parties.

Tremblay aurait pu sérieusement malmener la vedette des Hawks, et ce, simplement pour évacuer sa frustration.

Christiane et Yvon n'avaient pas encore pris leur décision finale, mais la scène à laquelle ils ont assisté fait pencher la balance : Vincent retourne donc à Notre-Dame pour une deuxième année. Le jeune homme se rend dans les Prairies contre son gré, mais il comprend néanmoins qu'il s'agit de la meilleure décision à prendre s'il veut continuer de s'améliorer. Lorsque son avion s'envole et qu'il voit Montréal s'éloigner par le hublot, il éclate en sanglots.

L'avenir prouvera cependant que les parents de Vincent avaient fait le bon choix. Lors de sa deuxième saison avec les Hounds du collège Notre-Dame, le longiligne joueur de centre fracasse les records de la ligue bantam AAA de la Saskatchewan avec une récolte de 52 buts et 52 passes pour 104 points en seulement 22 parties.

VINCENT SORT DE L'ANONYMAT

Curieusement, malgré son immense talent, Vincent ne songe pas à la Ligue nationale. Dans son esprit, il s'agit d'un rêve inatteignable et il n'a d'autre ambition que d'imiter son frère Philippe en décrochant une bourse d'études dans une école renommée aux États-Unis. À sa sortie de Notre-Dame, il réalise cependant que les réflecteurs sont braqués sur lui lors de son retour au Québec.

« J'avais 16 ans et j'ai soudainement réalisé que j'étais devenu l'espoir numéro un de la LHJMQ. Honnêtement, je n'en revenais pas. C'est arrivé de nulle part et c'était vraiment bizarre. Moi, je voulais juste jouer dans une université américaine et aller dans une grande école. J'avais visité le Boston College et le Lowell-Mass avec mon père. Je n'avais aucun intérêt pour le circuit junior du Québec, mais mon opinion avait un peu commencé à changer au cours de l'été précédent. J'étais allé jouer un tournoi à Boston et ça avait bien fonctionné. Mon père avait parlé avec des agents et ils lui avaient tous dit que je me développerais mieux en allant jouer dans la LHJMQ. »

Plus Yvon recueille d'information pour éclairer sa décision et celle de son fils, et plus il est évident que le choix du clan Lecavalier sera difficile. L'adolescent de 16 ans n'est plus à la maison depuis maintenant 2 ans et il s'avère prioritaire qu'il puisse encore vivre dans un encadrement de qualité, autant sur la glace qu'à l'école. Vincent est un élève brillant et l'expérience vécue par Philippe à l'Université Clarkson a été remarquable, mais les agents et les dépisteurs croisés dans les arénas laissent entendre que Vincent a de véritables chances d'accéder à la LNH très tôt.

« J'ai rencontré quelques dépisteurs dont Jean Ratelle, des Bruins, et Gilles Meloche, des Penguins, lors du tournoi à Boston. À ce moment-là, on ne savait pas trop quoi faire, mais les États-Unis nous intéressaient davantage. Ces deux gars-là, et quelques autres dépisteurs, m'ont expliqué que Vincent était classé espoir numéro un chez les 16 ans et que, d'après ce qu'ils avaient vu de lui, il y avait tout lieu de croire qu'il pourrait jouer dans la Ligue nationale à 18 ans. Si on optait pour une université américaine, sa rentrée dans la LNH se ferait quelques années plus tard, ce qui pouvait signifier des millions de dollars en moins », explique Yvon.

UNE RÉUNION DÉTERMINANTE

Même si le clan Lecavalier a annoncé ses couleurs en indiquant clairement que Vincent va poursuivre son apprentissage aux États-Unis, quelques équipes de la LHJMQ tentent tout de même de le courtiser. C'est notamment le cas de l'Océanic de Rimouski. La première approche se fait par le biais de Roger Thivierge, un oncle de Christiane, qui connaît très bien Maurice Tanguay, le propriétaire de l'Océanic. Les deux hommes œuvrent dans l'industrie du meuble et se côtoient depuis des années. La mère de Vincent n'a pas réellement le goût de rencontrer les dirigeants de l'Océanic, mais elle a confiance en son oncle et ce dernier l'assure d'une chose : Maurice Tanguay est un homme de parole et tient toujours ses promesses. Alors pourquoi ne pas accepter l'invitation et le rencontrer ?

Tanguay participe personnellement à l'opération charme qui vise à convaincre les parents de Vincent que Rimouski pourrait se révéler comme un lieu de prédilection pour leur enfant. Après quelques discussions, la réunion décisive a lieu au restaurant *Chez Pouilly*, la meilleure table de Rimouski, à l'époque. L'état-major de l'Océanic est sur place. Maurice Tanguay est accompagné par l'entraîneur-chef Gaston Therrien, par le directeur général Marius Fortier ainsi que par son bras droit, André Jolicœur. Comme les études semblent une priorité pour le clan Lecavalier, Rodrigue Landry, le responsable du volet scolaire, est aussi invité à se joindre au groupe.

Dans l'esprit de monsieur Tanguay, Yvon Lecavalier est déjà vendu à l'idée d'envoyer Vincent dans le Bas-du-Fleuve. Mais son épouse, Christiane, ne partage pas nécessairement cet avis. Avant la rencontre, le mot d'ordre est clair : les représentants de l'Océanic doivent vendre leur salade dans le but de persuader la mère du joueur, qui penche vers le pays de l'Oncle Sam. Après quelques échanges de politesse, madame Lecavalier décide d'entrer elle-même dans le vif du sujet.

— Gaston, je veux savoir une chose en ce qui concerne mon fils, s'il se joint à l'Océanic. Quand Vincent va jouer pendant les avantages numériques, est-ce que…

— Pardonnez-moi de vous couper la parole, madame Lecavalier. Je suis désolé, mais qui vous a dit que Vincent allait jouer en avantage numérique ? Qui vous a garanti qu'il allait faire partie de l'équipe tout de suite, à 16 ans ? J'ai toujours entendu parler de Vincent en bien, mais je ne l'ai jamais vu jouer et je ne le connais pas. Donc, avant d'aborder ce genre de sujets, il faut qu'il se présente au camp d'entraînement et qu'il fasse l'équipe.

Maurice Tanguay jette un coup d'œil vers Therrien qui n'a visiblement pas suivi le plan de match établi au préalable. Madame Lecavalier poursuit tout de même son interrogatoire.

— D'accord. Je comprends ça. Parlons des études, dans ce cas. Si Vincent se retrouve avec un examen important et un match de hockey au même moment, est-ce qu'il pourra rater la partie pour se consacrer à son test ?

— Normalement, le professeur nous téléphone et on est capable de s'arranger avec l'école. Soit que le joueur passe son examen avant le match ou après, si on quitte pour aller jouer sur la route. À ce compte-là, nous n'avons jamais eu de problème et il y a une entente non écrite entre les écoles et la LHJMQ. Si nous avons un entraînement et que Vincent a un examen de prévu au même moment, comme les autres joueurs, il pourra rater l'entraînement et aller à l'école. Mais les règlements ne seront pas différents pour lui. Les 20 joueurs sont traités de la même façon.

Le repas se poursuit et l'interrogatoire continue. Comme prévu, tout indique qu'Yvon aimerait voir son fils poursuivre sa carrière au niveau junior. Son épouse, par contre, semble plus inquiète et pose beaucoup de questions à propos des études, de l'encadrement et de la pension.

— On vous remercie. On va penser à notre affaire et on va vous téléphoner pour vous donner notre réponse.

Le couple Lecavalier se lève et tout le monde fait de même pour l'accompagner vers la sortie. Maurice Tanguay fusille Gaston Therrien du regard et lui fait signe de rester assis à la table.

— À quoi t'as pensé, Gaston ?

— Ben, j'ai donné l'heure juste. Je suis le *coach* de l'équipe, j'étais quand même pas pour leur raconter des histoires.

— Ouais, je suis d'accord et c'est ça qu'il fallait faire. Mais il me semble que tu aurais pu t'avancer un peu moins dans certains sujets comme l'avantage numérique. D'après moi, on les a perdus.

Le suspense ne dure toutefois pas très longtemps. Le lendemain matin, il n'est que huit heures lorsque la sonnerie du téléphone résonne chez Gaston Therrien, à Rimouski. C'est Yvon Lecavalier qui se trouve au bout du fil.

— Félicitations, Gaston, t'as réussi ton examen à 100 % !

— Ah oui ? Comment ça ?

— Ma femme a décidé que Vincent jouerait pour l'Océanic. Tu es le seul qui a répondu franchement et honnêtement à nos questions et c'est ça qu'elle voulait entendre. On tenait à avoir la vérité et pas des promesses en l'air. Si vous le prenez, c'est certain qu'il s'en va chez vous. Il faut que vous soyez capable de le prendre, sinon on veut rien savoir de la LHJMQ.

UNE POLICE D'ASSURANCE

Outre les réponses honnêtes fournies par Gaston Therrien, quelques autres facteurs importants ont contribué à convaincre la famille Lecavalier d'opter pour Rimouski.

Maurice Tanguay avait rapidement compris que les études étaient primordiales pour les Lecavalier et il avait mis l'accent sur cet aspect lors des négociations avec Yvon et Christiane. Contrairement à ce que plusieurs personnes ont avancé par la suite, aucun montant d'argent n'a été versé pour persuader les parents de Vincent.

« Pour nous, les études se voulaient aussi capitales que le hockey et monsieur Tanguay nous a proposé quelque chose en ce sens. En plus de payer une assurance importante qui dédommagerait Vincent en cas de blessure grave, monsieur Tanguay s'est aussi engagé personnellement à ce que notre fils soit en mesure d'étudier sérieusement et qu'il ne serait aucunement désavantagé s'il choisissait Rimouski plutôt qu'une université américaine », explique Yvon.

Après le repas pris *Chez Pouilly*, les Lecavalier avaient visité l'aréna de Rimouski. Ils avaient aperçu aussi l'école Claire-

L'Heureux-Dubé, où Vincent pourrait compléter son cinquième secondaire, située à une douzaine de pas de l'aréna. L'endroit leur avait immédiatement rappelé le complexe scolaire de Notre-Dame et ils étaient alors tombés sous le charme. Tous les ingrédients étaient réunis. Il fut officiellement décidé que Vincent porterait les couleurs de l'Océanic.

« Il fallait que je sois repêché par Rimouski, dit Vincent. C'est la seule organisation pour laquelle j'avais accepté d'aller jouer. Si une autre équipe me repêchait, je partais dans un collège américain. Il était hors de question que je ne termine pas mes études secondaires et l'Océanic m'offrait la chance d'aller étudier dans une école privée située à proximité de l'aréna. Tout était bien planifié. Maurice Tanguay, le propriétaire, et l'entraîneur-chef Gaston Therrien, avaient réussi à me convaincre. »

CACHÉ POUR LE REPÊCHAGE

Même si Yvon Lecavalier a donné sa parole que son fils ne jouera que pour l'Océanic, rien n'est acquis pour l'organisation de Rimouski qui parlera au quatrième rang derrière Laval, Victoriaville et Rouyn-Noranda. D'après ce qui se raconte, Vincent devrait être encore disponible, surtout que ses parents claironnent depuis des mois qu'il est hors de question que leur enfant se joigne à une formation de la LHJMQ.

Lors du grand jour, Vincent et ses parents attendent dans le stationnement de l'aréna, cachés dans la limousine réservée par Maurice Tanguay. Si une des trois premières équipes le repêche, le groupe plie bagage et retourne à l'Île-Bizard. Si le coup de téléphone de Gaston Therrien est positif, la stratégie aura fonctionnée.

Dans la voiture, l'attente paraît interminable. Le Titan de Laval est la première équipe à monter sur le podium et c'est sans surprise que cette formation sélectionne le défenseur Jonathan Girard. Voilà une étape de franchie. Mais les Tigres de Victoriaville, qui choisissent en deuxième place, avaient démontré énormément d'intérêt pour Vincent. Pour ne pas risquer de voir leur plan échouer, la famille Lecavalier a été contrainte de mentir aux dirigeants de l'équipe en répétant fermement qu'il était tout simplement hors de question que Vincent poursuive sa carrière dans la LHJMQ. Mais comme dans une partie de poker, on n'est jamais tout à fait convaincu que l'adversaire n'aura pas deviné notre jeu et le doute persiste.

Ne désirant prendre aucun risque de gaspiller leur sélection, les Tigres jettent finalement leur dévolu sur Samuel Saint-Pierre, des Cantonniers de Magog. À la table de l'Océanic, on pousse un soupir de soulagement, mais dans le stationnement, personne ne sait ce qui se déroule et le stress augmente à chaque minute.

Reste maintenant les Huskies de Rouyn-Noranda, une autre équipe qui avait démontré beaucoup d'intérêt pour Vincent. Cependant, le clan Lecavalier avait bien planifié sa stratégie pour éviter que fiston aboutisse en Abitibi. Comme Vincent étudiait en anglais depuis déjà deux ans, il était impératif qu'il puisse poursuivre ses études dans la langue de Shakespeare. L'école anglophone la plus près de Rouyn-Noranda se trouvant à plus de 30 minutes de la ville, les Huskies optent pour Steeve Vandal, un produit de l'équipe de Jonquière. Dès l'annonce de leur choix, la sonnerie retentit enfin dans la voiture.

— Rentrez dans l'aréna. C'est fait ! On l'a. Vincent s'en vient à Rimouski !

Quelques minutes plus tard, Vincent et ses parents arrivent en compagnie de son frère, Philippe, et de sa sœur, Geneviève. Sept places avaient été réservées dans la première rangée des tribunes. Les membres de la famille Lecavalier s'assoient, le sourire aux lèvres. Un murmure traverse l'auditorium. C'est la stupéfaction sur le plancher, mais dans la salle, les amateurs ne connaissent pas ce grand garçon qui jouait dans les Prairies depuis deux ans.

« Je me souviens à quel point on était contents quand on a entendu : "Du collège Notre-Dame, en Saskatchewan, l'Océanic de Rimouski est fier de sélectionner Vincent Lecavalier" », raconte Yvon, heureux d'avoir pu orchestrer cette manigance pour le bien de son fils.

C'est le début d'une belle aventure qui liera Vincent et l'Océanic pour deux saisons. Comme les recruteurs de la LNH croisés à Boston l'avaient expliqué à Yvon, la LHJMQ servirait de tremplin à Vincent. De son côté, Rimouski gagnerait rapidement ses lettres de noblesse en pouvant miser sur un joueur de haut calibre.

« J'ai pensé à madame Lecavalier lors de la première journée du camp d'entraînement, car le soir, en me couchant, je savais déjà que Vincent jouerait tout le temps sur la première unité de l'avantage numérique, raconte Gaston Therrien en pouffant de rire. On avait commencé notre camp en jouant trois parties préparatoires contre les Mooseheads de Halifax à Campbelton et Clément Jodoin, leur entraîneur, était venu me voir pour me dire : "Gaston, ton jeune de 16 ans, ça va être un joueur dominant dès cette année. J'ai rarement vu un gars aussi spectaculaire et complet à cet âge-là." »

UNE PREMIÈRE ANNÉE JUNIOR ÉPOUSTOUFLANTE

L'Océanic amorce sa saison en affrontant les Tigres de Victoriaville deux fois en 24 heures. Le vendredi 20 septembre 1996, Vincent Lecavalier est un peu nerveux car il se prépare à disputer sa toute première partie dans la LHJMQ. Pour ce baptême, Gaston Therrien a prévu placer le choix de première ronde au sein de la formation de départ. Il constate toutefois que son vis-à-vis, Alain Rajotte, a envoyé quelques fiers-à-bras sur la patinoire pour amorcer le match. Comme la rencontre a lieu à Rimouski, Therrien a la possibilité d'opposer les joueurs qu'il veut et décide quand même d'envoyer Vincent sur la glace pour la mise au jeu initiale. Le jeune homme défraie la manchette depuis le début du camp et les partisans de l'Océanic l'ont déjà adopté. Il faut qu'il commence la partie sur la glace.

Assis dans les gradins, Yvon entend l'annonceur maison nommer les joueurs qui auront le privilège d'amorcer la saison pour l'Océanic et remarque, bien entendu, que les Tigres vont débuter l'affrontement avec des bagarreurs.

« Je me suis dit : "Ça s'peut pas. Ils sont frustrés parce qu'on leur a menti au repêchage, et là, ce soir, ils vont se venger sur Vincent sans savoir ce qui a motivé notre décision." »

Lors de la mise au jeu, Dean Stock s'approche de Vincent. Les deux joueurs se connaissent très bien. Ils sont tous deux originaires du West Island et se sont côtoyés régulièrement alors que Vincent jouait avec P.J., le plus jeune garçon de la famille Stock.

— Écoute, Vincent, je suis désolé, mais je n'ai pas le choix de te « pogner ».

— Tu me niaises ?

— Non. Il faut que j'y aille contre toi. Excuse-moi, mais c'est une commande. Il faut que je « droppe », Vincent.

La rondelle n'est pas encore tombée sur la glace, mais Yvon sait déjà ce qui va se produire quand il voit Dean Stock parler à son fils. Les bras croisés, il se prépare à assister au triste spectacle en espérant que son garçon soit capable de tenir son bout.

« Quand j'ai vu ça, je me suis dit que c'était réellement une bonne décision qu'on avait prise de ne pas avoir accepté que Vincent aille à Victoriaville. Alain Rajotte a envoyé un vétéran de 19 ans se battre avec un *kid* de 16 ans par simple frustration. Ça m'a démontré que Victoriaville était une organisation qui n'avait aucune classe. Je n'ai jamais reparlé à Rajotte depuis ce jour-là même si c'est un type que je connaissais et que je croisais régulièrement, car on vient du même coin. »

Si les parents de Vincent avaient anticipé un tel scénario, l'entraîneur-chef de l'Océanic n'avait jamais cru que son vis-à-vis oserait y aller d'un geste semblable.

« J'ai bien vu Stock aller parler à Vincent, mais je savais que c'était deux *chums* du West Island. J'ai pensé qu'il lui avait souhaité bonne chance. Au lieu de ça, la bagarre a éclaté. Vincent s'est assez bien débrouillé. De mon côté, je n'arrêtais pas de penser à sa mère, qui était assise dans les gradins, pas très loin derrière notre banc. Je n'osais même pas me retourner pour regarder vers elle… Moi qui était censé protéger son fils ! Après ses cinq minutes au banc des punitions, Vincent est arrivé et il m'a fièrement lancé : "Là, je me sens dans le match !" »

Au sein de l'état-major de l'Océanic, on est nerveux en pensant aux scénarios possibles après le match. Mais Therrien se faisait du « sang de cochon » inutilement, car Yvon et Christiane savaient pertinemment à quoi s'exposait leur fils en décidant de tenter l'aventure dans la LHJMQ. D'ailleurs, l'entraîneur-chef n'a jamais eu à négocier ou à parler de hockey avec le clan Lecavalier. L'Océanic a eu une seule fois des explications à fournir et ce fut lors de la fameuse rencontre précédant le repêchage.

« C'était un jeune vraiment facile à diriger. Tout ce qu'il voulait, c'était jouer au hockey, gagner et s'améliorer. C'est extrêmement rare de côtoyer une superstar si terre à terre. J'avais été obligé de le muter à l'aile parce qu'on était allé chercher Éric Bélanger après les fêtes. J'ai dit à Bélanger qu'il allait se retrouver sur mon premier trio avec Vincent au centre, mais il ne voulait rien savoir. Il m'a dit : "Moi, c'est sûr et certain que je reste au centre. Envoie le jeune de 16 ans à l'aile, mais moi, je ne bouge pas de là." Je suis allé voir Vincent en lui expliquant que ça lui donnerait une corde de plus à son arc et qu'en échange, je le ferais jouer à la pointe en avantage numérique. Dans le fond, c'était lui le *king*, pas Bélanger. Mais Vincent n'a rien dit et il a accepté mon offre », d'ajouter Therrien qui, encore aujourd'hui, ne tarit pas d'éloges pour son ancien protégé.

Après cette première saison avec l'Océanic, il est clair que Vincent Lecavalier connaîtra une carrière exceptionnelle. Il termine l'année avec 42 buts et 61 passes pour un impressionnant total de 103 points en 64 matchs. Il est nommé recrue de l'année dans la LHJMQ ainsi qu'au niveau de la ligue canadienne.

« Ma première saison dans la LHJMQ s'est franchement bien déroulée ! Tout a débloqué après les trois premières parties. J'ai été chanceux, car Gaston m'a tout de suite placé en compagnie d'Éric Normandin, qui était un très bon joueur, et il m'a vraiment beaucoup aidé », relate le principal intéressé.

UNE DEUXIÈME SAISON PLUS DIFFICILE

Au terme de cette première campagne très prometteuse avec l'Océanic, les attentes sont extrêmement élevées envers Vincent pour sa deuxième année chez les juniors. Sa réputation a franchi les frontières du Québec et, avant même le début de la saison, on l'identifie comme le premier choix potentiel du prochain repêchage de la LNH qui aura lieu dans moins d'un an, le 27 juin 1998, à Buffalo.

Vincent possède déjà le statut de joueur vedette avec les avantages et les inconvénients que ça entraîne. Dans chaque ville, les arénas sont remplis de gens venus voir le phénomène, des hordes de journalistes l'attendent, la pression est forte. « Ma deuxième saison junior a été plus difficile à vivre. Il y avait de très grosses attentes et, à chaque match, il y avait toujours un gars qui avait la mission de me suivre partout sur la glace. On me couvrait tellement étroitement que, souvent, le joueur affecté à me surveiller venait même me reconduire au banc de l'Océanic à la fin de mes présences ! On m'accrochait et on me retenait tout le temps et c'était très frustrant. Je sentais que je ne pouvais plus rien faire sur la patinoire tellement on m'accrochait constamment », explique Vincent en poussant un long soupir.

Cet hiver marquera aussi la grande débandade de l'équipe canadienne au Championnat du monde junior qui se déroule à Helsinki, en Finlande. Menée par Réal Paiement, la formation nationale regroupe un impressionnant total de sept joueurs issus de la LHJMQ soit Vincent Lecavalier, Steve Bégin, Jean-Pierre Dumont, Alex Tanguay, Daniel Corso, Mathieu Garon et Roberto Luongo.

En quête d'un sixième championnat consécutif, l'équipe canadienne s'incline en quart de finale face à la Russie dans un match qui a marqué à sa façon l'histoire du hockey canadien sur la scène internationale. Alors que le Canada a disputé tous les matchs du tournoi à la ronde à Helsinki, l'équipe doit se rendre à Hameenlinna pour livrer ce match éliminatoire. En quittant la capitale finlandaise, on oublie d'apporter les chandails blancs. Évidemment, les Russes ne se montrent pas bons princes et refusent de disputer la rencontre autrement qu'avec leur superbe uniforme rouge. On fait livrer les chandails blancs de toute urgence, mais plus de deux heures de route séparent les deux villes et ils n'arrivent pas à temps pour le début de la partie. Ce 31 décembre 1997, à la surprise générale, lorsque la partie débute, les joueurs du Canada endossent tous des chandails bleu et blanc aux couleurs de l'équipe nationale de la Finlande. Les joueurs

La LHJMQ avait délégué sept joueurs au Championnat du monde junior de 1997. Vincent Lecavalier et ses coéquipiers n'y ont toutefois pas connu beaucoup de succès.

canadiens sont contraints de disputer toute la première période en portant ces chandails gracieusement prêtés par le gérant de la petite boutique d'équipement de l'aréna. On ne retrouve bien sûr aucun nom dans le dos et les numéros des chandails ne correspondent pas à ceux que portent habituellement les joueurs du Canada.

Les hommes de Réal Paiement retrouvent leur chandail paré de la feuille d'érable pour le début du deuxième vingt. Dans les gradins, tous pensent que les jeunes Canadiens feront payer aux Russes ce manque de *fairplay*, mais c'est tout le contraire qui se produit. Après le troisième vingt, l'égalité persiste et alors qu'il ne reste que 39 secondes à écouler à la période de prolongation, Maxim Afinogenov déjoue Mathieu Garon et le Canada voit ses chances de monter sur le podium s'envoler.

Vincent et ses coéquipiers perdent aussi la partie suivante. Cette fois, l'équipe s'incline trois à zéro face aux Américains, qui sont menés par le gardien Jean-Marc Pelletier, comparse de Vincent à Rimouski. Le Canada termine la compétition en s'inclinant ensuite six à trois devant le Kazakhstan et se classe au huitième rang, ce qui demeure la pire prestation jamais offerte par une équipe canadienne au Championnat du monde junior. Vincent rentre à la maison sans médaille... et avec seulement un but et une passe en sept joutes.

Cette étape passée, le jeune espoir québécois se concentre sur sa fin de saison avec l'Océanic, sans perdre de vue le repêchage qui approche à grands pas. Quand il est question du tout premier choix de l'encan, deux noms reviennent : celui de Vincent et celui de l'Américain David Legwand. « Je me mettais beaucoup de pression pour le repêchage, se remémore Vincent. Je suivais attentivement ce qui s'écrivait ou se disait, et les opinions semblaient parfois partagées. Je voulais absolument être le premier joueur choisi, mais quand j'y repense aujourd'hui, je trouve ça niaiseux ! Que tu sois repêché premier ou quinzième, ou en troisième ronde, ça ne change rien. L'important, c'est ce qui se passe après. Être le tout premier, ce n'est qu'un honneur. »

Vincent termine sa saison régulière avec une récolte similaire à celle de sa première année dans le circuit Courteau, soit 44 buts et 71 passes pour 115 points en 58 parties. De son côté, Legwand amasse 54 buts et 51 mentions d'aide pour 105 points en 59 matchs avec les Whalers de Plymouth, de la ligue de l'Ontario.

La veille de l'événement tant attendu, les dirigeants du Lightning lui confirment qu'ils feront de lui le tout premier choix du repêchage de 1998. « J'étais très heureux et j'ai très bien dormi ce soir-là dans ma chambre d'hôtel, à Buffalo. Mais honnêtement, les semaines d'avant ont été pas mal difficiles à vivre. »

Si certains premiers choix déçoivent, ce ne sera pas le cas de Vincent Lecavalier et l'organisation du Lightning ne regrettera jamais sa sélection. Quelques mois plus tard, Jacques Demers, alors entraîneur-chef et directeur général à Tampa Bay, décide de garder le jeune garçon de 18 ans dans son équipe... et on connaît la suite.

LES CONSEILS DE VINCENT

« Je suis très choyé, car j'ai vécu une enfance extraordinaire. Mes parents ne m'ont jamais poussé. Ils m'ont toujours encouragé et supporté tout en mettant à ma disposition tous les outils susceptibles de m'aider. Je n'ai pas été "benché" comme certains jeunes. »

Premier choix au repêchage de la LNH en 1998, Vincent Lecavalier a connu deux années de rêve alors qu'il portait les couleurs de l'Océanic de Rimouski. Pourtant, il ne croit pas que la Ligue de hockey junior majeur du Québec soit un circuit sérieux quand vient le temps de conjuguer compétition et études.

« Pour mes parents et moi, les études ont toujours été plus importantes que le hockey. J'avais de très bonnes notes à l'école et je désirais d'abord et avant tout aller dans une université américaine comme mon frère, Philippe, qui a joué à l'Université Clarkson pendant quatre ans. À 16 ans, j'ai donc été obligé de prendre la décision la plus sérieuse et la plus difficile de ma vie. J'avais déjà visité les universités Lowell-Mass et Boston College, et mon rêve était d'aller étudier aux États-Unis. Il était tout simplement hors de question que je joue dans la LHJMQ.

« Je suis allé disputer un tournoi à Boston et mon père a croisé plusieurs dépisteurs de la LNH. Il leur a demandé conseil et, unanimement, ils ont tous répondu que la LHJMQ était un meilleur tremplin vers le circuit Bettman. J'avais 16 ans et ça a été un choc. Très honnêtement, je n'avais jamais pensé à la LNH. Mon seul objectif, c'était de jouer dans un collège américain. Là, soudainement, j'ai entendu parler de repêchage et on m'a dit que j'étais classé espoir numéro un.

« Je suis allé à Rimouski et j'ai terminé mon cinquième secondaire. Mais je crois, personnellement, que le jeune qui fait son entrée dans la LHJMQ joue avec le feu. Il y a trop de longs voyages. Par exemple, comment voulez-vous que les joueurs des MAINEiacs de Lewiston réussissent à étudier en étant toujours dans l'autobus ? D'après moi, 99 % des jeunes risquent gros en jouant dans ce circuit. Je trouve ça dommage que des équipes junior qui ont des jeunes de 16 ans dans leur rang gèrent leurs activités comme des clubs de la LNH. Il faut que ça aille plus loin que de dire : "Si tu ne vas pas à l'école, tu ne pratiqueras pas aujourd'hui." Je persiste à dire que la façon de procéder est plus intelligente dans les collèges américains », nous dit Vincent, qui sait pertinemment que ses propos vont déplaire à bien des gens.

« Par contre, je dois avouer que du côté de la LHJMQ, on est conscient du problème et je crois qu'ils ont mis beaucoup d'efforts depuis environ 10 ans pour améliorer le programme scolaire. Le circuit Courteau doit composer avec le ministère de l'Éducation et la manière de fonctionner au Québec rend honnêtement les choses plus difficiles qu'ailleurs au Canada et aux États-Unis. »

LES CONSEILS D'YVON

« J'ai été l'entraîneur de mes deux fils, Philippe et Vincent, et avec le recul, je crois que j'agirais différemment aujourd'hui. Si je dirigeais mes petits-fils, je pense que ça ne se passerait pas de la même manière. Je mènerais beaucoup moins pour gagner et tout le monde jouerait de façon égale. Je crois que les entraîneurs qui font jouer chaque enfant passent en général de bien meilleures saisons. C'est plus sain pour eux, mais aussi pour les jeunes et leurs parents. De toute façon, qu'est-ce que ça change que l'équipe gagne ou perde ? Au début, on est tous d'accord que la participation est la chose la plus importante, mais on dirait que tu embarques dans un engrenage et tu veux gagner.

« Si je recommençais, je ne laisserais pas mes fils prolonger leur saison en jouant du hockey AAA au printemps. Et j'ai pourtant été le vice-président de l'Association de hockey AAA dans mon coin. Quand tu joues du hockey d'élite, les camps d'entraînement commencent au mois d'août et la saison se termine en avril. Ça fait plus de huit mois de hockey. C'est suffisant.

« Sur le plan personnel, je pense que c'est correct que les parents discutent de hockey avec leurs enfants en revenant à la maison. Il faut souligner les erreurs, mais il est aussi très important de terminer la conversation en relatant les bons coups du jeune joueur. Comme ça, la discussion s'arrête sur une bonne note et ça ne brise pas la confiance de l'enfant. »

VINCENT LECAVALIER
Né le 21 avril 1980 à l'Île-Bizard, Québec
Centre
6 pi 4 po
223 livres
Repêché par Tampa en 1998
Premier joueur sélectionné

		SAISON RÉGULIÈRE				SÉRIES			
	SAISONS	PARTIES	BUTS	PASSES	POINTS	PARTIES	BUTS	PASSES	POINTS
Notre-Dame	1995-1996	22	52	52	104				
Rimouski LHJMQ	1996-1997	64	42	61	103	4	4	3	7
Rimouski LHJMQ	1997-1998	58	44	71	115	18	15	26	41
Tampa Bay LNH	1998-1999	82	13	15	28				
Tampa Bay LNH	1999-2000	80	25	42	67				
Tampa Bay LNH	2000-2001	68	23	28	51				
Tampa Bay LNH	2001-2002	76	20	17	37				
Tampa Bay LNH	2002-2003	80	33	45	78	11	3	3	6
Tampa Bay LNH	2003-2004	81	32	34	66	23	9	7	16
Ak Bars Kazan Russie	2004-2005	30	7	9	16				
Tampa Bay LNH	2005-2006	80	35	40	75	5	1	3	4
Tampa Bay LNH	2006-2007	82	52	56	108	6	5	2	7
Tampa Bay LNH	2007-2008	81	40	52	92				
TOTAL LNH		**710**	**273**	**329**	**602**	**45**	**18**	**15**	**33**

1997 équipe d'étoiles chez les recrues de la LHJMQ
recrue offensive de l'année LHJMQ
recrue de l'année Ligue junior canadienne

1998 première équipe d'étoiles LHJMQ
première équipe d'étoiles Ligue canadienne

2003 première participation au match des étoiles de la LNH

2004 remporte la coupe Stanley avec le Lightning

2004 remporte la Coupe du monde avec le Canada
Joueur par excellence à la Coupe du monde grâce à 2 buts et 7 passes en 6 parties
Élu sur l'équipe d'étoiles de la Coupe du monde

2006 représente le Canada aux Jeux olympiques de Turin (3 passes en 6 matchs)

2007 deuxième participation au match des étoiles de la LNH
Gagnant du trophée Maurice-Richard remis au meilleur buteur

STEVE BÉGIN

La plupart des jeunes garçons prennent leur père pour des héros, surtout quand ils sont très jeunes. C'était tout particulièrement vrai dans le cas de Steve Bégin. Tout petit, quand son père, Gilles, s'absentait de la maison, il préférait rester appuyé contre une des fenêtres de l'appartement familial de Trois-Rivières au lieu de s'amuser avec ses jouets et sa grande sœur, Karine. Il fixait le stationnement en attendant patiemment le retour de son père. Il pouvait tenir comme ça pendant des heures, collé contre la porte, à espérer l'arrivée de la personne qu'il aimait le plus au monde.

Âgé d'à peine deux ans, Steve ne réalise pas une seule seconde que rien ne va plus entre son père et sa mère, Gaétane. Comme dans bien d'autres couples, la rupture se produit alors que les jeunes parents se retrouvent avec des enfants en bas âge. Karine a cinq ans, Steve deux ans et le petit Dave n'a même pas encore douze mois quand Gilles et Gaétane partent chacun de leur côté. Le séparer de son père aurait été un drame épouvantable pour Steve. Pour cette raison, quand Gilles Bégin plie bagage, il emmène le petit avec lui et récupérera le reste de sa progéniture quelques mois plus tard.

C'est tout un défi qui attend cet homme peu instruit et prestataire de l'aide sociale. Mais le jeune père de famille n'a pas réellement le choix. Il a peu à offrir, mais possède deux qualités exceptionnelles: de l'amour et du courage. Pour le reste, il faudra s'arranger avec les moyens du bord.

C'est pourquoi quand on regarde Steve Bégin se défoncer sans ménagement en se donnant corps et âme pour son équipe, on comprend qu'il ne pourra jamais agir autrement. C'est la seule façon de faire qu'il a connue.

C'est un beau soir de juillet 1984. Gilles Bégin vient à peine de terminer son match de balle molle. Assis dans les gradins, le petit Steve a suivi le déroulement de la partie sans trop d'attention. Plutôt que de regarder les prouesses du paternel, il s'est amusé avec les deux fils de Normand Hubert, un coéquipier de son père. Né le 14 juin 1978, le petit Bégin vient de fêter son sixième anniversaire et il profite de chaque instant où il se retrouve avec d'autres enfants de son âge pour s'amuser. Peu importe pour lui que papa gagne ou perde, ces rendez-vous hebdomadaires représentent une occasion de revoir ses copains.

Steve n'a aucune idée du résultat final de la partie. Toutefois, il se rappelle précisément la conversation qu'il a eue avec son père en rentrant à la maison ce soir-là. C'était une discussion banale, du moins en apparence. Quelques mots échangés entre deux intersections, mais qui allaient changer la vie du petit bonhomme.

— Dis-moi, Steve, ça te tenterait pas de jouer au hockey cet hiver avec Sébastien, le fils de mon ami Normand? Vous avez toujours l'air de vous amuser ensemble pendant qu'on joue à la balle son père et moi. Vous auriez peut-être du *fun,* Sébastien et toi, dans la même équipe?

— Je sais pas trop. Peut-être bien que oui, répond Steve sans réfléchir. Peut-être que ce serait l'*fun* de jouer au hockey avec Sébastien.

L'hiver précédent, Steve avait accompagné son père deux ou trois fois à la patinoire du quartier. Rien pour lui donner le goût. Allait-il aimer ce nouveau sport? Difficile à dire. Mais une chose était certaine, le garçon aimait bouger et il pourrait sans doute dépenser beaucoup d'énergie en se rendant à l'aréna, ne serait-ce qu'une fois par semaine.

Le jeune Bégin a donc six ans lorsqu'il amorce sa première saison au hockey mineur et il se retrouve, comme prévu, dans la même équipe que son ami Sébastien Hubert. Gilles espère que son garçon aimera l'expérience, mais il préfère ne pas investir dans un équipement neuf, juste au cas. L'aînée de la famille, Karine, avait tenté sa chance en patinage artistique. Le paternel n'avait pas hésité à se serrer la ceinture pour lui procurer de jolis patins flambant neufs, mais la petite avait abandonné avant la fin de la saison. L'histoire se révélera cependant bien différente pour Steve, qui tombera tout de suite amoureux du hockey.

Comme pour les autres enfants de sa génération, les premiers apprentissages se font à l'intérieur du programme MAHG (méthode d'apprentissage du hockey sur glace), qui se veut l'équivalent de l'étape prénovice. Les matchs et les entraînements se déroulent au Pavillon de la Jeunesse de Trois-Rivières. Steve se débrouille extrêmement bien pour un débutant. Contre toute attente, dès qu'il saute sur la glace, il décolle et patine avec une aisance remarquable. Il glisse sur la glace, freine et manie la rondelle comme s'il s'entraînait depuis déjà plusieurs années. Lorsqu'il s'empare de la rondelle, les autres jeunes le suivent comme un essaim d'abeilles, incapables de la lui soutirer. Ce genre de manœuvre amuse tellement le petit Bégin qu'il oublie parfois qu'il faut aussi marquer des buts et il patine en contrôlant le disque jusqu'à ce qu'un rival réussisse à s'en emparer.

Steve attrape donc la piqûre du hockey. Dès lors, il ne pense et n'agit qu'en fonction de ce sport. Il joue à la patinoire extérieure près de chez lui, dans sa cour avec une balle, dans le sous-sol avec des petits bâtons, bref, il joue tout le temps. Il n'a dorénavant qu'un seul objectif : se retrouver un jour dans la Ligue nationale de hockey.

« La passion est née d'un coup pour Steve, se souvient son père. Pour une raison que je ne m'explique pas, il savait jouer dès le départ et il était animé d'une rage de vaincre peu commune pour un petit gars de son âge. »

Cette nouvelle ferveur provoque un important déclic chez Steve. Le samedi matin, il se réveille de lui-même à six heures, enfile son équipement de hockey, puis va sauter dans le lit de son père, encore bien endormi. Il faut vite le réveiller pour aller à l'entraînement qui a lieu à huit heures trente ! Dans son temps libre (et il est long quand on a six ou sept ans), Steve se promène presque toujours avec un bâton de hockey dans les mains.

Après deux saisons au niveau MAHG, le petit bonhomme gradue chez les novices et a maintenant des allures de Wayne Gretzky. À neuf ans, alors qu'il dispute sa deuxième campagne à ce niveau, il enfile cinq ou six buts pratiquement à chaque partie et conclut le calendrier avec plus de 120 filets. En plus de contrôler le jeu à sa guise, il possède un tir phénoménal pour un enfant de son âge. De la ligne bleue, il peut loger la rondelle dans le haut du filet à l'aide d'un lancer des poignets. Impuissants devant un joueur semblable, les pauvres gardiens adverses sont médusés à chaque fois.

« Je pratiquais tout le temps mes lancers. Mon père avait préparé une patinoire dans la petite cour arrière de notre logement et je passais chaque minute libre à "shooter" des *pucks*. Je cassais souvent des fenêtres et mon père devait téléphoner à la personne qui s'occupait d'entretenir le HLM. On n'avait pas d'argent et il leur disait chaque fois que c'était des jeunes qui étaient venus lancer des balles de neige dans la vitre ! C'était un vieil édifice et je me souviens qu'un été, toutes les fenêtres et toutes les portes avaient été remplacées. Quelques mois plus tard, tout juste au début de l'hiver, j'avais envoyé un de mes lancers dans la belle grosse vitre de la porte d'entrée, en arrière. Mon père n'avait pas été de bonne humeur et il avait encore été obligé de faire accroire que quelqu'un avait lancé des balles de neige chez nous ! »

Steve s'avère tellement dominant que cela pose parfois des problèmes. Dans le cadre du tournoi bantam de Trois-Rivières, on invite les petits joueurs du niveau novice à venir disputer un match amical avant la finale des grands. Pour que le spectacle demeure intéressant jusqu'à la fin, de « gentils bénévoles » expliquent à Gilles qu'il serait préférable que son fils n'accompagne pas ses coéquipiers pour le match, ce qu'il refuse. On décide finalement que Steve devra se limiter à un seul but, sinon il sera expulsé de la partie !

Plus la saison avance et plus le nom de Steve Bégin circule dans le petit monde du hockey mineur de Trois-Rivières. Ce n'est donc pas une surprise quand on lui demande d'aller remplacer chez les plus vieux. Appelé en renfort, il dispute un match avec les grands de la formation atome CC de Trois-Rivières et termine sa journée avec une récolte d'un but et trois passes ! On propose alors à son père de le faire immédiatement graduer au niveau atome.

— Steve, tu viens de jouer tout un match ! Est-ce que ça te tenterais de finir l'année avec l'équipe atome CC ? Les *coachs* te prendraient dans leur équipe et tu t'amuserais peut-être plus que dans le novice...

— Et mon équipe novice ?

— Ben, tu pourrais pas jouer pour les deux équipes. Si tu veux être avec les petits gars de l'atome, tu vas devoir débarquer de ton équipe novice. C'est comme tu veux, mon homme.

— Mais je veux rester avec mes amis du novice.

— C'est parfait comme ça. Tu vas rester avec eux ! De toute façon, c'est ça que papa voulait que tu choisisses. Je veux que tu profites de ton année. Tu t'amuses là, tu marques des buts à la tonne et ça arrivera probablement plus jamais des saisons comme ça. Paye-toi la traite avec tes amis du novice !

LE PASSAGE AU NIVEAU ATOME

C'est avec une très belle réputation de joueur de hockey que Steve rejoint les atomes, l'automne suivant. Il se taille tout de suite une place au sein de l'équipe de calibre AA. Le jeune garçon de 10 ans est minuscule et, déjà, les gens commencent à laisser entendre qu'il est bien trop petit et que son règne tire à sa fin. Ces commentaires tout aussi inutiles que mesquins se rendent jusqu'aux oreilles du jeune Bégin.

« J'ai entendu ça et je me suis dit que ce n'était pas parce que j'étais tout petit que j'étais incapable de jouer du hockey physique et intense. J'ai commencé à changer mon style de jeu, à vouloir m'imposer sur la patinoire. Et si un gars me donnait un coup, c'est certain que j'essayais de trouver un moyen de me venger avant la fin de la partie ! »

Toutefois, Steve aurait possiblement modifié son style de toute façon, car chez lui, on ne fait pas dans la dentelle. D'ailleurs, quand Gilles parle de hockey à son fils, il lui vante les mérites de ses joueurs préférés et il l'incite à suivre l'exemple d'athlètes travaillants et combatifs comme Dale Hunter, Mario Tremblay, Guy Carbonneau et Bob Gainey. Rarement un mot à propos de Mats Naslund, Bobby Smith, Stéphane Richer ou Peter Stastny ! Mais

Steve Bégin a commencé à faire parler de lui
dès son premier match de hockey.

ce n'est pas tout. Steve a grandi en côtoyant la violence. Son père avait la réputation d'être un des durs à cuire du quartier, voire même de Trois-Rivières. Quand des amis éprouvaient des difficultés, le téléphone sonnait chez les Bégin et Gilles allait « donner un coup de main ». En terme clair, c'était le *tough* du coin. Avant que Steve amorce sa première année d'école primaire, son père l'a emmené à l'écart quelques minutes pour lui apprendre à se battre… juste au cas où.

Les Bégin ne vivent pas dans le quartier le plus paisible de la Mauricie et il se passe rarement une semaine sans que Steve en vienne aux coups au moins une fois, surtout avec des garçons plus vieux que lui. Il se bat la semaine, à l'école, ou le week-end, à l'aréna. C'est comme ça chez les Bégin. Même Karine sait se défendre. La grande sœur n'hésite jamais à se battre et il lui est déjà arrivé d'être au centre de certaines bousculades dans les gradins lors de parties de hockey.

« Ça cognait souvent à la porte chez nous, explique Gilles en hochant la tête, un petit sourire en coin. Il y a des parents qui venaient me voir pour me dire que Steve avait "sacré une volée" à leur fils. Souvent, c'était des petits gars plus vieux que Steve. Je leur disais à peu près toujours la même affaire : "C'est sans doute parce que ton gars a cherché le trouble." En tout cas, moi, je voulais que Steve se fasse respecter et qu'il se défende, mais je lui interdisais de provoquer les autres et de les narguer. »

Même s'il se défend plutôt bien avec ses poings, Steve ne se bat pas pour n'importe quelle raison. Comme il est le plus petit du groupe, c'est souvent lui que les « ennemis » de sa « gang » choisissent comme cible. Parfois, il se retrouve au centre d'une escarmouche par loyauté envers ses amis ou ses coéquipiers. Lors de sa deuxième année dans l'atome AA, lors d'une joute préparatoire qui se déroule à Shawinigan, un coéquipier de Steve est victime d'insultes de la part d'un rival avant le match. Avantagé par un physique imposant, le joueur de Shawinigan est carrément intimidant et méprise le gardien de but de Trois-Rivières. Steve entend les railleries et, même s'il est le plus petit joueur de son équipe, il se permet de lui servir un avertissement. Le protagoniste shawiniganais se moque évidemment des menaces du petit Trifluvien. Quiconque possède un peu de jugeote en serait resté là, de peur de recevoir une correction. Pas Steve. Comme son père le lui a enseigné, il n'est pas question d'accepter ce genre de comportement. Sans faire de compromis, il saute donc sur le joueur de Shawinigan et lui administre toute une raclée.

En se portant ainsi à la défense de son gardien, Steve augmente sa cote de popularité dans le vestiaire... et dans les gradins. Le père du jeune gardien qui se faisait ridiculiser est bien fier du petit Bégin, tout comme d'autres parents qui saluent son courage. Par contre, certains parents se posent des questions. La saison n'est pas encore commencée et voilà qu'un garçon se bat dans le corridor avant une partie hors concours. Certains se demandent si c'est une bonne chose d'avoir un enfant pareil dans l'équipe. Le fils du président du hockey mineur de Trois-Rivières y joue aussi... Des bagarres du genre (même pour une noble cause) pourraient ternir l'image de l'association.

Une chose est sûre, Steve Bégin ne baisse jamais les bras. Même à cet âge, il ne recule devant personne. Véritable passionné, il fait du hockey sa seule réelle priorité dans la vie. Toutes ses décisions et tous ses gestes sont axés sur son sport favori et avec lui, les demi-mesures n'existent pas. Une fameuse journée glaciale de l'hiver de 1989 en est un bon exemple. Steve a alors 11 ans et ce n'est pas un froid sibérien qui va l'empêcher d'aller s'exercer à la patinoire du coin après le souper. Gilles a oublié la date exacte, mais il se souviendra toujours des autres détails.

« Il faisait environ 30 ou 35 degrés sous zéro cette journée-là et Steve insistait quand même pour aller patiner au parc Cardinal-Roy après le souper. Je l'ai laissé aller en me disant qu'il reviendrait au bout de quelques minutes. Il est rentré deux heures plus tard. J'ai alors cru qu'il avait pris quelques pauses pour aller se réchauffer à l'intérieur de la cabane. Mais non ! J'ai remarqué que Steve avait de la difficulté à marcher. Il s'était gelé les orteils et il ne les sentait plus du tout. Je l'ai emmené à l'hôpital Sainte-Marie et on m'a expliqué qu'il n'y avait absolument rien à faire. On m'a dit : "Surveillez les orteils de votre fils. S'ils deviennent noirs, revenez vite nous voir. On va être obligé de les amputer." Steve s'en est finalement bien tiré, mais il a passé deux semaines sans être capable d'enfiler ses patins. »

« Le pire, c'est que ce n'était pas la première fois que je me gelais les orteils, se souvient Steve. C'était arrivé cinq ou six fois auparavant. Mais cette fois-là, j'ai vraiment eu peur. À l'hôpital, on m'a dit qu'il n'y avait rien à faire et que j'allais peut-être perdre des orteils. J'ai été chanceux, mais la douleur a été atroce quand ça a dégelé. »

UN ENFANT DÉBROUILLARD ET AUTONOME

Reconnu pour sa fougue et son talent, mais également réputé pour son caractère explosif sur la patinoire, Steve Bégin est un joueur facile à diriger et est apprécié par ses entraîneurs. Il faut dire que le garçon est très autonome pour son âge. À huit ou neuf ans, il prépare déjà ses repas tout seul.

« Ma mère n'habitait pas avec nous et mon père n'était pas souvent à la maison, de sorte que j'ai appris à me débrouiller tout seul très rapidement. On avait un compte à l'épicerie du coin et j'allais me chercher de la nourriture pour le souper. Je revenais à la maison et je préparais moi-même mon souper. J'ai commencé à faire ça de façon régulière quand j'étais novice. »

C'était un peu un cercle vicieux chez les Bégin. Steve s'arrangeait seul parce que son père n'était pas là et Gilles se permettait des virées parce que Steve pouvait se débrouiller sans lui.

« Le vendredi, je savais que mon père avait un agenda chargé ! Il rentrait toujours tard à la maison et à neuf ou dix ans, je connaissais par cœur les numéros de téléphone de toutes les brasseries du quartier. Quand il fallait que je lui parle, je m'arrangeais toujours pour le trouver. Ce n'était peut-être pas une vie conventionnelle, mais pour moi, c'était normal. Je m'arrangeais tout seul et c'était comme ça, il fallait que je me débrouille. »

En vieillissant, Steve réalise que la façon de vivre de son père va peut-être nuire à ses chances d'être sélectionné dans le AA. La situation le frappe lors de sa première année chez les pee-wee.

« C'est une réalité qu'on ne peut ignorer. Mon père était alcoolique et il n'avait pas une "cenne". Ce n'était pas le genre de gars avec qui les *coachs* et les dirigeants du hockey mineur avaient le goût d'être ami. En combinant tout ça, je savais bien que je devrais être parmi les très bons joueurs de l'équipe pour que les entraîneurs me gardent. Mon père, dans le fond, ne faisait rien de mal, c'est seulement qu'il aimait être sur le *party*. Il s'entendait bien avec les parents et la plupart d'entre eux s'amusaient avec lui. Par contre, il y a des journées où j'avais honte de quitter l'aréna avec lui parce qu'il était soûl et qu'il avait de la difficulté à marcher. On partait de la maison pour aller à l'aréna et je savais que mon père allait probablement se "paqueter la fraise" pendant la partie. Tu apprends à vivre avec ça. »

Gilles Bégin ne renie pas cette époque de sa vie où la bouteille et lui faisaient bon ménage. Aujourd'hui sobre depuis près de sept ans, il n'était pas du genre à fréquenter régulièrement les bars et les tavernes pendant la semaine. Cependant, l'histoire était différente à compter du vendredi. Quand Gilles décapsulait une première bière, les autres se succédaient à un bon rythme et il pouvait maintenir la cadence très longtemps.

« C'est vrai que j'aimais ça prendre un coup, mais je n'ai jamais fait de mal à personne et je m'adonnais très bien avec tous les parents. Parfois, il y a eu des matchs où j'étais un peu plus stressé et quelques petites bières, ça me calmait, d'avouer Gilles en riant sans honte. Mais Steve n'aimait pas me voir tout croche et c'est normal. Il y avait aussi ma voiture qu'il n'aimait pas. J'avais une Ford Econoline bleue pas mal rouillée et Steve me demandait toujours de le débarquer deux coins de rue avant l'aréna. Je savais bien que ça le gênait d'arriver avec moi dans cette vieille bagnole qui faisait du bruit, mais il me disait qu'en marchant comme ça, il était mieux réchauffé pour le match. On était pas riche, mais j'ai donné tout ce que je pouvais à mes enfants et ils n'ont jamais manqué de rien. Quand je me suis retrouvé seul avec eux, il y a des gens qui m'ont dit de les placer, mais je n'aurais jamais pu envisager une chose semblable. Plus tard, mes amis me disaient d'arrêter de payer pour le hockey, mais je préférais me priver moi-même sur d'autres choses. J'aimais mieux voir Steve et Dave à l'aréna, en train de jouer au hockey, que de les voir traîner dans un parc.

« Tout était calculé à la maison, de poursuivre Gilles. L'important, c'était que mes enfants aient ce qu'il leur fallait. L'argent servait d'abord et avant tout à payer le loyer et l'épicerie. Ensuite, c'était pour les sports et l'école, puis, avec le reste, je m'achetais de la bière. Je buvais ça comme de l'eau, mais quand je me suis retrouvé seul avec les trois enfants, j'ai modéré pas mal. »

En dépit de ses travers, Gilles Bégin fait ce qu'il peut pour élever convenablement sa famille. La discipline n'est toutefois pas son point fort. Pour lui, la loi du talion prévaut : « Œil pour œil, dent pour dent. » Il tient à ce que ses trois enfants soient capables de tenir leur bout sans se faire « piler sur les pieds ». Bien conscient qu'il n'est pas le meilleur exemple qui soit, il insiste pour que ses rejetons se montrent polis et bien élevés. Mais Steve doit combattre les préjugés. Les gens qui le connaissent l'adorent, mais les autres tirent parfois des conclusions faciles. Même s'il se montre très respectueux, il n'en demeure pas moins qu'il se bat à l'occasion, qu'il s'habille avec de vieux vêtements et, en plus, qu'il a les cheveux longs. Ceux qui ne le connaissent pas vraiment le considèrent parfois comme un petit *bum*. Mais après quelques rencontres, ils découvrent un jeune garçon sympathique et très attachant.

Malgré tout, Steve est quand même résolu à faire fi des préjugés afin de tenter sa chance au camp pee-wee AA. Il est bien décidé à en mettre plein la vue aux dirigeants de l'équipe. Même s'il n'a que 12 ans, le jeune hockeyeur veut savoir où il se situe comparativement aux meilleurs joueurs de cette catégorie à Trois-Rivières. Toutefois, il lui faut aussi considérer d'autres facteurs. Si Steve peut se défoncer sur la glace et se démener comme un diable pour impressionner les entraîneurs, il se trouve à court d'arguments quand son père lui explique finalement pourquoi il ne jouera pas pee-wee AA.

— O.K. C'est beau, vas-y au camp du AA, mais même s'ils te gardent, j'ai pas une « cenne » cette année pour payer le surplus que ça coûte.

« C'est vrai que j'avais dit ça à Steve, mais j'aurais trouvé l'argent. J'ai toujours trouvé l'argent. L'histoire, c'est qu'on m'avait prévenu que ça ne me donnait rien de l'envoyer au camp du AA parce qu'il serait assurément exclu. Il y avait du monde qui ne l'aimait pas et cette affaire-là était une décision politique. J'aimais mieux lui dire que je n'avais pas les moyens de payer. »

Effectivement, malgré tous ses efforts, Steve n'est pas retenu pour la sélection finale du pee-wee AA. Comme il n'y a pas d'équipe BB à Trois-Rivières, le petit attaquant est relégué dans l'équipe pee-wee CC.

À cette époque, le jeune garçon de 12 ans arbore une longue crinière et il est facile à repérer sur la glace. Qu'on l'aime ou qu'on le déteste, à peu près tous ceux qui baignent dans le monde du hockey mineur de la Mauricie connaissent le petit Bégin. Au cours de cette saison, l'employé de la boutique d'aiguisage de patins du Pavillon de la Jeunesse constate d'ailleurs qu'il vaut mieux ne pas se moquer de lui.

« Monsieur Dufour, le gars du "pro-shop", jasait avec mon père et je suis passé par là. Je me suis approché de lui, et là, il m'a dit : "T'as vraiment l'air d'un pouilleux avec tes cheveux longs." Il m'a saisi les cheveux d'une main et avec l'autre, il a coupé une longue couette. J'étais tellement insulté. J'ai vu rouge instantanément et j'ai pris mon bâton pour lui "swigner" en pleine face. Heureusement, mon père m'a arrêté juste à temps. »

Steve se comporte de la même façon sur la patinoire. Comme un véritable enragé, il distribue les petits coups sournois et fait rager ses rivaux chaque fois qu'il en a la chance. Déjà, à 12 ans, ses adversaires le détestent et sa réputation fait vite le tour de la ligue.

« Je n'arrêtais pas une seconde. J'avais du talent et je marquais des buts, mais ce n'était pas assez pour moi ! Quand je n'avais pas la rondelle, je dérangeais tout le temps mes adversaires. Je jouais à la limite des règlements et j'avais toujours "la pédale dans le tapis". Je voulais gagner chaque partie. J'étais intense à chaque présence, mais en jouant comme ça, j'étais aussi puni plus souvent que les autres. »

« C'était en lui, explique son père, Gilles. À l'aréna et dans l'auto, je ne disais jamais un mot, mais en arrivant à la maison, je ne pouvais pas m'empêcher de faire la morale à mon fils et c'était souvent la même rengaine qui revenait. "Voyons Steve, t'as très bien joué, mais tu as encore eu beaucoup de punitions. Ce n'est pas en agissant comme ça à chaque partie que tu vas devenir un bon joueur de hockey." Je lui répétais ça sans arrêt. Mais il ne voulait rien savoir, c'était en lui. »

Malgré ses visites trop fréquentes au banc des punitions, Steve termine quand même la saison au premier rang des marqueurs du circuit pee-wee CC de la Mauricie, ce qui lui ouvre bien entendu les portes du AA lors de la saison suivante.

Le jeune garçon s'est assagi un peu et visite beaucoup moins régulièrement le banc des punitions. Meilleur joueur de l'équipe, il encourage tout le monde et n'a que des amis dans le vestiaire. Avant le début de cette saison pee-wee AA, l'entraîneur distribue un petit bout de papier aux jeunes et il leur demande d'inscrire le nom de celui qu'ils aimeraient avoir comme capitaine. Le nom de Steve se retrouve sur la majorité des « bulletins de vote » et c'est lui qui aura l'honneur de porter fièrement le « C ». Malgré l'innocence de ses 13 ans, Steve sait pertinemment qu'il n'aurait jamais été choisi pour ce titre prestigieux si la décision était uniquement revenue à l'entraîneur, qui ne le porte visiblement pas dans son cœur. La satisfaction et la fierté d'être le leader du groupe sont donc encore plus grandes.

Mais hériter d'un pareil titre amène aussi des responsabilités supplémentaires et pour certains adultes, les règles non écrites qui régissent les lois du hockey ne sont pas nécessairement les mêmes que pour les enfants. Le jeune capitaine l'apprend à ses dépens au beau milieu de la saison, lors d'un trajet d'autobus entre Québec et Trois-Rivières. L'équipe de Steve vient de se faire éliminer d'un tournoi et pendant que l'entraîneur broie du noir à l'avant du véhicule, les jeunes chantent et s'amusent. À cet âge, la douleur de la défaite disparaît rapidement, surtout quand on est entre amis. Hors de lui, le *coach* bondit de son siège à mi-chemin du parcours et se dirige vers Steve.

— Steve, tu viendras me voir demain. Pis amène-moi ton « C » parce que t'es plus le capitaine de mon club. On vient de se faire éliminer, il y a aucune raison d'avoir du plaisir.

— Comment ça ? Tout le monde niaise pis a du *fun*...

— Tu me donneras ton « C » ! Tu le mérites pas, c'est tout. Pose pas de question et moi, je vais trouver un autre capitaine.

C'est la seule explication que reçoit Bégin. Il est estomaqué, assommé. Vingt ans plus tard, il se demande encore comment un adulte en autorité a pu agir de la sorte sous le coup de la frustration.

CHAMPION DE SOCCER

Pendant l'été, Steve garde la forme en jouant au soccer, un sport où son frère, Dave, et sa sœur, Karine, excellent également. Dès sa première saison, il est recruté au sein de la formation AA de Francheville, qui représente la Mauricie.

Vers l'âge de 12 ans, Steve doit cependant prendre une décision, car il devient difficile de jumeler les deux sports. Et ce n'est pas uniquement une question d'horaires. Pratiquer deux sports au niveau élite entraîne des frais importants que Gilles a de la difficulté à acquitter. Il est préférable que fiston choisisse un sport et s'y dédie totalement. Steve opte donc pour le hockey. Toutefois, son entraîneur de soccer n'abandonne pas si facilement et réussit à faire en sorte que sa vedette puisse continuer à jouer sans payer un sou. Steve s'adonne aux deux sports pendant deux autres

Steve était aussi très doué pour le soccer. S'il n'avait pas choisi le hockey, peut-être jouerait-il pour l'Impact aujourd'hui ?

années et c'est à 14 ans qu'il décide de se consacrer entièrement au hockey.

« Je ne sais pas comment il s'est arrangé, mais ça ne nous a rien coûté pendant deux ans. Il désirait vraiment que je continue dans le soccer et il croyait que je pourrais faire une belle carrière. Il voulait que j'aille jouer en Europe. Il me disait que j'avais plus de chance de gagner ma vie en jouant au soccer qu'en continuant dans le hockey. »

Steve s'entraîne et joue au soccer avec autant de passion et d'ardeur qu'il le fait pour le hockey. À chaque match, il se démène, marque des buts, plonge devant les ballons et se sacrifie pour l'équipe. Et comme pour le hockey, il agit à titre de grand frère auprès de ses coéquipiers. Après une rencontre qui les oppose à une formation composée d'anglophones de l'ouest de Montréal, Steve règle des comptes avec l'ennemi.

« Je ne me rappelle plus en quelle année ça s'est passé, mais lors de ce match-là, il y avait un gars qui avait bousculé tout le monde et qui avait frappé notre gardien à plusieurs reprises. L'arbitre ne faisait rien. J'ai donc attendu que la partie soit terminée et je suis allé voir le gars pour lui dire que ce n'était pas correct. Il était avec un de ses *chums* et ils se sont moqués de moi. Ça n'a pas été long que je les ai "gelés" tous les deux, de raconter Steve avec un petit sourire penaud. Mon entraîneur n'était pas très content et il m'a dit que j'allais être suspendu. On est revenu à Trois-Rivières en autobus et il m'a fait croire ça tout le long du voyage. Finalement, il a passé l'éponge parce que, dans le fond, je n'avais fait que défendre mon gardien ! »

Lors de sa dernière saison comme joueur de soccer, Steve est invité à prendre part à la sélection de l'équipe du Québec, qui représente la province au championnat canadien. Il décline l'invitation, car à ce moment, le hockey prend pratiquement toute la place dans sa vie.

Déjà fort comme un bœuf, il développera également ses muscles en travaillant avec son père dès l'âge de huit ans. Pour arrondir les fins de mois pendant l'été, Gilles installe de la tourbe et exécute des travaux d'aménagement paysager. Son fils est vaillant comme pas un et le suit partout. Steve n'a pas peur de la grosse besogne. Le jeune garçon transporte la tourbe et cherche toujours à apporter le plus de rouleaux possible. C'est ce qu'on appelle un entraînement intense, efficace et payant.

À 12 ANS, DANS LE RING

Le soccer et sa participation aux travaux d'aménagement paysager ont assurément aidé Steve à augmenter son endurance. Mais ce n'est pas tout. Comme il a de l'énergie à revendre et qu'il pratique un style de jeu qui risquerait éventuellement de lui attirer des ennuis, son père lui propose de suivre des cours de boxe à l'âge de 12 ans.

« Je ne voyais pas trop le rapport avec le hockey, mais mon père me disait que ça allait m'aider à devenir un meilleur joueur. Il avait raison, car c'est le meilleur entraînement possible. J'y allais trois fois par semaine à raison de deux heures et demie par jour, et à chaque fois, on passait au moins une heure à travailler notre “cardio” sans arrêt. C’est incroyable comme ça m’a vraiment aidé à acquérir une bonne condition physique. »

Les leçons de boxe se déroulent sous la supervision de Denis Hince, un professeur réputé en Mauricie.

« Il nous faisait monter des escaliers à la course, on faisait des *push-up* et il nous gardait toujours sur le qui-vive. Il nous poussait tout le temps. Moi, j’adorais ça et je faisais tout ce qu’il me disait de faire. Il savait que j’étais capable d’en prendre et il ne me lâchait pas une seconde. On s’entraînait comme Rocky ! La seule différence, c’est qu’on n’a jamais frappé sur des morceaux de viande ! »

La boxe a fait partie intégrante de l’entraînement de Steve jusqu’à l’âge de 20 ans. Même après avoir quitté son Trois-Rivières natal, il retournait chaque été au gymnase de Denis Hince, histoire d’être au sommet de sa forme lors du camp d’entraînement de l’automne suivant.

BANTAM AA

Peu de joueurs sont en aussi bonne forme physique que Steve lorsque arrive le moment de penser au niveau bantam. Mais le garçon se pose des questions et il redoute ce qui l’attend. L’entraîneur qui lui a retiré son titre de capitaine quelques mois auparavant prendra les commandes de l’équipe bantam AA. Alors que son style fougueux et hargneux peut finalement devenir un avantage à ce niveau de compétition, Steve se présente au camp d’entraînement en étant persuadé qu’il n’a aucune chance, puisqu’il n’est pas dans les bonnes grâces de l’entraîneur.

« J’étais certain de ne pas rester dans l’équipe, car je savais que je partais avec une prise à ma fiche dans l’esprit du *coach*. Et ce n’était pas tout. Tout le monde disait que j’étais beaucoup trop petit pour jouer dans le AA, où le contact est permis. On me répétait : “Tu vas voir, les gars sont gros. Tu vas te faire ramasser. Tu n’as aucune idée de ce qui t’attend, mon p’tit Bégin.” »

Certains jeunes s’initient à la mise en échec dès l’atome par le biais du hockey AAA (qui se pratique dans des ligues estivales qui ne sont pas régies par Hockey Québec), mais ce n’avait pas été le cas de Steve. Malgré son style de jeu agressif, jamais il n'a eu à esquiver un adversaire ayant comme objectif de le plaquer dans la bande. Avec une taille de 5 pieds 3 pouces et un poids de 110 livres, Steve n'est effectivement pas très costaud. Mais dans sa tête, il mesure 6 pieds 4 pouces et pèse 220 livres.

« Je suis arrivé au camp tellement motivé que je me suis défoncé comme un fou. Je "gelais" tout le monde. Sérieusement, je les cognais tous ! Si un gars essayait de me "tasser", je revenais et je le frappais. Je ne me suis permis aucun répit. Je patinais à fond de train, je lançais au but et j'affrontais mes rivaux. L'entraîneur a reconnu mes qualités et, quand il m'a rencontré, il m'a dit qu'il n'avait d'autre choix que de me garder. »

« J'étais persuadé que Steve allait brouiller les cartes, raconte Gilles. C'était un enfant tellement déterminé. Il a toujours cru en lui et il a pris les moyens pour que ça marche. Lors de ce camp-là, c'est lui qui a frappé le plus. C'était le plus petit, mais c'était lui qui s'impliquait le plus physiquement. Devant un défi semblable, on aurait dit qu'il était en mission. »

Steve confond les sceptiques, mais quelques-uns se demandent quand même s'il pourra maintenir une cadence aussi exigeante bien longtemps. Lorsqu'il relâche l'accélérateur, son père lui rappelle que seul le travail acharné lui permettra de clouer le bec à ceux qui doutent de lui. Des phrases comme : « T'as joué comme un paresseux aujourd'hui et ce n'est pas comme ça que tu vas aller loin dans le hockey » ou encore : « Si tu veux monter, faut que tu te défonces à tous les jours, mon gars » sont des rengaines qui reviennent fréquemment. L'adolescent de 14 ans se pèse et se mesure régulièrement, mais la poussée de croissance tant attendue se fait drôlement attendre. La question de sa petite taille revient souvent, trop souvent en fait. Le père de Steve tient toujours le même genre de discours à ce sujet : « Ce n'est pas la grosseur qui compte, Steve. C'est le cœur. Regarde-moi, mon homme. Je ne suis pas gros ni particulièrement costaud. Pourtant, je n'ai jamais reculé devant personne. » Et le paternel jouit d'une solide réputation pour appuyer ses propos. Malgré sa petite stature, Steve ne se laisse donc pas intimider et connaît une saison très respectable.

Au cours de cette première année au niveau bantam, il aide notamment la formation de la Mauricie à décrocher l'or aux Jeux du Québec, qui se déroulent à Baie-Comeau. L'exploit tapisse les pages du quotidien *Le Nouvelliste*, la référence en information en Mauricie.

Capitaine de l'équipe, Steve reçoit une invitation pour le camp de sélection du midget AAA à la fin de la saison.

RETRANCHÉ DU MIDGET AAA

Durant l'automne de 1993, la ligue de développement midget AAA accueille deux nouvelles formations dans ses rangs : l'Intrépide de Gatineau et les Estacades de Trois-Rivières. La concession mauricienne part de zéro et tous les bons joueurs de la région, dont Steve Bégin et son ami David Thibault, sont invités au camp de sélection. Les deux joueurs de 15 ans connaissent un excellent camp, mais ne peuvent éviter le couperet. Steve est le tout dernier joueur à être retranché. Il est renversé lorsque l'entraîneur, Alain Groleau, le convoque à son bureau pour lui parler et lui expliquer les raisons de son renvoi au niveau bantam.

— On est fiers de ce que tu nous as donné, Steve, et tu aurais probablement mérité de rester avec nous. On a hésité entre deux autres gars d'un an plus vieux et toi. Tu auras la chance de te reprendre l'an prochain, mais ce sera pas leur cas et c'est pour ça qu'on a voulu leur donner une chance. On va garder ton numéro 32, il est déjà réservé pour toi, l'année prochaine.

Steve retourne donc jouer une deuxième saison dans le bantam AA où il retrouve son ami David et c'est la seule bonne nouvelle. Frustré des explications qu'on lui a fournies, il brûle intérieurement. Il frappe tout ce qui bouge, quitte à ne pas toujours se préoccuper de la rondelle. Même si on lui donne le titre de capitaine, il est parfois indiscipliné et se montre fréquemment incapable de contrôler ses émotions. Suspendu à plusieurs reprises, il rate 10 rencontres.

Son père lui répète qu'il utilise mal sa rage, mais Steve ne peut s'empêcher de jouer à sa façon. Gilles est découragé ; peu importe les mots qu'il emploie, son discours tombe dans l'oreille d'un sourd.

Cette année-là, Steve est sélectionné pour participer au match des étoiles. Ses coéquipiers David Thibault, Jean-Philippe Doyon et Yanick Houle ont aussi l'honneur d'être invités. La rencontre débute fort bien pour Steve qui marque un but et amasse deux passes lors du premier engagement. Son équipe se retire au vestiaire avec une avance de trois à deux. Mais les fils se touchent au début de la période médiane. La petite peste de la Mauricie a des comptes à régler avec un adversaire qui porte les couleurs des Citadelles de Québec. Le hockeyeur en question a passé l'hiver à distribuer des coups bas, mais s'en est toujours tiré à bon compte. C'est un gros bonhomme intimidant et Steve calcule que le moment est propice pour lui régler son cas. Après tout, c'est le match des étoiles. Même s'il écope d'une punition, le pointage final n'a aucune importance. Il amorce le second engagement en se ruant sur son rival. Le joueur des Citadelles tente de l'éviter, mais Steve le frappe en sautant comme un enragé. L'adversaire s'écroule sur la patinoire et le jeune Bégin est expulsé de la rencontre. David Thibault est quant à lui nommé joueur par excellence de la rencontre et, encore aujourd'hui, il ne rate pas une occasion de remercier son ami Steve, qui aurait normalement mérité le trophée s'il avait fait preuve d'un peu plus de discipline.

« Cet hiver-là, il a vraiment fallu que je le rappelle à l'ordre, car ça n'avait pas de bon sens. J'avais beau lui dire, il ne m'écoutait pas quand venait le temps de parler de hockey. Je me suis dit que je devrais peut-être m'y prendre par l'entremise de son entraîneur, Jean-Louis Belouin. Steve avait vraiment confiance en Jean-Louis, car il l'avait déjà dirigé dans l'atome AA. Je pensais qu'il pourrait dire à Steve ce que je lui répétais sans cesse, en espérant que ça aurait plus d'impact en venant de quelqu'un d'autre que son père. »

« Mon père avait sans doute raison quand il me parlait de mes matchs, explique Steve. Mais même si je le respectais énormément, je n'accordais pas toujours beaucoup d'importance à ses commentaires parce qu'il était toujours en boisson. Il prenait un coup pendant toute la partie, et après, il venait me dire ce que j'avais mal fait et il voulait que j'y prête une oreille attentive... »

Comme l'impasse persiste entre le père et le fils, Gilles met son plan en œuvre avant une rencontre qui doit être disputée à Louiseville. Ce jour-là, il arrive tôt et demande à parler à Jean-Louis Belouin, seul à seul.

— Jean-Louis, j'ai besoin de ton aide. Je passe mon temps à répéter à Steve qu'il met toujours son équipe dans le trouble avec ses mauvaises punitions. Je lui dis qu'il peut jouer de façon agressive, mais qu'il faut qu'il arrête de donner des petits coups de bâtons. J'ai beau lui répéter tout ça, il se fout de ce que je lui raconte. Je sais que s'il continue comme ça, Steve s'en va à côté de la traque.

— Et tu penses qu'il y a plus de chances que ça marche si c'est moi qui lui parle ?

— Là, je sais plus quoi faire et je me dis que si ça vient de toi, il va peut-être écouter. Ça fait longtemps que tu le connais.

Belouin n'a rien à perdre et il rencontre Steve quelques minutes plus tard.

— Steve, c'est toi le capitaine et il faut que tu donnes l'exemple. Les gars, en haut, au midget AAA, ils surveillent ce qui se passe ici. Si tu continues à jouer comme ça, c'est certain qu'ils te rappelleront pas cette année. Il faut que tu sois plus discipliné sur la glace. Je te regarde aller, tu mets souvent l'équipe dans le trouble. Essaie de mieux utiliser ton énergie. Comment tu peux passer ton temps à prêcher la discipline dans le vestiaire quand tu « pognes » le premier gars qui passe à côté de toi une fois sur la glace ? Tu peux pas être un bon leader si tu dis quelque chose dans le vestiaire et que tu fais le contraire après. C'est impossible ça. C'est toi le chef et si tu continues comme ça, les gars vont l'envoyer promener, le chef.

Jean-Louis Belouin n'a pas oublié cette rencontre déterminante qui s'est déroulée il y a déjà plus de 15 ans.

« Steve Bégin, c'était un vrai *winner*. Tout le monde l'aimait dans l'équipe, mais tous nos adversaires le détestaient. Sur la glace, il était *mean*, il travaillait pour l'équipe et il était déterminé. Il fonçait au filet, il allait dans la circulation et il s'impliquait beaucoup. C'était un jeune que ses coéquipiers respectaient énormément. S'il avait l'idée de frapper un adversaire, il le faisait sans se soucier du pointage. Ça pouvait être deux à deux en fin de match, s'il voulait aller "pogner" le gars, il le faisait quand même. Autant il pouvait nous faire gagner une partie à lui seul tellement il était dominant, autant il pouvait nous faire perdre en agissant sous le coup de l'émotion. On avait eu une bonne discussion à Louiseville et Steve avait changé sa façon de faire les choses. Après ça, je n'ai plus eu un mot à dire!»

À cette époque, Steve n'était peut-être pas un modèle de sagesse sur la glace, mais il se montrait quand même très sérieux pour un adolescent de son âge. Plusieurs de ses amis commençaient à éviter l'école et les *partys* se succédaient. Steve passait le plus clair de son temps en compagnie de David Thibault, un jeune homme plutôt sérieux. Mais il n'y avait pas que la présence de son meilleur ami qui l'incitait à se montrer plutôt rébarbatif par rapport à l'alcool et aux drogues.

«J'ai toujours eu peur de ça. Une fois de temps en temps, je prenais une bière avec mon *chum* Thibault, mais on n'était jamais déplacés. On était toujours ensemble et il fallait que les deux soient d'accord. On allait dans un petit *party* ici et là et mon père me tombait sur la tomate quand il l'apprenait. Il ne voulait tellement pas que je devienne comme lui. De toute façon, David et moi, on était à notre affaire, car on rêvait tous les deux d'avoir une carrière dans la LNH.»

«Même si je suis un bon gars, c'est certain que ça aurait été mieux si je n'avais pas bu comme je le faisais. Je ne voulais pas que Steve tombe là-dedans lui aussi. Aujourd'hui mes affaires vont pas mal mieux. J'ai arrêté de boire, je ne travaille plus au noir depuis plusieurs années et j'ai ma propre entreprise d'aménagement paysager. Je n'avais plus une très belle image de moi-même et je voulais arrêter de prendre un coup quand un jour Steve est arrivé à la maison. J'étais soûl. Il m'a lancé un ultimatum et il m'a proposé d'aller suivre une cure. J'ai dis oui presque tout de suite car je me cherchais un moyen d'arrêter à ce moment-là. Il m'a pris avec lui et on est parti, sur-le-champ. Un mois plus tard, je sortais de là et je n'ai jamais repris une goutte depuis», raconte Gilles.

CAPITAINE DU MIDGET AAA

Pour le dernier joueur à avoir été retranché au camp du midget AAA à l'âge de 15 ans, l'année suivante est la bonne. Plus discipliné sur la patinoire, Steve sait aussi à quoi s'attendre, car il a été appelé à agir comme remplaçant huit fois durant la saison précédente. L'entraîneur-chef, Alain Groleau, est persuadé que le fougueux attaquant possède de grandes qualités de leader et nomme Steve Bégin capitaine.

Groleau réussit aussi à mousser la candidature de son protégé pour le camp d'entraînement de l'équipe du Québec, qui va prendre part aux Jeux du Canada. Un premier camp a eu lieu au cours de l'été, mais seuls les joueurs qui évoluaient déjà dans le midget AAA ou la LHJMQ y avaient été conviés. Entraîneur adjoint de la formation, Groleau insiste auprès du pilote, Richard Martel, pour que Steve obtienne sa chance avec le groupe lors de la sélection finale qui a lieu avant Noël.

— C'est mon capitaine. Je te jure que tu seras pas déçu. J'ai rarement vu un *kid* avec de la *drive* comme ça. Ça coûte rien de l'inviter.

— Ouais... O.K. Dis-lui de venir, mais lui fais pas de promesses. L'équipe est déjà pas mal complétée, dans le fond.

Steve ne déçoit pas Alain Groleau et met toute la gomme. Richard Martel n'a pas le choix. La petite bombe de la Mauricie se taille une place sur le quatrième trio. C'est avec beaucoup de fierté que le capitaine des Estacades de Cap-de-la-Madeleine part en direction de Grande Prairie, en Alberta, pour défendre les couleurs du Québec. À la fin de la compétition, Martel l'emploie à toutes les sauces et le cite constamment en exemple devant ses coéquipiers.

De retour au Québec, Steve complète sa saison avec les Estacades, amassant 9 buts et 15 mentions d'aide pour un total de 24 points en 35 rencontres, en plus de séjourner pendant 48 minutes au banc des punitions. La formation de la Mauricie participe aux séries mais se fait éliminer dès le premier tour par les puissants Gouverneurs de Sainte-Foy. Les dépisteurs des équipes de la LHJMQ portent dorénavant beaucoup plus d'attention à Steve et les mêmes questions se répètent lors de chaque entrevue.

— C'est ben beau le midget AAA, mais penses-tu que tu vas être capable de jouer de la même façon dans le junior, contre des hommes de 20 ans ?

— Il va falloir que tu répondes de la façon dont tu joues, des fois. Vas-tu être capable de jeter les gants dans le junior ? Les gars sont pas mal plus gros.

« Je leur répondais toujours la même chose ! Quand ils me parlaient de la grandeur des joueurs, je leur disais : "Plus ils sont grands, plus ils tombent de haut." Et quand ils me parlaient de leur grosseur, je répondais toujours : "Plus ils sont gros, plus ça fait du bruit quand ils tombent." »

EN ROUTE VERS VAL-D'OR

Le championnat canadien des moins de 17 ans ayant été un tremplin formidable, Steve et les membres de sa famille se pointent au repêchage de la LHJMQ avec des attentes relativement élevées. *Le Nouvelliste* prédit que l'espoir trifluvien sera sélectionné en troisième ronde. Les Cataractes de Shawinigan ont, bien entendu, le fougueux adolescent dans leur mire, mais Steve souhaite intérieurement se retrouver le plus loin possible de la maison afin de vivre une nouvelle aventure. Ce sentiment est aussi nourri par le fait qu'il rêve de prendre le chemin de Val-d'Or. Au sein de l'équipe du Québec, il s'est lié d'amitié avec Daniel Archambault et Jean-Pierre Dumont.

« Ces deux gars-là me parlaient de Val-d'Or en bien. Daniel me disait tout le temps que les gens de l'endroit allaient m'aimer et que c'était une belle ville. Je savais aussi que Richard Martel, l'entraîneur des Foreurs, m'avait apprécié à Grande Prairie. »

Comme Steve l'espérait, les Foreurs de Val-d'Or le choisissent, mais beaucoup plus tôt que prévu, soit au début de la deuxième ronde. Son entraîneur, Alain Groleau, l'avait prévenu, mais il n'y croyait guère.

« Les Foreurs n'existaient que depuis deux ans et il n'y avait pas grand monde qui voulait aller jouer là-bas. D'ailleurs, ça paraissait que Roberto Luongo n'était pas très heureux d'avoir été choisi par Val-d'Or en première ronde. Je me souviens qu'en arrivant au podium, il avait déposé le chandail des Foreurs par terre pour ôter son veston. Je pense que j'étais le premier gars de l'histoire qui était content d'être repêché par cette équipe ! »

Vivre en pension, loin de chez lui, représente une nouvelle expérience pour Steve. La transition s'effectue merveilleusement bien, autant sur la patinoire qu'en dehors. Son intensité et son ardeur au travail en font vite un des favoris de la foule. En 64 rencontres, le choix de deuxième ronde des Foreurs revendique 13 buts et 23 aides pour une récolte totale de 36 points... en plus de récolter 218 minutes de pénalités. Pas si mal, pour une recrue.

Le 14 juin 1996, Steve Bégin célèbre son 18e anniversaire de naissance. Les étapes se succèdent rapidement. Son stage midget vient de se terminer il y a à peine un an et voilà qu'il se prépare maintenant pour le repêchage de la LNH qui a lieu à Saint Louis. La centrale de recrutement prévoit qu'il pourrait être appelé vers la fin de la troisième ronde. Plusieurs équipes se montrent intéressées par le joueur des Foreurs. Le directeur du recrutement des Flames de Calgary le rencontre même à deux reprises. Il adore Steve et joue cartes sur table, ce qui se produit très rarement quand on n'est pas un joueur de concession.

« Il m'a dit que les Flames avaient deux choix consécutifs à faire en milieu de deuxième ronde, le 39e et le 40e. Puis, il a ajouté que leur plan était de me sélectionner à ce moment-là. Je n'en croyais rien, car c'était beaucoup trop tôt. J'étais classé vers la fin de la troisième ronde et je me disais que je serais probablement choisi au cinquième ou au sixième tour. Je ne voulais pas être déçu et je ne me faisais aucune illusion », explique Steve.

Lors de la grande journée, Steve s'installe dans les gradins en compagnie de son agent, Yves Archambault, et de Jean-Pierre Dumont, son copain et coéquipier des Foreurs. Pour partager les joies de ce moment unique dans une vie, son père, Gilles, sa mère, Gaétane, et sa grand-mère, Lise, ont aussi fait le voyage jusqu'à Saint Louis. Un peu plus haut dans les estrades, son meilleur ami, David Thibault, attend lui aussi patiemment, accompagné de sa famille et de son agent.

Au terme d'une saison extraordinaire de plus de 100 points dans la LHJMQ, Dumont n'a pas à attendre très longtemps. Les Sénateurs d'Ottawa ont le privilège d'être les premiers et choisissent le défenseur Chris Phillips. Suivent les Sharks de San Jose, qui sélectionnent l'arrière Andrei Zyuzin, et les Islanders de New York, qui font ensuite de Jean-Pierre le premier attaquant à être repêché. Les deux joueurs des Foreurs se font l'accolade et Jean-Pierre se dépêche de descendre sur le plancher central du Kiel Center pour ensuite monter sur la tribune où il enfile le chandail des Islanders en souriant. Quelques minutes plus tard, le jeune Québécois rencontre l'état-major de l'équipe puis il s'engouffre sous les gradins où il disparaît pour participer à des séances de photos et pour rencontrer les journalistes.

La première ronde se termine et Steve sent soudainement la nervosité le gagner. Il se souvient de ce que le recruteur des Flames lui a raconté lors de leur deuxième rencontre. Mais il reste quand même sur ses gardes et refuse de se bercer d'illusions. Surtout qu'il a croisé Daniel Goneau pendant la pause marquant la fin de la première ronde. Repêché en 1994 par les Bruins de Boston, Goneau et son agent ne sont pas parvenus à s'entendre avec l'équipe, de sorte qu'il est de nouveau admissible au repêchage. Âgé de 20 ans, Goneau vient de connaître une saison de rêve avec une récolte supérieure à 100 points en plus d'avoir aidé les Prédateurs de Granby à remporter la coupe Memorial.

— Salut, Steve ! Je commence à être nerveux. Les Flames ont deux choix, tantôt, et c'est certain qu'ils vont me repêcher. Ils ont déjà commencé à négocier avec mon agent.

— Ah oui… C'est l'*fun* pour toi, Daniel.

— Ouais. Les Flames vont me prendre, c'est certain. Ils m'ont dit qu'ils me choisiraient 39ᵉ ou 40ᵉ. C'est l'un ou l'autre.

Steve n'attend pas que les activités reprennent sur le parquet et retourne à sa place en se demandant si les représentants de Calgary n'ont pas tenu le même discours à tout le monde. La deuxième ronde débute et les choix se succèdent rapidement. Le tour des Flames arrive et ils mettent la main sur Travis Brigley, un attaquant des Hurricanes de Lethbridge, de la Ligue de l'Ouest.

Steve Bégin n'oubliera jamais la journée du 22 juin 1996 alors que les Flames de Calgary l'avaient choisi en troisième ronde, au repêchage de la LNH. Il a pu partager ce moment avec son meilleur ami David Thibault qui, lui, avait été sélectionné en neuvième ronde par les Sharks de San Jose.

« J'étais certain qu'ils allaient prendre Daniel Goneau au 39e rang. Quand j'ai vu qu'ils avaient préféré Brigley, je me suis dit qu'ils allaient sélectionner Goneau dans deux minutes. Et là, tout d'un coup, j'ai vu arriver Jean-Pierre en courant. Il me criait: “Ils vont te prendre! Ils vont te prendre!” Jean-Pierre avait raison, car on a tout de suite entendu mon nom au micro. J'étais comme sur un nuage. Honnêtement, je pensais sortir en sixième ronde. »

STEVE BRÛLE LES ÉTAPES, PUIS ATTEND SON TOUR

Comme les autres joueurs sélectionnés par les Flames, Steve se rend au camp d'entraînement, à Calgary, où pendant une semaine, il côtoie des joueurs établis de la LNH. Fort de cette expérience enrichissante, il revient à Val-d'Or, où il sera l'une des pierres angulaires de l'équipe avec Jean-Pierre Dumont, Francis Lessard et Roberto Luongo. Lors de sa deuxième saison dans les rangs junior, Steve amasse 13 buts et 33 passes en 58 parties tout en passant 229 minutes au cachot. Puis, contre toute attente, une fois les Foreurs éliminés, on demande au jeune Québécois de rejoindre le club-école des Flames, dans la Ligue américaine. L'équipe est en séries éliminatoires, mais on intègre néanmoins Bégin dans la formation. Le nouveau venu se débrouille bien et obtient deux mentions d'aide en quatre rencontres.

À la fin de l'été de 1997, Steve retourne à Calgary pour son deuxième camp d'entraînement professionnel. Il vient d'avoir 19 ans et le séjour avec les Petits Flames lui a permis de connaître quelques nouveaux coéquipiers. Comme ce fut le cas l'été précédent, il quitte Trois-Rivières avec son équipement de hockey et suffisamment de vêtement pour passer la semaine en Alberta. Après quelques jours, les joueurs qui sont encore d'âge junior retournent dans leurs équipes respectives, mais les dirigeants des Flames décident de prolonger le séjour de Steve. Étonnamment, on lui demande même de prendre part à un match préparatoire.

« Je n'avais même pas de complet pour me présenter à l'aréna. Je n'avais apporté que des jeans et des t-shirts parce que je pensais retourner à Val-d'Or après la première semaine. Je n'avais pas d'argent pour aller m'acheter des nouveaux vêtements. Heureusement, Joël Bouchard m'a prêté deux ensembles et je passais de l'un à l'autre ! » rigole Steve en y repensant.

Comme lors de ses camps d'entraînement précédents, Steve met toute la gomme chaque fois qu'il saute sur la patinoire. Quand il fonce pour frapper un joueur, il ne prend pas le temps de se demander s'il s'agit d'une recrue ou d'un vétéran. Même s'il est persuadé que son billet d'avion pour Val-d'Or est déjà acheté et qu'il traîne quelque part dans le bureau de l'entraîneur Brian Sutter, Bégin commence à croire en ses chances.

« Steve ne voulait absolument rien savoir, se souvient Joël Bouchard, qui l'avait pris sous son aile à l'époque. Tout ce qu'il voulait, c'était jouer au hockey et il se défonçait comme un enragé. Il n'avait aucune idée de ce qui se passait et il ne pensait jamais rester jusqu'à la fin. Lors d'un match hors concours, il est même allé plaquer Tie Domi de dos. On s'est tous regardés en se disant qu'il était encore plus fou qu'on pensait, mais le pire, c'est qu'il ne savait même pas qui était Tie Domi ! Steve ne connaissait personne dans la ligue et, avant les matchs, on lui demandait par exemple : “O.K. Nomme-nous trois joueurs des Red Wings.” Et il ne pouvait nommer que Steve Yzerman ! »

Finalement, Steve impressionne tellement les gens qu'à la dernière journée du camp d'entraînement, le directeur général, Al Coates, lui demande de venir le rencontrer dans son bureau. Les Flames doivent en venir à une entente avec lui avant midi, sinon il devra obligatoirement reprendre le chemin de l'Abitibi pour une autre saison.

« Je ne parlais pas beaucoup anglais, mais mon agent, Yves Archambault, était en conférence téléphonique avec nous. Je me foutais pas mal du montant d'argent, ce que je voulais, c'était rester avec les Flames. Ils m'ont assuré que je commencerais l'année à Calgary et j'ai signé le contrat. Là, Joël m'a emmené avec lui à la mercerie où tous les joueurs des Flames achetaient leurs complets et je me suis payé des beaux vêtements en lui promettant de le rembourser dès que j'aurais mon premier chèque de paie. »

La grande aventure de la LNH commence très bien pour Steve. L'entraîneur Sutter jumelle sa verte recrue à deux vétérans qui n'ont pas froid aux yeux : Darren McCarty et Mike Peluso. Les trois joueurs en mènent large sur la glace et une belle complicité s'installe rapidement entre eux. Les médias de Calgary surnomment le groupe « Les trois amigos » ! Lors de la troisième rencontre, Steve se blesse légèrement à une épaule. Il revient vite au jeu, et après avoir pris part à deux autres rencontres, on lui indique cependant le chemin de Val-d'Or. Au cours de l'hiver, le jeune homme se taille une place au sein de l'équipe canadienne qui participe au championnat du monde junior. Ses coéquipiers Jean-Pierre Dumont et Roberto Luongo sont aussi de l'aventure. Il termine ensuite la saison en force et aide son équipe à remporter la coupe du Président. Les Foreurs représentent aussi la LHJMQ à la coupe Memorial.

Enivré par cette belle fin de saison et par son expérience de l'année précédente avec les Flames, Steve songe avec optimisme au camp d'entraînement. Malheureusement, un mois avant de quitter Trois-Rivières, il subit une sévère entorse à une cheville en disputant une partie de balle molle amicale. La blessure tarde à guérir. Incapable de patiner, Steve part quand même pour Calgary. Les dirigeants de l'équipe, qui comptaient sur lui, se montrent très déçus. Steve est cédé à Saint John où il passera toute l'année sans recevoir un seul coup de fil de la part du grand club.

Après avoir sombré dans l'oubli pendant une saison entière, Steve recommence pratiquement à zéro en septembre 1999 lors de son quatrième camp d'entraînement avec les Flames. Encore une fois, il ne parvient pas à percer la formation régulière et reprend le chemin de la Ligue américaine. Il connaît alors sa meilleure saison professionnelle avec 25 points en 47 parties et Calgary fait appel à ses services à quelques reprises.

En 2000, le hockeyeur trifluvien est persuadé que cette fois, il restera en Alberta pour de bon. Il a 22 ans et il possède deux saisons complètes d'expérience chez les professionnels. Mais l'aventure s'avère de très courte durée. Après une semaine seulement, le nouvel entraîneur, Don Hay, retranche trois beaux espoirs : Steve Bégin, Chris Clark et Benoît Gratton. Ils n'ont même pas eu le temps de prendre part à une partie préparatoire.

« J'étais complètement assommé. Il n'y avait rien que je pouvais faire et je suis retourné à Saint John où on avait un nouvel entraîneur-chef, Jim Playfair. Il m'a accueilli avec enthousiasme en promettant de me donner beaucoup de responsabilités. Puis, du jour au lendemain, sans que je sache pourquoi, il a arrêté de me parler. Il ne m'utilisait pratiquement plus et je me demandais ce qui se passait. Pourtant, je travaillais fort et je faisais tout ce qu'il m'ordonnait. Je commençais à être découragé et, comme si ce n'était pas suffisant, j'ai subi une commotion cérébrale tout juste avant Noël. J'ai été un mois complet sans pouvoir jouer. À mon retour, tout a changé. Quelques gars avaient été rappelés à Calgary et Playfair a recommencé à m'utiliser à toutes les sauces. »

LE HÉROS DES SÉRIES

Steve termine finalement cette saison avec une récolte honnête de 14 buts et autant de mentions d'aide pour un total de 28 points en 58 rencontres. Ses statistiques sont toutefois beaucoup plus impressionnantes lors des séries éliminatoires.

Menés par le fougueux attaquant québécois, les Flames de Saint John réussissent à accéder à la finale de la Ligue américaine qu'ils disputent alors aux Penguins de Wilkes-Barre. Bégin connaît des séries du tonnerre, mais se blesse lors du troisième match de la coupe Calder, qui est présenté au domicile de l'adversaire. En fin de deuxième période, alors qu'il contourne le filet de son gardien, il entre en collision avec son coéquipier Chris Clark. Bégin reçoit le bâton de son ami en plein visage. Le coup est violent. Son nez est fracturé. Le sang coule abondamment et le petit guerrier se retire immédiatement au vestiaire où le médecin constate les dégâts.

« Mon nez n'était plus du tout au centre de mon visage. Il était rendu en dessous de mon œil. En plus, j'étais coupé et ça saignait beaucoup. Le docteur m'a saisi le nez et il l'a replacé. Je suis ensuite retourné sur la glace pour jouer la troisième période. »

Le lendemain, Steve est méconnaissable, mais sa condition ne l'empêche pas de patiner. Sa vision est un peu réduite par son œil enflé, mais pas assez pour l'empêcher de participer à la rencontre suivante. Cependant, il aurait peut-être mieux fait de prendre une soirée de congé, car il se blesse à nouveau lors de cette partie. Au premier tiers, alors que les Flames essaient de s'installer dans le territoire des Penguins pendant un avantage numérique, un défenseur tente de sortir la rondelle de sa zone à l'aide d'un lancer frappé. Posté le long de la rampe, Steve reçoit le disque en plein visage. Victime d'une commotion cérébrale, il s'écroule sur la patinoire où se forme rapidement une immense mare de sang.

« Je suis retourné au vestiaire et, comme lors du match précédent, le médecin des Flames a sorti son fil pour fermer la coupure. J'avais été atteint de l'autre côté du visage et mes deux yeux étaient tellement enflés que je ne voyais pratiquement plus rien. Le médecin a été obligé de les coller avec du ruban pour qu'ils restent ouverts et je suis retourné terminer la rencontre. »

Le visage tuméfié, le nez cassé et les paupières collées, Steve Bégin refuse de prendre congé et est à son poste lorsque l'équipe

Au printemps de 2001, Steve conduit les Flames de Saint John à la conquête de la coupe Calder et il est nommé joueur par excellence des séries de la Ligue américaine.

revient à la maison pour la cinquième partie de la finale. Le matin du match, le quotidien local orne sa page frontispice d'une photo couleur du courageux attaquant. L'article est coiffé du titre suivant: *A man on a mission*. Lorsqu'il saute sur la patinoire, la foule est survoltée et Steve est accueilli en héros. Les Flames remportent finalement le duel contre les Penguins et mettent ainsi la main sur la coupe Calder le soir même.

Auteur de 10 buts et de 7 passes en 19 matchs éliminatoires, Bégin termine au quatrième rang des pointeurs et au deuxième rang des buteurs. Quand il soulève la coupe Calder à bout de bras, des larmes de joie coulent sur ses joues et se mélangent à la sueur et au sang. Sa persévérance, sa contribution offensive et son sens du sacrifice ne passent pas inaperçus. On lui remet le trophée Jack A. Butterfield, qui récompense le joueur par excellence des séries dans la LAH.

Ce match inoubliable fut le dernier de Steve Bégin dans la Ligue américaine.

LES CONSEILS DE STEVE

« Les jeunes ne doivent jamais abandonner leurs rêves. Il faut toujours y croire. Ça ne vient pas tout seul, par contre. Il faut travailler fort et ne pas avoir peur de faire des sacrifices. Mais c'est possible d'arriver à nos fins quand on persévère.

« Il ne faut pas se laisser abattre par ce qui arrive autour. Il ne faut pas lâcher, peu importe le but qu'on se fixe. »

LES CONSEILS DE GILLES

« Le conseil le plus important, selon moi, c'est qu'il ne faut jamais crier après un jeune. Pendant un match ou pendant une séance d'entraînement, c'est tout à fait normal que le *coach* n'aime pas ce qu'il voit et il a le droit d'être fâché. Par contre, il doit expliquer aux enfants et non les engueuler. Il faut aussi se retenir pour ne pas insulter les arbitres quand ça ne fait pas notre affaire. Quel exemple ça donne aux enfants s'ils voient leurs parents en train de gueuler dans les gradins ? Si le parent perd la tête, qu'est-ce que vous pensez qui va arriver ? Le jeune va peut-être en faire autant sur la glace et on ne sait pas ce qui peut se produire. En plus, ça change quoi de crier après les arbitres ? Dans le fond, la situation reste pareille et l'arbitre peut même décider de se tourner contre votre équipe.

« Je n'étais pas constamment d'accord avec les décisions des arbitres et je n'étais pas toujours fier des agissements de Steve sur la glace, mais je ne disais pas un mot à l'aréna. Pas même dans l'auto. On parlait de la partie calmement, une fois revenus à la maison.

« Je ne pense pas que ce soit une bonne idée qu'un parent soit autorisé à être l'entraîneur de son enfant dans les catégories "doubles lettres". L'entraîneur peut écarter un bon joueur pour favoriser son fils. De plus, pendant les parties, il peut être tenté de placer son enfant dans des situations qui le font bien paraître. Au moment de la sélection des équipes, il faut que les entraîneurs basent leurs décisions sur le talent et le caractère des enfants et non sur les parents. J'ai vu des jeunes pas vraiment doués passer devant Steve parce que leurs parents pouvaient commanditer l'équipe ou parce qu'ils s'impliquaient au sein du hockey mineur. Un entraîneur a le droit de ne pas aimer tel ou tel parent, mais il ne faut pas que ça brime le jeune joueur.

« De toute façon, arrivé à un certain niveau, les parents ne peuvent plus tout contrôler et c'est à ce moment-là que leur jeune se fait "tasser". »

Le père et le fils posent fièrement ensemble avec la coupe Calder.

STEVE BÉGIN

Né le 14 juin 1978 à Trois-Rivières, Québec
Centre
6 pi
187 livres
Repêché par Calgary en 1996
Choix de 3e ronde, 40e au total

		SAISON RÉGULIÈRE				SÉRIES			
	SAISONS	PARTIES	BUTS	PASSES	POINTS	PARTIES	BUTS	PASSES	POINTS
Midget AAA	1993-1994	8	0	1	1	2	0	0	0
Midget AAA	1994-1995	35	9	15	24	3	0	0	0
Val d'Or LHJMQ	1995-1996	64	13	23	36	13	1	3	4
Val d'Or LHJMQ	1996-1997	58	13	33	46	10	0	3	3
Flames St. John LAH						4	0	2	2
Calgary LNH	1997-1998	5	0	0	0				
Val d'Or LHJMQ		33	18	17	35	15	2	12	14
Flames St. John LAH	1998-1999	73	11	9	20	7	2	0	2
Calgary LNH	1999-2000	13	1	1	2				
Flames St. John LAH		47	13	12	25				
Calgary LNH	2000-2001	4	0	0	0				
Flames St. John LAH		58	14	14	28	19	10	7	17
Calgary LNH	2001-2002	51	7	5	12				
Calgary LNH	2002-2003	50	3	1	4				
Montréal LNH	2003-2004	52	10	5	15	9	0	1	1
Hamilton LAH	2004-2005	21	10	3	13	4	0	2	2
Montréal LNH	2005-2006	76	11	12	23	2	0	0	0
Montréal LNH	2006-2007	52	5	5	10				
Montréal LNH	2007-2008	44	3	5	8	12	0	3	3
TOTAL LNH		**347**	**40**	**34**	**74**	**23**	**0**	**4**	**4**

2001 Gagnant du trophée Jack A. Butterfield, joueur par excellence des séries

ROBERTO LUONGO

Roberto Luongo est né le 4 avril 1979, quelques semaines seulement avant que les Canadiens remportent la 22ᵉ coupe Stanley de leur histoire. Leurs adversaires, les Rangers de New York, les avaient surpris en enlevant le premier duel, présenté au Forum. Mais le Tricolore avait gagné les quatre parties suivantes pour éliminer les Rangers en cinq petits matchs. Le 21 mai 1979, Ken Dryden, Guy Lafleur, Jacques Lemaire, Yvan Cournoyer, Serge Savard et Guy Lapointe, pour n'en nommer que quelques-uns, soulevaient la coupe Stanley pour la dernière fois de leur carrière.

Né à Avellino, en banlieue de Naples, en Italie, Antonio Luongo regarde la finale d'un œil distrait. Il connaît peu de choses du hockey. Mais c'est tout le contraire pour son épouse Lina, qui est née et a grandi à Montréal. Toute jeune, elle est devenue une « fan » des Expos et des Canadiens. Ce soir du 21 mai 1979, le triomphe du Tricolore la rend heureuse. Assise dans le salon, elle fixait le petit écran sans se douter qu'elle assistait à la fin d'une époque glorieuse comme on n'en verra plus jamais à Montréal. Elle se doutait encore moins que l'enfant qu'elle berçait allait devenir l'un des meilleurs gardiens de but de la planète.

* * *

Fils aîné d'une famille italo-québécoise typique, Roberto a grandi à Montréal, dans un quartier de Saint-Léonard. Fier de ses origines, son père, Antonio, ne parle aux enfants qu'en italien et parfois en français, alors que Lina s'adresse à eux exclusivement en anglais et en italien. Ensemble, ils élèvent trois enfants, trois garçons qui vont tous éventuellement devenir gardiens de but.

Les deux parents Luongo travaillent pour assurer la subsistance de la famille. Très tôt, Roberto se retrouve fréquemment en compagnie de sa grand-mère maternelle, Esterina. Les soirs de semaine et le dimanche, il se rend au parc avec son père où il apprend les rudiments du soccer. Mais à l'instar de sa mère, Roberto est attiré par le hockey. Chaque jour, dès l'âge de deux ans, il joue avec sa grand-mère dans la maison familiale. Le petit Roberto lui demande sans cesse de placer une table contre le mur du sous-sol. Pour le bambin, cette table devient un but et grand-maman doit essayer de le déjouer dès qu'elle a un moment libre.

La famille s'agrandit avec la venue de Leo, en 1984, et de Fabio, en 1986. L'amour de Roberto pour le hockey ne cesse aussi de croître, mais il doit se contenter de jouer avec sa grand-mère ou de suivre les exploits du Canadien à la télévision. Le jeune Italien déborde d'énergie et désire ardemment faire ses preuves dans de vraies équipes, autant au soccer qu'au hockey. Au printemps de 1988, le jeune Roberto a raison de la résistance de ses parents, qui lui permettent enfin de tenter sa chance dans le sport organisé. Il ne perd pas de temps et devient rapidement l'un des meilleurs joueurs de soccer de la région. Dès sa première année, il est sélectionné au sein de l'équipe qui représente Saint-Léonard dans la ligue interrégionale de Montréal. Le nom de Roberto trône toujours sur la liste des meilleurs marqueurs de la ligue. Pour tout le monde, il n'y a aucun doute, Roberto possède un réel talent pour le soccer.

Toutefois, le garçon souhaite réellement pouvoir jouer au hockey et il revient régulièrement à la charge auprès de ses parents. Chaque jour ou presque, il se retrouve dans la rue avec des amis beaucoup plus vieux que lui et rêve de pouvoir pratiquer ce sport dans une vraie ligue. Vif comme l'éclair, Roberto arrête toutes les balles dirigées vers lui. Comme ils l'avaient fait pour le soccer au printemps précédent, ses parents décident finalement de l'inscrire au hockey. La persévérance de fiston aura eu raison de la patience du paternel. Toutefois, ce dernier réussit à tenir

Roberto n'a commencé à jouer au soccer qu'à 10 ans, mais il est rapidement devenu l'un des meilleurs joueurs de Saint-Léonard.

son bout en ce qui concerne la position que son fils allait occuper sur la patinoire !

« Roberto voulait absolument devenir gardien de but, se rappelle Antonio, mais il ne savait même pas patiner. On voulait qu'il apprenne d'abord à le faire. Il demandait toujours à être gardien et je lui répétais sans cesse qu'il n'apprendrait pas à patiner en passant toute une partie immobile entre deux poteaux. »

LES DÉBUTS DE ROBERTO

Comme pour le soccer, Roberto entre dans une équipe de hockey à l'âge de huit ans. Sa mère se souvient très bien, encore aujourd'hui, de ses débuts.

« Ça m'avait brisé le cœur de le voir. Il tombait sans cesse et il était incapable de contourner les cônes comme les autres jeunes. J'ai eu les larmes aux yeux pendant toute la durée de l'entraînement, car je savais à quel point il était orgueilleux et je sentais que cette première journée lui faisait beaucoup de peine. Mais il était tellement déterminé. Il revenait de l'école et la première chose qu'il disait, c'était : "Salut, *mom* ! Est-ce que tu veux m'amener au patinage libre, s'il te plaît ?" »

Très mauvais patineur, le jeune Luongo commence sa carrière comme attaquant avec une équipe de catégorie novice C, puis il est promu dans la classe B un an plus tard. L'année suivante, le cheminement du garçon suit son cours normal et il gradue dans l'atome B. Toujours aussi peu élégant sur patins, Roberto possède cependant un lancer foudroyant et termine la saison avec près de 70 buts ! Voilà des statistiques qui feraient plaisir à n'importe quel autre jeune joueur. Mais Roberto n'est pas heureux. Il désire toujours devenir gardien de but. Son père continue de lui servir le même discours et fiston doit se présenter au camp d'entraînement de l'atome CC en tant qu'attaquant. Son coup de patin s'est amélioré, mais il demeure néanmoins beaucoup plus lent que les autres joueurs du groupe. Malgré une récolte de buts impressionnante, Roberto est rétrogradé dans une équipe atome A. Il est le dernier joueur à être retranché et, pour la première fois de sa vie, un grand sentiment d'injustice l'accable. Nouvellement placée devant ce genre de situation, Lina se contente d'écouter son rejeton.

« Je me souviens parfaitement de ce triste moment. Roberto est monté dans la voiture et il a pleuré. L'entraîneur n'était pas très vieux et il avait choisi son frère à la place de Roberto. Mon fils ne cessait de répéter que c'était injuste et qu'il était bien meilleur que l'autre. Roberto a voulu lâcher cette journée-là. »

Dans le petit monde du hockey mineur de Saint-Léonard, l'annonce du renvoi de Roberto au niveau A crée toute une sur-

Grâce à un tir foudroyant, Roberto Luongo a connu du succès comme attaquant avant de devenir gardien de but à 11 ans.

prise. Dès son arrivée dans sa nouvelle équipe, le jeune Luongo hérite du titre de capitaine et les succès du groupe reposeront sur ses épaules... et sur son tir menaçant. Le joueur de centre continue tout de même de harceler ses parents et son entraîneur. Le petit Italien se fout éperdument de marquer des buts, il veut arrêter des rondelles. Ses parents ne changent pas d'avis, mais le destin se charge d'exaucer le souhait de Roberto.

DEVANT LE FILET

Un bon dimanche, Lina discute avec d'autres parents en attendant le début du match, dans les gradins de l'aréna Hébert, à Saint-Léonard, quand Roberto s'amène en courant.

— *Mom* ! Notre gardien viendra pas à la partie aujourd'hui. Il a lâché l'équipe. Personne veut aller dans les buts. S'il vous plaît, est-ce que je peux « goaler » ? S'il te plaît... juste aujourd'hui ? S'il te plaît... On est mal pris !

— T'as même pas d'équipement, Roberto!

— C'est pas grave, on peut en louer au «pro-shop». S'il te plaît, maman....

Devant tant d'insistance, Lina cède sans trop résister. Roberto s'habille donc à la hâte avec le vieil équipement qu'on lui prête. À 11 ans, le gamin a enfin la chance de garder les buts comme il l'a fait si souvent dans les corridors de la maison familiale. Mais cette fois-ci, Roberto ne se retrouve pas devant des tirs décochés par sa grand-mère ou ses frères Leo et Fabio. Il n'est pas en pyjama dans un étroit couloir. Il ne va pas essayer de bloquer des balles de tennis. Il va affronter des vrais joueurs et ainsi réaliser son rêve.

Dans les gradins, Lina se dit que ce rêve tournera probablement au cauchemar. La pauvre femme est nerveuse, mais du même coup, elle se dit qu'après l'inévitable défaite qui s'annonce, le harcèlement incessant de son fils prendra sûrement fin... Ce qui, en bout de ligne, n'est pas une si mauvaise nouvelle! Néanmoins, c'est tout le contraire qui se produit. Menée par un gardien sûr de ses moyens, l'équipe de Roberto gagne le match deux à zéro. Grâce à ses réflexes aiguisés, le jeune Luongo a blanchi l'adversaire lors de son premier départ en carrière. La sensation est plus forte que tous ses tours du chapeau.

Cependant, Roberto n'a pas le temps de savourer ce premier triomphe. Dès le match terminé, l'équipe pee-wee A de Saint-Léonard saute sur la glace et, comble de malchance, leur gardien ne se pointe pas non plus à l'aréna. L'entraîneur, qui vient d'assister aux prouesses du petit gardien atome A, demande à ce qu'il vienne au secours de sa troupe. Après avoir assisté à un tel tour de force, Lina (pour la deuxième fois en deux heures) se montre incapable de dire «non».

«J'ai accepté en me disant: "Pauvre petit, il va se faire défoncer." Les joueurs du pee-wee semblaient tous avoir un pied de plus que lui. Malgré mes craintes, il a gardé les buts et il a gagné la partie deux à un! Après le match, le *coach* a demandé si Roberto pouvait être le substitut officiel de l'équipe et il a joué d'autres parties avec eux pendant l'hiver, car ils n'avaient qu'un seul gardien.»

Après cette journée durant laquelle le destin a pris les choses en main, Roberto n'est jamais retourné jouer au centre. Il a terminé la saison devant le filet de son équipe, et contre toute attente, la formation de Saint-Léonard a remporté les honneurs de la grande finale contre l'équipe de la ville d'Anjou.

GARDIEN POUR LA VIE

Fort de cette première année d'expérience devant le filet, Roberto se retrouve pee-wee. Ses exploits lui permettent de recevoir une invitation au camp de sélection pour l'équipe CC. Il ne se fait pas trop d'illusions. Les gardiens qui bataillent avec lui proviennent pour la plupart d'équipes de niveau atome AA et BB, et possèdent tous une longueur d'avance sur lui. Ils ont beaucoup plus d'expérience, ont peaufiné leur technique dans des écoles de hockey, et, plus important encore, ont déjà fait leurs preuves dans des circuits « deux lettres » alors que Roberto n'a joué qu'une petite demi-saison dans une ligue de compétition locale. Peu importe, même s'il est conscient que ses chances sont minces, il sait qu'il aura au moins la chance de s'améliorer pendant les quelques semaines de ce camp d'entraînement.

Toutefois, l'aventure dure plus longtemps que prévu. Les jours passent et Roberto demeure avec le groupe alors que d'autres gardiens sont rétrogradés à tour de rôle. À quelques jours de l'ouverture de la saison, ils ne sont plus que trois. Joe et Robert, les deux autres gamins qui luttent pour une des places disponibles, sont de bons amis de la famille Luongo. Les deux enfants jouent au soccer avec Roberto durant l'été, mais avant tout, ce sont deux sacrés bons gardiens qui ont toujours joué au niveau AA auparavant. D'ailleurs, au début du camp, tous s'entendaient pour dire qu'ils formeraient un tandem du tonnerre dans le pee-wee CC. Mais Roberto est venu brouiller les cartes. Le gardien inexpérimenté de l'atome A est sélectionné. Roberto ressent alors une grande fierté, mêlée d'un profond malaise. Il se sent coupable d'avoir provoqué le renvoi de son copain Robert. Ce sentiment ne disparaîtra pas de sitôt, car quelques semaines plus tard, l'autre gardien quitte l'équipe à son tour. Le père de Joe retire son enfant de la formation parce que Roberto joue plus souvent que son fils.

« Roberto se sentait mal, et parfois, il souffrait tellement de cette situation que ça lui causait des maux de ventre, de dire Lina Luongo. Nous aussi, on avait de la peine, car on connaissait ces gens depuis plusieurs années. Mais ce n'était pas notre faute si Roberto jouait presque tout le temps. L'entraîneur considérait qu'il était le meilleur et il voulait gagner. Il n'y avait pas de politique dans les décisions, car on ne connaissait personne dans le monde du hockey mineur. »

En fin de compte, la famille Luongo se fait inutilement du mauvais sang. L'histoire est vite oubliée et bien des années plus tard, Roberto demeure amis avec ceux qui, pour quelques semaines, ont été ses rivaux.

« C'est drôle parce que chaque fois que je revois Robert, il m'accueille en me disant : "Salut, mon adjoint !" » de raconter Roberto en riant de bon cœur.

Quoi qu'il en soit, la première saison pee-wee de Luongo est faite de hauts et de bas. Pendant le calendrier régulier, son équipe ne remporte que quatre parties. L'histoire s'avère cependant différente pendant les séries éliminatoires puisque l'équipe s'incline en finale contre Laval.

PREMIÈRE SAISON AA À 13 ANS

Avec une saison et demie d'expérience, Roberto se présente ensuite au camp de sélection du pee-wee AA, qui regroupe les meilleurs éléments de la région Montréal-Bourassa. Contrairement à l'automne précédent, le jeune gardien croit en ses chances. Le défi est de taille, mais il a très bien terminé la saison. De plus, il a bénéficié de l'enseignement d'une école de hockey pour la première fois de sa vie pendant l'été.

Tony Canuto, qui l'avait dirigé dans le pee-wee CC, se retrouve à la tête du AA et n'hésite pas à choisir Roberto. L'entraîneur sait très bien que le jeune gardien n'a pas fini de se développer, mais il est loin de soupçonner ce qui l'attend. Les espoirs ne sont pas très grands pour la troupe de Canuto. Historiquement, la région

À sa deuxième saison comme gardien, Roberto Luongo se taille une place au niveau pee-wee AA et il connaît une saison du tonnerre.

de Montréal-Bourassa n'a jamais connu beaucoup de succès au niveau pee-wee. Mais tout sera différent en cette saison 1992-1993.

« Roberto était le joueur le plus tranquille de l'équipe. Il ne parlait à personne, et souvent, on se demandait même s'il était dans le vestiaire. C'était un garçon très timide et renfermé. Avant de disputer un match important, la plupart du temps, il était extrêmement nerveux. Parfois, il souffrait même de maux de ventre. Quand il n'en pouvait plus, il venait me voir pour me demander s'il pouvait aller aux toilettes. Quand il était anxieux à ce point, moi, j'étais calme, car je savais qu'il allait nous faire gagner », se souvient encore aujourd'hui son entraîneur de l'époque.

C'est le début d'une remarquable ascension pour Roberto, qui fait déjà cinq pieds et huit pouces. À Noël, l'équipe trône au premier rang du classement, ce qui lui confère le privilège de représenter le Canadien au prestigieux tournoi pee-wee de Québec. Mais comme le secteur a toujours fait figure d'enfant pauvre sur la scène du hockey, Canuto décide en début d'année d'inscrire sa troupe à un tournoi d'envergure à Toronto. Les deux compétitions se déroulent en même temps et il doit décliner l'invitation pour Québec. Le choix est autant plus décevant que Montréal-Bourassa fait piètre figure à Toronto, où les règlements permettent la mise en échec, une facette du jeu avec laquelle les jeunes Montréalais ne sont pas encore familiers.

Le tournoi à Toronto sera la seule mauvaise expérience de la saison. Roberto et ses coéquipiers remportent les honneurs du tournoi pee-wee de Repentigny. Ils terminent au premier rang de la ligue, puis gagnent le championnat des séries éliminatoires grâce à un gain spectaculaire arraché en période de prolongation lors de la finale. L'équipe ne connaît pas beaucoup de succès au championnat régional, mais est néanmoins automatiquement qualifiée pour le championnat provincial en tant qu'équipe hôtesse puisque l'événement a lieu dans la région de Bourassa. Le groupe de Canuto se fraie un chemin jusqu'en finale mais s'incline devant parents et amis à l'aréna de Saint-Léonard face aux Sélects du Nord, lors du match ultime.

Cette saison de rêve n'est pas l'effet du hasard. Dorénavant, le nom de Roberto Luongo figure en tête de liste lorsque vient le temps de parler des plus beaux espoirs de la région.

À la même époque, Montréal est balayé par la fièvre du hockey. Le 9 juin, le Canadien remporte la coupe Stanley en disposant des Kings de Los Angeles en cinq rencontres. Roberto suit attentivement les prouesses de Patrick Roy. Il décide de prolonger sa saison en jouant avec le pee-wee AAA cet été-là. Comme il devient difficile de conjuguer la pratique des deux sports, il abandonne le soccer. Ironiquement, Roberto se joint donc à l'équipe des Kings de Montréal, qui regroupe des joueurs d'un peu partout dans la région. Cette formation, composée de joueurs d'élite, remporte plusieurs tournois. Toutefois, l'expérience n'est pas enrichissante pour le jeune Luongo, qui fera rapidement une croix sur le hockey AAA estival.

UN LOGEMENT SACCAGÉ

Lorsqu'il n'est pas à l'aréna ou sur une patinoire extérieure, Roberto s'amuse avec ses frères et les autres garçons du voisinage. Les week-ends ou les soirs, après l'école, plusieurs garçons du quartier se pointent chez les Luongo pour disputer des tournois de minihockey, été comme hiver. En se prenant pour Wayne Gretzky ou Mario Lemieux, ils se retrouvent par dizaines dans la salle de jeux et s'amusent pendant des heures en faisant tout un vacarme. Roberto, lui, imite son idole Grant Fuhr, des Oilers. Le pauvre Antonio passe son temps à refaire le plâtre et à repeindre la pièce.

De son côté, Lina trouve les garçons bruyants, mais préfère endurer le boucan plutôt que de les voir jouer dans la rue.

« Nous possédions un logement au sous-sol et un jour, notre locataire est parti. L'appartement est demeuré vacant quelque temps et, une bonne journée, alors que les enfants faisaient un bruit d'enfer en jouant, je leur ai proposé d'aller faire leur tournoi de hockey dans le logement du sous-sol. Quelle idée géniale ! Ils profitaient d'un espace plus grand et nous, en haut, on avait retrouvé le calme », explique Lina, un sourire en coin.

Pendant quelques semaines, Roberto et ses copains profitent d'un refuge de choix pour pratiquer leur activité favorite. Au-dessus, les parents n'entendent que de légers bruits à l'occasion. Et chez les Luongo, il n'est pas inhabituel d'entendre des coups de bâton ou des balles rebondir sur un mur. Tout le monde est heureux, sauf qu'en bas, le logement se détériore rapidement !

« Je suis descendu faire un tour en bas au bout de trois semaines. Il y avait des trous dans les murs et mes rideaux avaient été arrachés. La vitre de la porte d'entrée était "craquée" et les gars avaient écrit les statistiques de leurs tournois sur les murs. La toilette ne fonctionnait plus. Plutôt que de tout réparer, Antonio a mis une feuille de contreplaqué et il a condamné la porte d'entrée du sous-sol. Ce n'était pas grave, car je ne voulais pas qu'ils jouent dans la rue. Surtout que mes deux plus jeunes se lançaient partout et que j'entendais les voisins crier qu'ils allaient finir par se faire tuer. Ils jouaient tout le temps. Presque

Le sous-sol de la famille Luongo que Roberto et ses frères Leo et Fabio ont tout simplement saccagé en jouant au hockey avec leurs amis.

jour et nuit ! On a attendu que Leo et Fabio soient grands avant de rénover. Et quand on a décidé de tout nettoyer, on a pris des photos pour pouvoir plus tard leur montrer ce qu'ils avaient fait de notre logement », raconte Lina en pouffant de rire.

UN CHOIX DIFFICILE

Comme Roberto, l'entraîneur Tony Canuto gradue dans les rangs bantam durant l'automne de 1993. À la suite des succès obtenus l'année précédente, il hérite de la formation bantam BB et est persuadé qu'il aura encore la chance de diriger le fils aîné de la famille Luongo. Cette fois, Canuto a de grandes ambitions pour son équipe.

Avant de rejoindre son entraîneur, le jeune gardien se présente au camp de sélection du bantam AA même s'il est clair et net que ses chances de rester sont nulles. Les places de gardiens ont presque déjà été confirmées aux jeunes Guerrerra et Lefebvre. Il s'agit de deux grands jeunes hommes qui en sont à leur deuxième année dans la catégorie bantam et qui ont connu du succès durant la saison précédente dans le BB. À l'aréna, Lina et Antonio croisent même des parents qui leur demandent pourquoi leur fils vient perdre son temps à ce camp d'entraînement puisque les dés sont joués.

Alain Faucher, l'entraîneur-chef du bantam AA, est cependant impressionné par Roberto et désire mûrir sa décision avant de le retrancher. Il décide donc de le lancer dans la mêlée durant presque toutes les joutes préparatoires. À chacun des matchs, Roberto épate. Finalement, à la fin du camp, Faucher porte son choix sur Luongo et sur David Guerrerra. Les décisions de l'entraîneur ne font toutefois pas l'unanimité dans la région. Il a eu l'audace de garder neuf joueurs de première année avec lui. Avec autant de recrues dans la formation, la plupart des observateurs ne donnent pas cher de la peau du bantam AA de Montréal-Bourassa.

De son côté, Roberto n'est pas certain qu'un calibre si élevé soit bon pour lui. Après deux belles saisons passées en compagnie de Tony Canuto, il se demande s'il ne serait pas préférable d'aller jouer pour lui dans l'équipe BB. La discussion se transporte à la maison et le sujet est abordé en famille. La balance penche favorablement du côté de Canuto, qui a été très gentil avec Roberto durant les deux dernières années. Entraîneur depuis plusieurs saisons, Faucher jouit d'une bonne réputation. Mais c'est un homme très strict qui n'hésite pas à crier après les jeunes.

« En fait, c'était le Mike Keenan du hockey mineur et il me faisait peur ! » explique aujourd'hui Roberto en riant aux éclats.

Lina décide donc d'aller rencontrer les dirigeants de l'Association de Saint-Léonard pour leur expliquer que son fils évoluerait probablement mieux dans l'équipe BB de Canuto.

« Je me souviens encore de l'expression sur le visage de l'homme à qui j'avais parlé. Il m'a demandé pourquoi on voulait le rétrograder et je lui ai expliqué que notre fils voulait jouer pour s'amuser et qu'il aurait sûrement plus de plaisir dans le BB. Alain Faucher nous a téléphoné par la suite. Nous avons discuté et nous avons convenu que Roberto irait jouer pour lui, comme prévu. »

À la mi-novembre, Roberto commence cependant à en avoir ras le bol des cris et des colères de Faucher. S'il en parle maintenant en rigolant, il n'en demeure pas moins qu'à l'époque, l'adolescent était tout simplement terrorisé par son entraîneur. Ne sachant plus trop quoi faire, il avait même téléphoné à Tony Canuto pour lui demander conseil.

— Tony, je ne sais plus quoi faire et je pense que j'aimerais mieux descendre dans le BB plutôt que de jouer pour lui. Il me crie après même quand je joue bien. Il n'est jamais content.

— Écoute, Roberto. Il ne faut pas que tu t'attardes aux cris. Oublie le volume de sa voix et tiens seulement compte de ses paroles. Imagine-toi qu'il te dit les mêmes phrases gentiment, sans crier. Je suis certain que son message est très bon. Le problème, c'est qu'il doit penser que les jeunes vont l'écouter et obéir plus facilement s'il parle fort. Essaie ça pour voir.

La stratégie fonctionne et Roberto s'habitue à l'attitude de son nouveau pilote. Même s'ils savaient aussi à quoi s'attendre, Lina et Antonio n'aiment pas voir leur fils aîné se faire engueuler.

« J'ai trouvé ça difficile, car il s'en prenait parfois à mon fils et il parlait fort. Mais quand même, au fil des semaines, nous sommes devenus amis avec lui. À la fin de la saison, l'entraîneur Faucher est venu me rencontrer et il m'a dit : "Vous savez, madame Luongo, mon but était d'en faire un homme à la fin de la saison. J'ai souvent crié après votre fils, mais ce n'était pas pour être méchant. Roberto possède un talent exceptionnel, mais il a trop été cajolé par son ancien entraîneur. Je voulais simplement l'habituer à un *coach* sévère pour le préparer à ce qu'il va devoir vivre aux cours des prochaines années, car son cheminement est loin d'être terminé." »

De l'extérieur, l'attitude de Faucher peut paraître répréhensible, mais les résultats sont là. Menée de main de maître, la formation bantam AA de Montréal-Bourassa a déjoué les pronostics et a connu une excellente saison. Tout au long du calendrier, Guerrerra et Luongo portent l'équipe à bout de bras. Malgré la présence de neuf joueurs de première année, l'équipe accumule les succès. Montréal-Bourassa triomphe aux tournois de Saint-Jean-sur-Richelieu et de Thetford Mines, en plus de vendre chèrement sa peau au tournoi de Trois-Rivières, s'inclinant en quatrième période de prolongation lors de la demi-finale, et de s'avouer vaincu en finale de la ligue, face à l'équipe d'Hochelaga.

DÉJÀ LE SAUT CHEZ LES MIDGET

L'année suivante, le scénario des saisons précédentes se répète. Même s'il n'a que 15 ans et qu'il lui reste une autre année à écouler au niveau bantam, Roberto reçoit une invitation pour le camp d'entraînement du midget AAA. Lors de la première journée, à la réunion des parents, le responsable du programme sport-étude qui chapeaute la région Montréal-Bourassa prend la peine de venir rencontrer Antonio et Lina.

— Vous savez, j'ai beaucoup entendu parler de votre garçon. On dit qu'il a énormément de talent. Mais je veux que vous sachiez que c'est déjà décidé : on ne gardera pas Roberto avec nous cette année. Il y a actuellement trois autres gardiens qui lui sont nettement supérieurs. Par contre, je peux vous dire qu'il va jouer ici l'an prochain.

Mais c'était sans compter sur le talent exceptionnel du jeune gardien. Roberto connaît un camp exceptionnel et se taille une place dans le midget AAA même s'il n'a encore que 15 ans !

Il commence alors à prendre conscience de son potentiel et le jeu devient plus sérieux. Étudiant en quatrième secondaire, Roberto prend part à un programme sport-étude et commence à visiter le gymnase. Mais il est toutefois établi que la jeune sensation amorcera la saison en étant l'adjoint de Stéphane Desjardins, un produit de l'organisation des Étoiles de l'Est dont la réputation n'est plus à faire. C'est déjà un petit miracle que Roberto ait réussi à demeurer avec le club. Il se résigne donc à l'idée qu'il réchauffera souvent le banc.

Luongo regarde ainsi son équipe se faire malmener lors du premier match de la saison. Montréal-Bourassa (entraîné à l'époque par Richard Liboiron) s'apprête à recevoir de nouveau une raclée en règle lors de la deuxième rencontre du calendrier et, pour essayer de sauver les meubles, on lance Roberto dans la mêlée. Le jeune gardien substitut arrête les rondelles avec aisance.

Il dispute la troisième, la quatrième puis la cinquième rencontre de l'année et devient alors le portier numéro un de la formation. À compter de ce moment, les choses se déroulent trop vite pour Roberto et ses parents.

Lina se souvient bien de ce matin d'octobre. La saison n'était vieille que de quelques semaines et rien ne semblait ébranler son rejeton. Assise dans les gradins avec son plus jeune, elle était perdue dans ses pensées. Elle savourait les succès de Roberto, comme le ferait n'importe quelle mère. Mais ce matin-là, lorsque l'entraîneur des gardiens, Mario Baril, vient la rejoindre avant une séance d'entraînement, la fierté de Lina fait rapidement place au désarroi et à l'inquiétude.

— Vous savez, madame Luongo, l'année prochaine, Roberto ne restera plus avec vous à la maison.

— Pardon ? De quoi parlez-vous ?

— L'an prochain, votre fils va quitter la maison pour jouer avec une équipe du circuit junior majeur québécois.

— Ben non. Qu'est-ce que vous voulez dire ? L'an prochain, Roberto va encore jouer avec le midget AAA. C'est un enfant, il a 15 ans...

— Je suis désolé, mais je ne crois pas. Il va partir de la maison. Il possède tellement de talent... Une équipe de la LHJMQ va le repêcher. J'en suis certain.

Lina éclate en sanglots. Elle sait à peine ce qu'est la LHJMQ. Aussitôt rentrée à la maison, elle discute de la chose avec Antonio. Pour une famille italienne tissée serrée, la situation est tout simplement inconcevable. Il est carrément inimaginable qu'un jeune Italien quitte le foyer à 16 ans. Mais le temps donne raison à Baril.

Malgré une fiche de 10 victoires et 15 défaites en saison régulière, Roberto connaît une saison exceptionnelle pour un hockeyeur de son âge. Sélectionné pour le match des étoiles, il est même élu joueur par excellence de la rencontre. Il est également choisi au sein de l'équipe du Canada qui se rend à Albertville, en France, pour prendre part à un échange amical avec une équipe française.

UN PACTE IMPORTANT

À l'approche du repêchage de la LHJMQ, le clan Luongo établit un plan clair. Brillant élève, Roberto accumule les succès scolaires sans même se donner la peine d'étudier à la maison. Ses parents considèrent qu'il n'a aucune chance de jouer un jour dans la LNH et établissent les règles d'un pacte fort simple. Si Roberto est repêché en première ronde, il pourra jouer dans la LHJMQ. Sinon, il passera une autre année dans le midget AAA, puis il ira jumeler études et hockey dans une université américaine.

« C'était coulé dans le béton, se souvient Lina. Les gens nous disaient que c'était impossible d'étudier et de jouer au hockey dans la LHJMQ. On désirait qu'il fasse quelque chose de bon de sa vie et on ne voulait surtout pas qu'il perde trois ou quatre années. Les études ont toujours été primordiales pour nous. Quand Roberto était plus jeune, on lui disait que le hockey allait prendre le bord si jamais il revenait un jour de l'école avec de mauvaises notes. Mais c'était un très bon élève et on s'est surtout servis de cette menace avec Leo et Fabio ! »

Au fil des semaines, il devient toutefois de plus en plus évident que le jeune prodige italien sera réclamé assez tôt lors de l'encan annuel de la LHJMQ.

« Le jour du repêchage, le dépisteur de Val-d'Or est venu nous rencontrer et je lui ai dit que ça ne donnait rien de prendre mon gars, car l'Abitibi, c'était beaucoup trop loin. Il m'a fait un clin d'œil en me disant de ne pas m'inquiéter parce que leur plan était de repêcher Mathieu Garon. Il m'a dit que les gens de l'organisation des Foreurs venaient de discuter avec Gilles Lupien (l'agent de Garon) et que tout était réglé. J'étais tellement soulagée. Mais quelques instants plus tard, Stéphane Leroux, du Réseau des Sports, s'est amené vers nous pour nous dire que Roberto allait bientôt être repêché par Val-d'Or. Et Leroux n'avait pas l'habitude de se tromper. Je voulais mourir » se souvient Lina.

Les Huskies de Rouyn débutent les premiers et font de l'attaquant Pierre Dagenais le tout premier choix de l'encan 1995. Assise dans les gradins de l'aréna Marcel-Dionne, à Drummondville, madame Luongo retient son souffle et souhaite profondément que le dépisteur des Foreurs lui ait dit la vérité. Finalement, c'est le journaliste de RDS qui avait raison. Roberto est réclamé au deuxième rang, tout juste devant Mathieu Garon, qui prend la direction de Victoriaville. Ce repêchage devait être un jour de fête, mais malgré la grande fierté qui l'habite, la tristesse l'emporte dans le cœur de madame Luongo. De son côté, fiston se réjouit à l'idée qu'il pourra très bientôt échapper aux griffes de ses parents, qu'il trouve parfois trop sévères.

Même si l'Abitibi lui semble à l'autre bout de la planète, Lina Luongo respecte l'entente qu'elle a établie avec son garçon. Roberto peut quitter le nid familial et poursuivre sa carrière dans la LHJMQ. Mais il n'y a pas que la distance qui inquiète la mère de famille. Elle se demande aussi où vivra son fils aîné. Toutefois, les dirigeants des Foreurs ont déjà prévu le coup et ont déniché une famille italo-abitibienne pour accueillir le fils des Luongo.

« Roberto espérait profiter de règles plus souples qu'à la maison, mais le destin a bien fait les choses… pour nous ! Sa famille d'accueil ressemblait beaucoup à la nôtre. La maman, Maria Asario, lui parlait en anglais et en français, et son époux Gaetano lui parlait en français et en italien. Leur personnalité et leurs valeurs étaient étrangement identiques aux nôtres », raconte Lina en pensant à ceux qui ont hébergé chaleureusement Roberto dans leur foyer.

Le jeune gardien vivra deux ans dans cette famille, qui accueille aussi un autre pensionnaire, un dénommé Jean-Pierre Dumont ! Les deux coéquipiers tisseront des liens étroits, tout comme les parents de Roberto et le couple Asario.

DES HUÉES POUR ROBERTO

Puisque Roberto a été le deuxième joueur sélectionné, il s'amène à Val-d'Or entouré d'un important battage médiatique. Et même s'il n'a que 16 ans à l'époque, les partisans des Foreurs attendent beaucoup de lui. Contrairement aux camps d'entraînement précédents, il n'est pas là pour essayer de brouiller les cartes. Les réflecteurs sont directement braqués sur lui et la pression est forte.

Ses parents s'inquiètent pour leur fils. Surtout Lina. Et elle se sent encore plus triste quand Roberto téléphone à la maison au beau milieu de l'après-midi pour lui annoncer qu'il effectuera son premier départ officiel dans quelques heures. C'est toute une surprise car ce n'était pas Roberto qui devait amorcer cette rencontre et il ne reste pas suffisamment de temps pour se rendre à Val-d'Or pour assister à la partie. Antonio et Lina doivent donc se résigner à rater cet événement si important dans la vie de leur fils et de toute la famille.

Pour son baptême du feu dans le hockey junior, Roberto doit faire face aux puissants Prédateurs de Granby, qui allaient remporter la coupe Memorial quelques mois plus tard. Le jeune gardien ne connaît pas les débuts qu'il avait souhaités. En vérité, l'espoir des Foreurs se fait tout simplement charcuter par les Prédateurs. Il alloue sept buts à ses rivaux et constate rapidement que la sympathique atmosphère du hockey mineur est chose du passé. En plus de le huer copieusement, les partisans des Foreurs ne se gênent pas pour lui crier des injures.

— Retourne donc à Montréal, Luongo !

— C'est toi le prochain Patrick Roy ? Pas fort !

— Pourri Luongo !

Voilà le genre d'encouragements que Roberto reçoit lors de son premier départ avec les Foreurs.

« Ça m'a brisé le cœur quand il m'a raconté ça après la partie. Je l'écoutais au téléphone et j'avais beaucoup de peine, car je n'avais pas pu être là pour le soutenir. En plus, j'imaginais cinq mille personnes en train de lui crier des bêtises. J'ai pleuré pendant plusieurs jours », d'avouer candidement madame Luongo. Mais heureusement pour elle, les joies sont plus nombreuses que les peines pendant le séjour de Roberto chez les juniors.

Compte tenu de la distance, les parents Luongo ne peuvent pas suivre la carrière de leur fils d'aussi près qu'ils le souhaiteraient. Antonio assiste aux matchs des Foreurs aussi souvent que possible, pendant que Lina demeure à la maison avec Leo et Fabio. Combien de nuits d'hiver a-t-elle passées à attendre son mari jusqu'aux petites heures du matin, incapable de trouver le sommeil, rongée par l'inquiétude ?

En compagnie de Steve Bégin et de Jean-Pierre Dumont, ses coéquipiers à Val-d'Or, Roberto célèbre le Nouvel An de 1998 à Helsinki, en Finlande, où il représente le Canada aux Championnats du monde junior.

SCÉNARIO IDENTIQUE DANS LA LNH

Après une carrière junior exceptionnelle, Roberto Luongo effectue son entrée dans la Ligue nationale avec les Islanders de New York le 28 novembre 1999. Quatrième choix au total lors du repêchage de 1997, le jeune Québécois n'oubliera jamais cette journée.

« Comme pour mes débuts avec les Foreurs, j'ai malheureusement appris que je serais le gardien partant à la dernière minute. J'ai tout de suite téléphoné à mes parents pour leur apprendre la grande nouvelle. Mais comme la partie était présentée à 16 h, il leur était impossible d'être présents pour ce grand moment. Mes parents auraient bien voulu venir, mais c'était impossible. Ils se sont arrangés pour suivre le match chez des amis, par le biais du satellite. »

Comme ce fut le cas lors de sa première partie dans la LHJMQ, Roberto est encore une fois la cible des partisans. Tout au long du match, le jeune gardien de vingt et un ans s'efforce de faire son travail en ne prêtant aucune attention aux méchancetés que les amateurs lui adressent. Mais contrairement à son premier départ à Val-d'Or, cette fois, le joueur recrue réussit facilement à faire abstraction des commentaires vicieux qui lui sont destinés… et Dieu sait qu'à Boston, les partisans des Bruins n'ont pas la langue dans leur poche.

Roberto réussit donc sa rentrée en grande et il permet à son équipe de l'emporter deux à un grâce à une performance qui passe à l'histoire. Le jeune espoir des Islanders réalise un impressionnant total de 43 arrêts, ce qui représentera désormais la marque à battre pour un gardien qui remporte son premier départ en carrière. Il s'agit d'un bel exploit, surtout que cette année-là, les Bruins ne s'inclineront que 10 fois à domicile.

LES CONSEILS DE ROBERTO

« Mon conseil le plus important est destiné aux parents. S'il vous plaît, ne mettez pas de pression sur vos enfants. Laissez-les s'amuser et vivre leurs propres expériences. En fin de compte, le rêve du papa pourrait quand même se réaliser et le jeune pourrait réussir et accéder à la LNH. Mais le résultat final ne donnera pas nécessairement un adulte heureux. C'est peut-être difficile à croire, mais j'ai connu des gars quand je jouais pour les Panthers de la Floride qui n'aimaient même pas jouer au hockey, mais qui n'ont jamais osé arrêter par peur de décevoir leurs parents.

« Laissez faire les enfants. Souvent, la pression des parents rend le jeune joueur plus nerveux, et à ce moment, le hockey n'est plus synonyme de plaisir. Quand le plaisir n'est pas au rendez-vous, ça devient difficile de se motiver et d'avoir le goût d'aller à l'aréna. Quand j'étais jeune, je n'avais pas besoin de personne pour me dire de travailler fort, car c'était mon rêve de jouer dans la LNH. Quand le père dit à son fils d'aller se coucher parce qu'il a un match le lendemain, c'est gentil, mais rendu à un certain point, le jeune doit être capable de décider par lui-même ce qui est bon pour lui. S'il préfère se coucher tard la veille d'un match, ça veut peut-être dire qu'il n'a pas la motivation ultime de se surpasser. Moi, je voulais être le meilleur et je ne considérais pas les efforts que je déployais comme un sacrifice. Si le jeune joueur n'est pas motivé et qu'il n'a pas le désir de progresser, ça ne sert à rien de lui casser les oreilles avec le hockey. Quand tu veux être le meilleur, tu n'as pas besoin de personne pour te pousser dans le dos. »

LES CONSEILS D'ANTONIO ET LINA

Les Luongo ont dû composer avec un jeune homme qui n'a toujours eu qu'une seule idée en tête, celle de jouer dans la LNH. Roberto le répétait presque chaque jour... même avant que son histoire prenne des allures de conte de fées. Pour les parents, les rêves de fiston ressemblaient à ceux de n'importe quel autre jeune garçon qui veut absolument devenir vedette de cinéma, astronaute ou policier.

« Moi, je lui disais toujours à peu près la même chose : "Commence par être bon au niveau pee-wee ou bantam et ne pense pas à la Ligue nationale." Après une très bonne performance, je m'écriais : "Bravo ! c'est bien ! Mais ce match-là est terminé et tu devras tout recommencer la prochaine fois." Après une mauvaise partie, je lui disais plutôt : "C'est pas grave, tu vas te reprendre au prochain match." Nos conversations se limitaient à peu près à ça. Encore aujourd'hui, Roberto me téléphone après chaque partie pour avoir mon commentaire d'après-match, raconte Antonio. C'est une tradition et même s'il joue maintenant dans la LNH, croyez-moi, le discours n'a pas changé ! Pour nous, le hockey n'a toujours été qu'un jeu et on n'a jamais placé Roberto sur un piédestal. Je laisse aux autres le soin de louanger ses performances. Je voyais des parents qui louaient des heures de glace avec des entraîneurs privés pour leur enfant et je les trouvais fous. J'en ai connu qui, en plein milieu de l'été, s'empêchaient d'aller en vacances pour que leur garçon ne manque pas son entraînement. Il ne faut pas mettre pareille pression sur les enfants. »

« Je vois des parents dépenser des fortunes en équipement et en école de hockey, et je leur répète tout le temps que peu importe ce qu'ils font comme parents, c'est le destin qui se chargera de tout. Toutes les portes se sont ouvertes pour Roberto et on ne connaissait rien au hockey. Il n'a participé qu'à une seule école de hockey et c'était ici, à Saint-Léonard. Leo et Fabio ont profité de toutes les écoles de hockey possibles, ils ont joué l'été avec le meilleur équipement. Au même âge, Leo et Fabio étaient techniquement meilleurs que Roberto, mais ça n'a pas aussi bien fonctionné pour eux. Il faut tout simplement croire en sa destinée. On a toujours prêché l'humilité. Ce n'était pas dans la nature de Roberto de se vanter et de dire qu'il était le meilleur. Et on n'aurait jamais accepté ça. Aujourd'hui, je suis plus fière de l'homme que du joueur de hockey », raconte sagement Lina, la voix chargée d'émotion.

ROBERTO LUONGO

Né le 4 avril 1979 à Montréal, Québec
Gardien
6 pi 3 po
205 livres
Repêché en 1997 par les Islanders en 1re ronde
4e choix au total

		SAISON RÉGULIÈRE					SÉRIES			
	SAISONS	VICTOIRES	DÉFAITES	NULLES/ DÉF. PROL.	JEUX BLANCS	MOYENNE	VICTOIRES	DÉFAITES	JEUX BLANCS	MOYENNE
Mtl-Bourassa midget AAA	1994-1995	10	14	0	0	3,85				
Val-d'Or LHJMQ	1995-1996	6	11	4	0	3,7	0	1	0	4,41
Val-d'Or LHJMQ	1996-1997	32	22	2	2	3,1	8	5	0	3,4
Val-d'Or LHJMQ	1997-1998	27	20	5	7	3,09	14	3	2	2,18
Val-d'Or LHJMQ	1998-1999	6	10	2	1	3,93				
Acadie-Bathurst LHJMQ		14	7	1	0	3,31	16	6	0	2,74
NY Islanders LNH	1999-2000	7	14	1	1	3,25				
Lowell LAH		10	12	4	1	2,93	3	3	0	3,01
Floride LNH	2000-2001	12	24	7	5	2,44				
Louisville LAH		1	2	0	0	3,38				
Floride LNH	2001-2002	16	33	4	4	2,77				
Floride LNH	2002-2003	20	34	7	6	2,71				
Floride LNH	2003-2004	25	33	14	7	2,43				
Caravane McDonald's	2004-2005									
Floride LNH	2005-2006	35	30	9	4	2,97				
Vancouver LNH	2006-2007	47	22	6	5	2,29	5	7	0	1,77
Vancouver LNH	2007-2008	35	29	9	6	2,38				
TOTAL LNH		**197**	**219**	**57**	**38**	**2,6**	**5**	**7**	**0**	**1,77**

2004 Participe au match des étoiles
Remporte l'or avec le Canada à la Coupe du monde (1 victoire, 3 buts alloués)

2006 Représente le Canada aux Jeux olympiques de Turin (1 victoire, 1 défaite, moyenne de buts alloués de 1,51)

2007 Participe au match des étoiles

ANDRÉ ROY

André Roy gagne aujourd'hui sa vie dans la Ligue nationale de hockey en jouant les durs à cuire. Pourtant, adolescent, il était l'un des joueurs les plus remarquables de son groupe d'âge dans la région des Laurentides. Malgré ses grandes habiletés et son imposant gabarit, le jeune homme de Saint-Jérôme n'a pas connu le cheminement typique des joueurs talentueux. Passionné de hockey mais turbulent, André s'est souvent senti humilié et largué par certains entraîneurs. D'autres auraient probablement abandonné le hockey s'ils avaient subi les mêmes injustices. C'est peut-être ce qui explique pourquoi André Roy est aujourd'hui devenu un batailleur, un justicier qui veille à ce que ses coéquipiers ne se fassent jamais piler sur les... patins.

DE NEW YORK À SAINT-JÉRÔME

Ravissante, aventureuse, Heidi Golombeck rêve de quitter son Allemagne natale afin d'aller à la découverte du monde. Fascinée par l'Amérique, elle quitte la douceur du nid familial en 1969 pour mettre le cap sur New York, à l'âge de 21 ans. Elle déniche un emploi en banlieue de la Grosse Pomme, où elle travaille pour une famille aisée tout en apprenant l'anglais. Elle découvre aussi l'amour lorsqu'elle fait la rencontre d'un charmant jeune homme originaire du nord, un Canadien du nom de Gilles Roy. Celui-ci habite dans le secteur depuis deux ans et œuvre dans le domaine de la construction. Dès le premier regard, c'est le coup de foudre. Le prétendant courtise son béguin avec ardeur et l'inonde de roses. Trois semaines après leur premier rendez-vous, Gilles demande la séduisante Allemande en mariage.

Le jeune couple convole rapidement en justes noces et s'installe à Mamaroneck, un petit village situé près de Port Chester, dans l'État de New York. La cigogne visite les tourtereaux sans perdre de temps. Marc arrive le premier; Kevin, deux ans plus tard et André vient compléter le trio en 1975. Après la naissance du petit dernier, la famille traverse la frontière pour venir s'établir définitivement au Québec. André n'a que deux mois quand ses parents déménagent leurs pénates à Sainte-Julienne, dans la région de Lanaudière. Il ne s'agit toutefois que d'une étape transitoire puisque, deux ans plus tard, la famille s'installe à Saint-Jérôme.

L'intégration ne se fait pas sans problème, car les trois jeunes garçons – et leur mère – ont toujours parlé exclusivement anglais à la maison. Même si Marc et Kevin maîtrisent assez rapidement le français, les autres gamins du quartier les considèrent comme des « maudits Anglais ». Les trois frères apprennent donc très jeunes à se faire respecter et le respect, dans les petites rues de Saint-Jérôme, passe par la bagarre !

Véritable passionné de hockey, Gilles a vite fait d'inscrire ses fils au niveau mineur. Le paternel a lui-même pratiqué ce sport tout au long de sa jeunesse ; sa très humble carrière s'est terminée avec le junior B. Marc et Kevin sont les premiers à suivre les traces de leur père. Leur carrière n'a guère été plus glorieuse, tous deux endossant les couleurs de formations peu talentueuses. Plus tard, à l'adolescence, la découverte du ski alpin les pousse à accrocher leurs patins. Mais l'histoire est drôlement différente pour André, le cadet des trois frères…

LES DÉBUTS D'ANDRÉ

Comme bien d'autres jeunes garçons, c'est à l'âge de cinq ans qu'André Roy s'initie aux rudiments du hockey. Il y a déjà quelques années qu'il rue dans les brancards en regardant évoluer ses deux frères. André ne veut pas se contenter d'un rôle de spectateur. Il désire jouer. Dès ses premiers coups de patins, il tombe

André et ses frères à Saint-Jérôme.
De gauche à droite, André, Kevin et Marc.

littéralement en amour avec ce sport. En fait, du hockey, il en mange ! La patinoire est toute proche de la résidence familiale et, dès que la condition de la glace le permet, André y passe le plus clair de son temps. Sitôt arrivé de l'école, le même scénario se répète jour après jour. Il jette son sac d'écolier dans le vestibule et attrape patins et bâton avant de filer au parc.

« Je me passais régulièrement de souper. Ma mère venait me chercher à la patinoire et je lui répétais constamment que je n'avais pas faim. En fait, je n'avais pas de temps à perdre avec ça ! Je revenais à la maison aux environs de huit heures du soir… rarement avant. J'étais trempé et fatigué. Mon estomac grognait et ça pressait pour trouver quelque chose dans le frigo. »

Lors de sa première saison, André se taille une place au sein d'une formation novice A et épate la galerie. Tout simplement trop fort pour son groupe d'âge, il passe sa seconde année novice pour graduer tout de suite au niveau atome CC, l'année suivante. Même s'il concède un an ou deux aux autres joueurs, il tire fort bien son épingle du jeu et se retrouve parmi les bons éléments de l'équipe. Rapidement reconnu comme un des beaux talents de la région, André est promu dans une équipe de calibre BB

André, à l'époque où il terrorisait les gardiens avec ses retentissants lancers frappés, décochés à l'aide de son bâton Titan Wayne Gretzky.

pour ce qui devrait – en théorie – être sa première saison comme atome. C'est alors que la Fédération québécoise de hockey sur glace modifie l'âge des catégories de jeu, une décision qui a un impact direct sur le parcours d'André, le forçant à rester au niveau atome pour les deux hivers suivants. Il porte les couleurs d'une équipe BB, puis a enfin la chance de représenter les Sélects du Nord, l'équipe régionale au niveau AA. Dans cette formation, qui réunit les meilleurs joueurs de Saint-Jérôme et des environs, le jeune Roy se distingue surtout grâce à son puissant lancer frappé.

« Je jouais avec un bâton Titan Wayne Gretzky et j'étais le seul joueur capable de décocher un *slap shot top net* ! J'arrivais entre la ligne rouge et la ligne bleue, je laissais aller mon *slap shot* et je marquais ! Je n'étais pourtant pas costaud à l'époque. J'étais toujours parmi les plus grands, mais aussi parmi les plus maigres ! »

« Encore aujourd'hui, je me souviens que, dans le temps, les lancers d'André nous faisaient peur, se rappelle en riant l'attaquant Martin Saint-Louis qui, à l'époque, jouait pour les Sénateurs de Laval. Quand tu joues atome, il y a une couple de gars qui sont capables de loger la rondelle dans le haut du filet et c'est ce qui fait souvent leur force. André pouvait non seulement lever la rondelle, mais en plus, décocher de puissants tirs frappés. Les gardiens tremblaient quand il s'élançait. Il avait aussi de très bonnes mains et maniait bien la rondelle. Il n'y a aucun doute qu'il était un des joueurs les plus doués de la région des Laurentides. »

« À travers la ligue, tout le monde parlait du lancer du gars de Saint-Jérôme, ajoute Éric Perrin, membre de la même équipe que Martin Saint-Louis. Je me rappelle notre premier match contre les Sélects du Nord. André avait marqué un but avec un *slap shot* de la ligne bleue. Il avait neuf ans, comme nous tous, et c'était impressionnant de voir son lancer. Nous autres, on essayait de décocher des tirs frappés, mais on n'avait jamais assez de puissance et la rondelle restait toujours collée sur la glace. On se demandait vraiment ce qu'il faisait pour posséder un tir aussi puissant. »

Les années passent et la passion du hockey ne cesse de grandir chez le jeune Roy – une passion qui vire à l'obsession. Pour André, rien n'importe plus que le hockey. L'été, il est bien obligé de prendre une pause. Il se tourne alors vers le soccer. Athlète naturel, il connaît rapidement le succès dans ce sport et évolue pour des équipes intercités jusqu'à l'âge de 15 ans. Cependant, la pratique du soccer ne revêt pour lui qu'un seul intérêt : elle le tient occupé et l'aide à patienter jusqu'au début de la prochaine saison de hockey.

L'été, pas question de chausser les patins chez les Roy : pas de hockey d'été et pas d'école de hockey non plus. Durant ses vacances, chaque jour, André passe donc son temps libre dans la rue. À cette époque – on est au milieu des années 1980 –, les patins à roues alignées n'existent pas encore. André se rabat donc sur des patins à roulettes « disco » à quatre roues : deux roues parallèles situées à l'avant et à l'arrière. Rien de bien fameux pour effectuer des virages brusques et freiner sèchement sur l'asphalte ! Mais pour André, c'est nettement suffisant.

« L'été, il faisait 30 °C et ça ne m'empêchait pas de m'exercer pendant des heures. Mes *chums* ne voulaient pas jouer parce qu'il faisait trop chaud. Les voisins passaient et me regardaient comme si j'étais un attardé mental. Je disposais les poubelles de mon père dans la rue de manière à me confectionner un parcours d'obstacles. À la fin du circuit, après avoir déjoué mes adversaires-poubelles, je tirais la balle dans un filet désert. J'étais Guy Lafleur et, dans ma tête, chaque jeu était un fait saillant d'une finale de la coupe Stanley ! »

« André jouait au hockey à longueur de journée, se souvient sa mère, Heidi. L'hiver, il restait à la patinoire le plus tard possible. Pour lui, le froid, ça n'existait pas ! L'été, il jouait dans la rue ou dans l'entrée de la maison. À force de toujours lancer des rondelles partout, il a fini par anéantir notre haie de cèdres. La porte du garage était couverte de marques et nous n'avons jamais fait le compte des vitres cassées. Il se mettait très souvent dans le trouble à cause de ça ! »

« Quand je n'étais pas en patins à roulettes dans la rue, je regardais des cassettes vidéo dans le sous-sol. Je passais des heures à écouter les conseils de Gretzky la Merveille ou de Mario le Magnifique. Pour m'améliorer, j'effectuais aussi des lancers frappés derrière la maison. Je mettais une vingtaine de rondelles dans une chaudière et je les projetais dans mon filet de toutes mes forces pendant des heures. Je vidais la chaudière, je ramassais les rondelles et je recommençais encore et encore. Bien entendu, je tentais de loger mes tirs dans les coins supérieurs, mais les rondelles frappaient souvent la tige transversale et elles ricochaient n'importe où ! Comme j'avais de plus en plus de puissance, les rondelles atterrissaient souvent assez loin. Notre piscine était toute bosselée par les impacts de rondelles ! J'ai cassé toutes les fenêtres du garage au moins deux ou trois fois !

« Un jour, poursuit-il, notre deuxième voisine s'est présentée chez nous en vociférant. "Regardez, criait-elle en montrant une demi-douzaine de rondelles, tout ce que j'ai trouvé dans le fond de ma piscine depuis le début de l'été! Réalisez-vous que je suis même pas votre voisine? Qu'il y a une autre maison entre les nôtres? Votre fils a pas de maudit bon sens! Il est dangereux! Il va finir par blesser quelqu'un, pis vous serez blâmés parce que vous l'aurez laissé faire!" »

MAUVAIS SOUVENIRS DU HOCKEY MINEUR

Pas surprenant donc qu'en 1987, lors de son arrivée dans la catégorie pee-wee, André terrorise les gardiens adverses avec son foudroyant lancer frappé! Malgré son tir redoutable, il passe cependant sa première année au niveau BB avant d'être promu dans le AA, avec les Sélects. C'est dans cette formation qu'il vit un des souvenirs les plus marquants de sa traversée du hockey mineur.

Comme presque partout au Québec, son entraîneur de l'époque est le père de l'un de ses coéquipiers. Il s'agit d'un bénévole qui ne fait pas toujours passer les intérêts des enfants en premier lieu. Le *coach*, c'est lui. Il sait comment ça fonctionne et les choses doivent se faire à sa façon. Parfois, ses décisions s'avèrent injustes pour les jeunes. Un jour, après un match, André et un autre joueur des Sélects obtiennent la permission d'aller dormir dans la famille d'un coéquipier, à Sainte-Agathe. Le lendemain, la mère du jeune homme reconduit les trois joueurs à l'aréna pour le match suivant. Les règlements de l'équipe stipulent que les joueurs doivent se présenter à l'aréna une heure avant le début d'une partie. Or, il se trouve que le joyeux trio se pointe dans l'amphithéâtre seulement 50 minutes à l'avance. Ce jour-là, les trois « retardataires » sont cloués au banc. Comment protester contre les lois d'un adulte? En une autre occasion, un coéquipier goûte à la même médecine parce qu'il a oublié sa cravate à la maison. Pour Monsieur l'Entraîneur, la règle ne tolère aucune exception: pas de cravate, pas de match!

Quelques semaines plus tard, l'équipe d'André dispute un match important lors de la finale du tournoi de Magog. André est fort peu utilisé ce jour-là et il en ignore la raison. Dans son esprit d'enfant, une seule explication peut justifier les agissements de l'entraîneur : celui-ci désire voir son propre fils procurer la victoire à l'équipe et il ne veut pas que le petit Roy lui vole la vedette. André n'effectue que deux présences en première période et une seule lors du deuxième engagement. Jouant habituellement à profusion, André est prostré sur le banc, déprimé, la tête appuyée sur la bande.

Dans les gradins, son père se pose les mêmes questions que lui. Gilles connaît son rejeton et sait qu'un volcan risque d'exploser si la situation perdure. C'est pourquoi, entre la deuxième et la troisième période, le paternel décide d'aller parler à son fils. Lorsqu'il arrive au vestiaire, la porte est fermée. Un des entraîneurs adjoints traîne dans le corridor. Calmement, poliment, Gilles lui dit qu'il désire s'entretenir quelques instants avec André, si possible.

« Mon père n'était pas du style à engueuler les arbitres ou les entraîneurs. Il ne disait jamais un mot plus haut que l'autre et il venait à l'aréna dans le seul but de m'encourager. Il se fâchait seulement quand j'écopais d'une punition stupide... Il lui arrivait donc de se mettre en colère souvent, disons ! Cette fois-là, il est venu près du vestiaire et il a demandé à me parler. Quand je suis sorti, il m'a dit très calmement : "Lâche pas, André. T'as rien à te reprocher, mon homme, et il n'y a aucune raison pour que tu réchauffes le banc comme ça. Finis ta *game* et ne dis rien. Je ne veux pas de chicane. Oui, c'est vrai que ce n'est pas correct, mais ton équipe est en finale et ce n'est pas le temps de faire une crise. Garde ton calme. Finis ta saison, pis ensuite, *anyway*, tu ne joueras plus pour les Sélects du Nord. On va te faire transférer dans une autre organisation ou bien tu joueras dans un calibre inférieur. La situation a assez duré." »

Penaud, André retourne au vestiaire. Lorsqu'il ouvre la porte, l'entraîneur-chef aperçoit le paternel dans le corridor et se précipite aussitôt vers lui.

— Hé, Roy, t'as pas d'affaire icitte !

Gilles tente de lui expliquer le but de son intervention, spécifiant qu'il n'a en rien dénigré le travail des entraîneurs, même s'il ne comprend pas le sort réservé à son fils. Il répète qu'il voulait d'abord et avant tout encourager André pour éviter que ce dernier explose en troisième période. Mais l'homme qui lui fait face ne veut rien entendre ; il est en furie et continue à l'invectiver.

— Il y a pas un parent qui va venir me dire quoi faire icitte ! Je le prends pas que tu sois venu parler à ton gars. Ce qui se passe dans mon équipe, c'est pas de tes affaires. Tu comprends-tu, c'est moi le *coach* !

La troisième période commence et André s'est résolu à l'idée de réintégrer sa position du jour : le banc. Il est animé de sentiments paradoxaux : son père l'a réconforté grâce à ses judicieux commentaires et son attitude digne face à l'entraîneur, mais la situation ne l'en rend pas moins fou de rage. Malgré l'eau qui a coulé sous les ponts et toutes les belles expériences vécues au fil des ans, André n'a jamais pu oublier un seul détail de cet épisode de son parcours. Cette histoire est incrustée pour toujours sur le disque dur de sa vie, dans la filière des mauvais souvenirs.

« On perdait la partie par le compte de trois à un. Se sentait-il coupable ? Ou bien voulait-il montrer à mon père que me faire jouer ne changerait rien au score ? Toujours est-il que le *coach* m'a permis d'embarquer sur la glace pour entamer la troisième période. J'ai sauté sur la patinoire comme un enragé et je l'ai "mise dedans" dès les premières secondes de jeu. On a ensuite compté un autre but pour égaler le pointage, pis j'en ai compté un autre un peu plus tard dans la période. On a gagné la finale quatre à trois et j'ai été nommé joueur du match. En tout et pour tout, j'ai joué moins longtemps que l'équivalent d'une période normale ! J'étais pas mal fier de moi et l'expérience m'a marqué, car je me souviens encore de tous les détails aujourd'hui, presque 20 ans plus tard ! »

LA RETRAITE… À 14 ANS !

Animé par une belle confiance, André se présente au camp du bantam AA l'automne suivant, toujours avec les Sélects du Nord, car la poussière est maintenant retombée et cette triste aventure est chose du passé… La compétition est plus féroce qu'André ne l'avait prévu et il fait partie des premiers joueurs retranchés, même s'il pensait avoir réussi à créer une bonne impression. Les dés lui paraissent pipés. L'entraîneur de l'année précédente ne le porte pas dans son cœur et il est possible qu'il ait manigancé pour obtenir son éviction. Après tout, celui qui dirige le bantam AA est un de ses bons copains. Qu'à cela ne tienne, André fait son entrée dans l'équipe BB, comme ce fut le cas lors de sa première année au niveau pee-wee. C'est en joignant cette formation qu'il fait la connaissance de l'entraîneur Steve Latreille, un homme qui aura éventuellement un impact déterminant dans sa vie et sa carrière.

Après une année remplie de promesses sous les ordres de Latreille, André est persuadé qu'il sera un joueur clé dans le AA, avec les Sélects, lors de sa deuxième année au niveau bantam. Mais, dès le début du camp, André est de nouveau écarté. Cette fois, il est clair qu'il y a eu du grenouillage et de la politicaillerie d'aréna. Comme il n'y a plus d'équipe bantam BB à Saint-Jérôme, c'est au sein d'un club CC qu'André devra s'intégrer. Cette fois-ci, la déception est plus difficile à surmonter. L'adolescent est démoli. Il n'a pas le plus petit doute qu'il mérite sa place dans l'équipe AA et qu'il est victime d'une flagrante injustice. Son rêve de jouer dans la LNH est anéanti. Pire, il perd d'un coup tous ses amis qui, eux, évoluent au niveau AA. Il est si dépité qu'il décide de « prendre sa retraite ». Le hockey, c'est terminé pour lui ! Assis aux côtés de son père, dans la voiture, il lui confie sa résolution en pleurant à chaudes larmes, inconsolable.

—Si c'est ce que tu veux, je respecte ta décision ; tu es le seul qui puisse la prendre. Tu peux bien tout lâcher. Je sais que ce qui t'arrive est très difficile à accepter, car tu avais largement ta place dans cette équipe et tout le monde le sait. Si tu lâches le hockey, on va tout simplement ranger ton équipement dans le garage et tu vas découvrir d'autres sports, d'autres loisirs. Le hockey, c'est pas la seule façon de s'amuser dans la vie.

— C'est certain que c'est fini le hockey, papa. Je pense que je vais faire du ski alpin comme Marc et Kevin.

D'ordinaire impulsif, André prend cette fois le temps de bien mûrir sa décision. Oui, le hockey le dégoûte. Non, le plaisir n'est plus au rendez-vous. Quand il voudra jouer, à l'avenir, ce sera à la patinoire du coin, là où il sera à l'abri du regard méprisant et des commentaires arrogants d'un entraîneur. Là où personne ne lui dira sèchement : « Roy, t'es coupé, tu t'en vas dans le CC ! »

« Je ne veux pas régler de vieux comptes, mais c'est clair que cette décision-là était injuste, se souvient encore aujourd'hui sa mère, Heidi. Appelez ça de la petite politique ou de la jalousie, une chose demeure, c'est André qui a écopé. Peut-être que les entraîneurs ne l'aimaient pas en raison de son caractère. Comme il était plus gros et plus grand, André était bien surveillé par les autres équipes. C'était un joueur ciblé et il recevait beaucoup de coups. Puisque les autres joueurs étaient plus petits que lui, les arbitres fermaient souvent les yeux. Le problème, c'est qu'André se faisait alors justice lui-même. Quand il était fâché, il ne pensait qu'à se venger – au grand dam de son père. Il fallait voir les bleus, partout sur son corps, pour comprendre. »

L'INTERVENTION PROVIDENTIELLE DE STEVE LATREILLE

Malgré la grande frustration qui l'habite, la retraite est cependant de courte durée pour André. Trois jours après avoir rangé son équipement – de manière définitive, croit-il –, le plus jeune retraité de Saint-Jérôme reçoit un coup de fil de son ancien entraîneur, Steve Latreille. Ce dernier a hérité de la formation bantam CC et n'accepte pas la décision de son ancien protégé. Dès qu'il a appris la nouvelle, Latreille s'est empressé de téléphoner chez les Roy afin de convaincre André de venir jouer pour lui.

— Viens au moins jouer un match avec nous. Juste un match, André. Tu vas voir, on va avoir une maudite bonne équipe, pis j'ai besoin de toi dans ce club-là. Si tu lâches, tu vas leur donner raison. Si tu viens jouer pour moi, tu vas pouvoir leur prouver qu'ils se sont trompés. À chaque fois que tu vas compter deux ou trois buts, les gens qui t'ont coupé du AA devront expliquer pourquoi ils ont pas voulu te garder et, en fin de compte, ils vont avoir l'air fou. Les gens sont pas stupides. Ils finiront par comprendre ce qui s'est passé...

« Je suis arrivé là, se souvient André, et Steve m'a donné le "C" du capitaine. Ça peut paraître anodin, mais, pour moi, c'était un geste très significatif. C'était la première fois de ma vie que j'étais capitaine d'un club. Ça m'a automatiquement donné confiance et remonté le moral. Je n'avais jamais eu de « lettre » sur mon chandail. J'étais du genre à mettre l'équipe dans le trouble à l'occasion et les *coachs* n'aimaient pas trop ça. Quand je me faisais surveiller trop étroitement par un rival, je pouvais lui balancer un coup de poing en plein visage ou bien lui assener un bon coup de bâton dans les mollets. C'est pour ça, dans le fond, que je n'avais jamais été capitaine ou assistant, et je n'avais jamais cru que ça m'arriverait un jour ! Donc, quand Steve m'a remis le chandail du capitaine, j'étais abasourdi. »

Bien des années plus tard, Latreille se rappelle encore de cet instant où il a informé André qu'il en faisait son capitaine.

« Mon idée était faite et je me suis dit : "S'il accepte de venir jouer dans mon club, c'est lui et personne d'autre qui aura le 'C'." Je me souviens de son expression stupéfaite... Je lui aurais donné 1 000 piastres qu'il n'aurait pas été plus heureux. J'ai été clair avec lui. Je lui ai dit sans détour : "À partir d'aujourd'hui, tu es mon leader, et un leader ça donne l'exemple partout, et pas seulement sur la glace. Je veux que tu saches que je mets ma tête sur le billot en te nommant capitaine, car tout le monde est persuadé que je vais me planter. Mais je te fais confiance et je sais que je ne serai pas déçu." Il a pris son rôle de capitaine très au sérieux et je n'ai jamais regretté cette décision. Il n'a jamais fait passer ses intérêts avant ceux de l'équipe. Il aurait facilement pu marquer cinq ou six buts par partie, mais il a préféré donner la rondelle à ses compagnons de trio, Sébastien Gladu et Éric Locas. En plus d'être le meilleur joueur que j'ai eu l'occasion de diriger, c'était aussi un bon garçon. Après ce qu'il venait de vivre, il avait besoin d'attention et d'une énorme dose d'estime de soi. »

André ne fut d'ailleurs pas la seule victime de ces adultes au jugement douteux puisque, quelques années plus tard, les mêmes individus ont retranché le gardien Yann Danis – qui, en 2004, remporterait le prestigieux trophée Howie Baker, récompense remise au meilleur joueur universitaire américain. Ils ont aussi fait subir le même sort à Martin Grenier, qui sera tout de même repêché en deuxième ronde par l'Avalanche du Colorado, en 1999.

« Le message de Steve Latreille était clair. Il me voulait comme leader de son équipe. Il m'a fait jouer à profusion, et ce, dans toutes les circonstances. Je n'étais peut-être pas dans le AA, mais j'étais le meilleur du CC et j'ai énormément gagné en confiance durant cette saison-là », se remémore André, qui a terminé au premier rang des marqueurs du circuit régional de l'année 1990-1991.

Partout où l'équipe de Saint-Jérôme se présente pour un match, André est toujours le meilleur joueur et tout le monde ne parle que de lui. Son tir dévastateur a encore gagné en vélocité et renverse le public. Lors d'une partie disputée contre Saint-Antoine, un de ses puissants lancers défonce le grillage protecteur du masque du gardien de but. À la fin de la saison, les adversaires redoutent tant ses tirs qu'une seule feinte de lancer frappé suffit pour lui ouvrir le chemin jusqu'au filet !

Menée par son irrésistible capitaine, la troupe de Latreille balaie le tournoi régional de fin de saison sans aucune opposition. Tous les espoirs sont permis pour le championnat provincial, qui regroupe les gagnants de toutes les régions du Québec. Le quotidien *La Presse* publie ses pronostics : les représentants des Laurentides se retrouvent tout au bas de la liste. Voilà une source de motivation bien utile pour Latreille, car la première partie oppose son équipe à la meilleure de la province.

« Je m'étais bien sûr servi de ça auprès de mes gars avant le match. André était partout sur la glace. Il a marqué deux fois et on a gagné deux à un contre les favoris. On a aussi remporté les deux affrontements suivants, mais André s'est blessé à la fin de la troisième partie. Un de ses genoux était terriblement enflé et, malgré toute sa bonne volonté, il n'a pas été capable de disputer le match de quart de finale. On a perdu la partie et notre aventure s'est terminée là. Encore aujourd'hui, je suis persuadé qu'on aurait remporté le championnat provincial avec André en uniforme. Surtout que c'est Saint-Antoine qui a triomphé cette année-là, et qu'on les avait plantés pendant toute la saison ! »

MÊME LE PATERNEL EST DÉJOUÉ

Malgré ses belles statistiques, André n'est pas invité au camp d'entraînement du midget AAA. Après tout, il n'a joué qu'au sein du bantam CC la saison précédente. Il tente sa chance auprès des Sélects du Nord, l'équipe midget AA de la région, dirigée par Michel Laroche. André connaît un camp du tonnerre et Laroche lui confirme sa place sur le dernier trio de l'équipe. André est aussi fier qu'étonné. Son père n'est pas moins surpris, lui qui prépare depuis un an un voyage en Finlande pour permettre au club midget CC de Saint-Jérôme de participer à un tournoi international. C'est la formation avec laquelle son fils aurait logiquement dû jouer pendant la prochaine saison…

Pour cette première année dans la catégorie midget, André est placé devant un joli dilemme. Que faire ? L'entraîneur Laroche prend le temps de discuter avec l'adolescent, indécis devant le choix à effectuer. Il lui suggère finalement d'aller jouer dans le CC même s'il y a une place pour lui dans le AA.

— Rate pas la chance d'aller vivre une expérience formidable en Finlande. De toute façon, tu vas jouer pour moi l'an prochain, à ta deuxième saison dans le midget. Si tu veux, on va te prendre comme joueur substitut et tu pourras disputer quelques rencontres avec nous dès cette année. L'année prochaine, tu seras un bien meilleur joueur et je suis certain que tu vas vivre une très belle saison dans le CC.

Les conseils de Laroche s'avèrent judicieux. André connaît une excellente saison, couronnée par un voyage de rêve. Puis, l'année suivante, il se taille facilement une place avec les Sélects du Nord et a une saison fantastique dans le midget AA.

« C'était comme mon année dans le bantam CC. Je jouais avec la même attitude, la même confiance en moi. À chaque tournoi que nous disputions, j'étais presque toujours nommé joueur par excellence du match. Mon père m'avait dit que si je connaissais une grosse année, je pourrais peut-être intéresser des équipes de la LHJMQ. Ça m'a fouetté, car je pensais que seuls les gars du midget AAA avaient réellement des chances de jouer dans cette ligue. J'étais motivé à chaque partie. J'avais aussi pris un peu de poids, car j'avais commencé à m'entraîner légèrement pendant l'été. J'écoutais des films de kung-fu dans le sous-sol en soulevant des poids. Rien de bien lourd, mais je faisais quand même des exercices... tout ça en me prenant pour Bruce Lee ! »

En jetant un regard rétrospectif sur ses dernières années dans le hockey mineur, André est persuadé que Steve Latreille et Michel Laroche ont changé sa vie.

« C'était des *coachs* autoritaires, mais ils savaient respecter les jeunes. Ils ne se prenaient pas pour des petits Scotty Bowman, comme la plupart des autres entraîneurs pour qui la seule manière de passer leur message consiste à "casser" les caractères forts. Ils se fâchaient quand ça ne marchait pas à leur goût, mais c'était toujours de façon positive. Il n'y avait pas d'engueulades ou de sacres comme c'est souvent le cas dans le hockey mineur.

« Je me souviens entre autres d'une leçon que m'a servie Michel Laroche pendant mon année dans le midget AA. J'étais le gros joueur de mon équipe et les entraîneurs adverses me collaient toujours un joueur sur le dos pour me surveiller. Un soir, pendant un match contre les Seigneurs des Mille-Îles, le gars qui me suivait était vraiment bon et je n'avais aucune marge de manœuvre sur la glace. Je n'arrivais jamais à me démarquer. J'étais tellement écœuré que je me suis mis à lui cracher au visage et à lui donner des coups sournois. J'ai "passé ma frustration" sur lui et la stratégie leur a bien rapporté, car je suis resté assis sur le banc des punitions pendant la majeure partie du match. »

Sur le coup, l'entraîneur ne dit pas un mot. Il attend le match suivant pour donner sa leçon. Ce jour-là, pendant que les joueurs s'habillent et se préparent pour l'affrontement, le *coach* Laroche entre dans le vestiaire et livre un laïus qui ne concerne en rien l'adversaire du jour.

— Écoutez-moi bien, les *boys*... et surtout toi, André. Tu as écopé de plusieurs punitions stupides lors de la dernière *game*. Tu t'es foutu de l'équipe et t'as pensé qu'à toi. Les gars, on va lui montrer qu'on a pas besoin de lui pour gagner. Ce soir, André, tu joues pas ! Assieds-toi dans les gradins et encourage-nous avec les parents. Que tu sois assis avec eux ou seul sur le banc des punitions, ça changera pas grand-chose pour le reste de l'équipe. *Anyway*, fais ce que tu veux, mais tu joues pas.

« Je venais d'avoir 17 ans et j'ai compris le message. Plus jeune, j'aurais sûrement mal réagi, mais j'étais devenu plus "mature". Du haut des gradins, j'ai vu mon équipe perdre huit à un. On a mangé toute une volée. Avant le match suivant, Michel m'a parlé seul à seul et m'a expliqué que l'équipe avait besoin de moi, mais que j'avais aussi des responsabilités envers tout le monde. À la suite de cet épisode, je me suis mis à rouler à plein régime et Michel s'est rendu compte de mes efforts. Il m'a donné plus de temps de glace. Après cette "suspension" d'un match, j'ai terminé l'année en force et j'ai même commencé à intéresser des équipes de la LHJMQ. »

LA PREMIÈRE « VRAIE » BAGARRE

Lors des tournois, des dépisteurs se déplacent expressément pour épier André et le rencontrent avant et après les matchs. Nous sommes au printemps de 1993. Le Canadien, dirigé par Jacques Demers, élimine tour à tour les Nordiques, les Sabres, les Islanders et les Kings pour remporter sa 24e coupe Stanley. André a presque 18 ans et il rêve de soulever un jour à bout de bras le lourd trophée – un fantasme presque insensé que viennent alimenter les nombreux appels téléphoniques logés par les dépisteurs de la LHJMQ.

En fait, toutes les formations du circuit junior québécois entrent en contact avec André afin de connaître ses intentions. Une question récurrente revient dans la bouche de tous ses interlocuteurs : « Pourquoi tu ne joues pas dans le midget AAA ? » Cet été-là, alors qu'il se défonce à l'entraînement, il repense à cet entraîneur du bantam AA qui n'a jamais daigné lui donner sa chance. Paradoxalement, il ne comprend pas la raison pour laquelle toutes les équipes de la LHJMQ démontrent autant d'intérêt pour un gars qui s'apprête à célébrer son 18e anniversaire de naissance.

« Je suis allé assister à la séance de repêchage junior, à l'aréna Maurice-Richard. Honnêtement, je me demandais vraiment ce que je faisais là. Les autres jeunes avaient 16 ou 17 ans, et moi…

18 ! J'ai été sélectionné en quatrième ronde par Beauport et j'étais surpris, car je m'attendais à ne l'être qu'à la toute fin, vers la 15e ronde. Mon père m'avait dit que c'était ma dernière chance et je m'étais entraîné en conséquence, très fort. Dans les semaines suivantes, les gens de Beauport m'ont envoyé perfectionner mon coup de patin à l'école de Gaétan Boucher et je me suis beaucoup amélioré. »

André n'ignore pas qu'il devra laisser tomber les gants à Beauport. Costaud et fort comme un bœuf, il se doute qu'on ne l'a pas sélectionné que pour son puissant lancer. De plus, il a passé beaucoup de temps sur le banc des punitions dans le midget et sa réputation l'a suivi.

Comme la plupart des durs à cuire de la LNH, André n'était pas d'un tempérament particulièrement belliqueux à l'adolescence, mais puisqu'il était le plus baraqué du groupe, il lui arrivait d'intervenir lorsqu'un copain se retrouvait dans une position fâcheuse. Chaque fois, un regard menaçant et des mots intimidants suffisaient à calmer tout le monde. En fait, les rares fois où André s'était battu, c'était plutôt avec ses grands frères. Plus jeune membre du trio, il encaissait fréquemment leurs assauts. Ces combats fraternels prenaient parfois l'allure de véritables spectacles de lutte professionnelle !

Mais au début de cet hiver de 1993, alors qu'il porte les couleurs des Sélects du Nord midget AA, André va se livrer à un premier véritable duel... hors de la glace. L'histoire commence lorsque son bon copain Simon DesOrmeaux se fait molester dans la cour d'école. Peu robuste, Simon se prépare à affronter un autre étudiant de la polyvalente de Saint-Jérôme. Les deux jeunes hommes en sont aux « préliminaires » : insultes et provocation. Un cercle de curieux commence à se former autour d'eux, une scène hélas typique dans bien des écoles de niveau secondaire au Québec. Une petite seconde d'inattention vaut à Simon un solide coup de poing à la mâchoire. Comme il porte un appareil dentaire, l'intérieur de sa bouche est tout simplement charcuté – un vrai carnage.

Lorsque André apprend que son ami Simon a été malmené, il n'apprécie pas du tout la chose. Même s'il n'est en rien concerné par cette histoire, André décide d'y mettre son grain de sel en allant discuter avec le trouble-fête.

— Écoute bien, *man*, tu cr... la paix à mon *chum* ou la prochaine fois, c'est moi qui m'occupe de toi. Pis après, tu vas voir que t'écœureras plus jamais personne.

Voilà le genre d'intervention pacifique qui ramène habituellement paix et harmonie dans le voisinage... mais pas cette fois. Plutôt que de se faire oublier, comme André l'avait espéré, l'instigateur de l'affaire préfère appeler du renfort pour avoir le dernier mot dans cette petite guerre de cour d'école. Dès le lendemain, André reçoit de la « visite » à la polyvalente. L'homme qui l'aborde n'est plus en âge d'étudier au niveau secondaire. Il est au début de la vingtaine et son allure inspire la terreur à quiconque possède un minimum de jugement, d'autant plus que son approche ne laisse guère de place à la négociation.

— C'est toi qui a écœuré mon *chum* ? Maintenant, c'est à moi que tu vas avoir affaire. Tu comprends-tu ? Ça veut dire que tu me suis dehors, pis là on va voir si tu vas encore faire aller ta grande gueule.

— Écoute, *man*, n'importe quand. Mais là, j'ai un problème. Je joue au hockey, pis je suis blessé à l'épaule, je peux pas me battre avec toi. Mais si tu me donnes deux semaines pour me rétablir, je suis ton homme.

Contre toute attente, la stratégie porte ses fruits. Le fauteur de trouble saute dans sa bagnole, fait crisser les pneus et retourne « brasser des affaires » ailleurs. En fait, André n'a dit que la vérité. Il n'est réellement pas en condition de se battre. Au fond, il souhaite simplement que la poussière retombe et que tout le monde oublie cette histoire, car l'individu qui a promis de revenir lui régler son compte jouit d'une terrifiante réputation. De plus, André ignore encore le secret de ce matamore : l'homme est un boxeur et a remporté plusieurs combats dans la région. C'est une célébrité locale et, malheureusement pour lui, André n'est guère au courant de l'actualité sportive en dehors du hockey. Une fois mis au courant par ses amis des talents pugilistiques de l'individu et mis en garde contre le fait de l'affronter, André ne sait plus comment gérer cette histoire, qui prend des proportions décidément préoccupantes. Dans la polyvalente, où l'affaire fait grand bruit, les étudiants commencent à prendre des paris...

L'AFFRONTEMENT

— Pis, est-ce que ton épaule est guérie, là ?

C'est ainsi qu'André se fait apostropher, une semaine plus tard, en pleine cafétéria. Il y prenait paisiblement son dîner quand il a reçu une petite tape sur l'épaule et entendu cette voix narquoise. Avant même de se retourner, il sait bien qui l'invite à danser. Tous les étudiants rassemblés dans la salle interrompent leur repas pour voir la scène. Dans son for intérieur, André sait qu'il ne peut pas reculer. Pas quand tous les yeux sont tournés vers lui. Pas quand son honneur en dépend. André feint donc de garder son calme et se retourne lentement vers l'intrus.

— Ouais, on peut dire que je suis correct.

— *Goooood* ! Viens dehors, on va jaser.

Dès lors, André réalise toute la portée de sa réponse. Son cœur se met à battre comme un marteau-pilon. Sa poitrine veut exploser. De toute sa vie, il n'a jamais eu aussi peur. À l'évidence, une raclée en règle l'attend au bout du corridor. Son seul espoir tient à une défaite honorable. Avant de sortir de la polyvalente, il passe par la salle de bain.

« Je m'en souviens comme si c'était hier. Je me suis approché du miroir, je me suis mouillé le visage et je me suis regardé dans la glace. J'étais terrifié et je tremblais en pensant à ce que tout le monde m'avait raconté sur ce gars-là. J'avais peur, mais je me suis quand même dit : "*Fuck* ! J'y vais." »

Il n'a pas à marcher longtemps. Las de l'attendre à l'extérieur, son rival est revenu entre les murs de l'école. En voyant André dans le corridor, le gars se met à courir et se jette sur lui. Pendant ces quelques secondes, tout bascule dans la tête d'André. La crainte fait place à la rage et l'adrénaline déferle d'un seul coup dans ses veines. Les fils se sont touchés. Un court-circuit. Un vrai de vrai. Comme il l'a fait si souvent avec ses frères, André frappe comme un fou, mais cette fois, sans entendre à rire et sans la moindre retenue. Il cogne et cogne. Il martèle littéralement le visage de son adversaire. Quand ce dernier a le réflexe de se pencher pour se protéger, André poursuit son attaque à coup de genoux. Il est en transe. Tout se passe comme dans les films de Bruce Lee qu'il regarde en s'entraînant dans le sous-sol. Quand il retrouve ses esprits, le combat est terminé et le fier-à-bras gît sur le sol en geignant. Autour d'eux, il y a foule. Réintégrant peu à peu la réalité, André regarde ses mains, puis son corps. Il est barbouillé de sang et se croit sérieusement blessé.

— Relaxe, André, lui dit un ami. Il y a pas une goutte de sang à toi là-dedans. C'est son sang à lui, là. *Man*, t'as failli le tuer. C'était une bonne idée d'arrêter...

Quelques mois plus tard, André passe chez les juniors, dans l'uniforme des Harfangs de Beauport. Étant déjà un sacré bon joueur de hockey, il sait maintenant que personne ne l'intimidera sur une patinoire, et certainement pas sans en payer le prix.

SANS SES PARENTS AU REPÊCHAGE DE LA LNH

À partir de l'adolescence, tout se déroule à un train d'enfer dans la vie d'André. À 16 ans, il joue au niveau midget CC ; à 17 ans, midget AA et il fait le saut dans la LHJMQ alors qu'il vient de fêter son 18e anniversaire de naissance. À l'issue de sa première saison dans le circuit junior majeur québécois, le petit gars de Saint-Jérôme ne nourrit aucune attente particulière en vue de l'édition 1994 du repêchage de la LNH.

L'événement se déroule à Hartford et son agent de l'époque, Gilles Lupien, a tout de même la délicatesse de l'inviter. Pour l'occasion, Lupien a nolisé un autobus d'une capacité de 40 passagers, et son jeune protégé peut convier ses parents à l'accompagner pour ce grand jour.

« J'avais 19 ans et mon père m'a dit que ça ne me donnait rien d'aller perdre mon temps à Hartford, car j'étais trop vieux pour être repêché. Je venais de connaître une saison honnête avec les Harfangs de Beauport et les Saguenéens de Chicoutimi. J'avais amassé 10 buts et 21 passes en 75 parties... et 277 minutes de punition. »

Au printemps de 1994, André a connu de bonnes séries éliminatoires au sein des Saguenéens de Chicoutimi avec 3 buts, 6 passes et 94 minutes de punitions en 25 parties.

André s'est cependant fait remarquer pendant la coupe Memorial. Plusieurs recruteurs de la LNH l'ont invité au restaurant pour discuter avec lui. Pour ses parents, comme pour lui, tout va beaucoup trop vite. Son père s'en souvient encore.

« Deux semaines avant le repêchage, le grand Gilles Lupien avait téléphoné à la maison pour me parler, car il avait entendu dire que mon fils n'avait pas d'agent. Il n'en revenait pas et on s'est donc rencontré pour jaser de ça. "Votre fils a de bonnes chances d'être repêché dans la Ligue nationale et ça prend une personne compétente pour veiller à ce que tout se passe bien pour lui et qu'il ne signe pas n'importe quoi", m'a-t-il dit. »

André paraphe donc une entente qui le lie à Gilles Lupien, mais ses parents décident tout de même de ne pas l'accompagner au repêchage. Qu'à cela ne tienne, André en profite pour amener deux de ses meilleurs amis: Sébastien Gladu et Simon DesOrmeaux.

« Nous étions assis ensemble dans les gradins, à jaser, quand tout à coup j'ai entendu mon nom: les Bruins venaient de me réclamer en sixième ronde. J'étais le 151e choix au total. Au début, je n'étais pas certain qu'il s'agissait bien de moi! Ils ont répété mon nom et là, Gilles Lupien est arrivé en trombe et m'a dit: « Envoye! C'est toi... Vas-y! » Mes *chums* m'ont sauté dans les bras. Je ne croyais pas ce qui m'arrivait.

« Les gens des Bruins ont été réellement gentils avec moi. Une fois l'émotion passée, ils m'ont demandé si je voulais téléphoner à mes parents. J'ai appelé chez nous et c'est ma mère qui a répondu. Je lui ai dit: "M'man, je viens d'être repêché par Boston!" Elle ne me croyait même pas. Je lui ai juré que ce n'était pas une *joke*. Plus tard, quand mon père est arrivé à la maison, elle lui a annoncé la grande nouvelle, mais il ne l'a pas cru... Il a pensé qu'elle s'était fait avoir! »

Eh bien non, Heidi n'avait pas été bernée! La saison suivante, avec Chicoutimi et Drummondville, André inscrit 33 buts et 21 passes, en plus de purger 323 minutes de pénalité. Les portes s'ouvrent devant lui et il ne ratera pas sa chance. Après avoir fait ses classes dans la Ligue américaine et la Ligue internationale pendant trois saisons, André se taille une place à temps plein dans la LNH à l'automne de 1999, avec les Sénateurs d'Ottawa. Puis, en juin 2004, le sympathique redresseur de torts réalise enfin son rêve d'enfance. Tout comme ses idoles, Mario le Magnifique et Wayne la Merveille, André Roy soulève la coupe Stanley... Pas si mal pour un garçon qui a joué au niveau midget CC!

LES CONSEILS D'ANDRÉ

« Mon principal conseil concerne les entraîneurs. Je conserve encore des souvenirs bien vivants de mes années dans le hockey mineur et une chose m'a toujours frappé. Je ne comprends pas qu'un adulte responsable d'enfants se permette de les détruire au nom de la victoire. À moins de manquements importants à la discipline, un jeune ne devrait jamais sauter des tours pendant un match. Jusqu'au niveau midget, tout le monde devrait jouer de façon égale, peu importe son talent et sa catégorie.

« S'il n'est pas assez bon dans telle ou telle situation de jeu, c'est le problème du *coach*, et ce n'est pas en réchauffant le banc qu'un joueur s'améliorera. Soit l'entraîneur a mal évalué l'enfant avant la saison, soit ce dernier ne s'est pas développé au même rythme que les autres. Dans ce cas, l'entraîneur a aussi sa part de responsabilités.

« Si l'entraîneur ne dispose, par exemple, que de cinq bons défenseurs pour former son équipe pee-wee, deux choix s'offrent à lui. Il ne joue qu'avec cinq défenseurs ou il accepte d'en prendre un sixième, moins fort que les autres. À partir de ce moment-là, il doit veiller à l'encadrer pour qu'il évolue. Il ne faut surtout pas que ce joueur devienne une tête de Turc et qu'il passe le plus clair de son temps à réchauffer le banc. Si tu l'intègres dans ton équipe, tu dois vivre avec et il doit jouer comme tout le monde. En jouant régulièrement, et dans toutes les situations de jeu, il va peut-être faire des erreurs, mais il va surtout s'améliorer et, à la fin de l'année, c'est toute l'équipe qui va en bénéficier. »

LES CONSEILS DE HEIDI

« Comme bien des garçons, mon fils André était très émotif quand il était jeune. Ce qu'il vivait à la maison ou à l'école pouvait parfois l'affecter et éventuellement expliquer pourquoi il n'était pas toujours dans son assiette lors de certaines parties. Un beau jour, j'ai compris que des entraîneurs n'accordaient d'importance qu'aux performances, sans tenir compte de ce que vivaient les enfants.

« C'était lors d'un match des Sélects du Nord, alors qu'André en était à sa deuxième année dans le pee-wee – on parle donc de petits gars de 11 et 12 ans. Au début de la partie, j'ai été estomaquée de voir le gardien de notre équipe se placer devant le filet. Cette journée-là, sa mère était à l'hôpital, car elle devait subir une délicate intervention chirurgicale. C'était une opération très importante et je me demandais comment ce petit bout d'homme pourrait jouer au hockey sans penser aux dangers que courait sa mère. Le match a commencé et notre gardien a rapidement alloué cinq ou six buts. L'entraîneur l'a retiré du match sans lui parler, et sans même le regarder. Moi, j'observais le petit et j'étais triste pour lui. Je me disais que si je savais ce qu'il vivait, les entraîneurs auraient dû être au courant eux aussi – mais non. Ce joueur n'avait pas la tête au hockey, ce jour-là, et c'était normal qu'il accorde autant de buts. Personne n'a cherché à savoir pourquoi il avait été si mauvais. Ce jeune garçon n'a plus jamais joué au hockey. Il a quitté les Sélects après cette partie.

« Si je vous raconte cette histoire, c'est parce que mon conseil de mère de famille est destiné aux entraîneurs. De grâce, essayez de communiquer avec les enfants. Parfois, à 12 ou 13 ans, ils sont déjà grands et costauds, mais ils sont encore fragiles à l'intérieur. Ils ont besoin d'encouragement et ils n'ont pas à se faire engueuler, quand ça va mal.

« Parfois, ça ne prend qu'une personne qui croit en lui et qui l'encourage pour faire naître une lumière importante chez un enfant… »

LES CONSEILS DE GILLES

« À partir de notre expérience de parents de jeunes joueurs, je tire certaines conclusions qui me semblent bien banales, mais dont personne ne semble prendre conscience. Je crois tout d'abord que la Fédération québécoise de hockey devrait interdire aux parents de diriger leur propre enfant. Il y a trop d'entraîneurs dans le hockey mineur qui sont là pour de mauvaises raisons. Bien des pères prennent une équipe en charge à la seule fin de veiller au développement de leur fils et de s'assurer qu'il soit toujours à l'avant-scène. On l'a vécu avec André et c'est une situation très difficile pour le jeune hockeyeur, mais aussi pour ses parents.

« J'ai aussi un conseil pour les jeunes. Ne vous laissez jamais démoraliser par les paroles des gens qui vous entourent. Vous avez le droit de croire en vos rêves. C'est trop facile de dénigrer un enfant plutôt que de l'encourager. Pour les jeunes, peu importe le calibre, le hockey doit demeurer un beau divertissement. Nous, on a vu notre petit gars être persécuté par quelques adultes, probablement jaloux. Ce genre de situation est tout simplement inadmissible. Quand je repense à l'enfance d'André, je me demande souvent où il a puisé la force de persévérer… »

ANDRÉ ROY

Né le 8 février 1975 à Port Chester, NY
Ailier droit
6 pi 4 po
225 livres
Repêché par Boston en 1994
5e ronde, 154e au total

		SAISON RÉGULIÈRE				SÉRIES			
	SAISONS	PARTIES	BUTS	PASSES	POINTS	PARTIES	BUTS	PASSES	POINTS
Beauport LHJMQ	1993-1994	33	6	7	13				
Chicoutimi LHJMQ		32	4	14	18	25	3	6	9
Chicoutimi LHJMQ	1994-1995	20	15	8	23				
Drummondville LHJMQ		34	18	13	31	4	2	0	2
Boston LNH	1995-1996	3	0	0	0				
Providence LAH		58	7	8	15	1	0	0	0
Boston LNH	1996-1997	10	0	2	2				
Providence LAH		50	17	11	28				
Providence LAH	1997-1998	36	3	11	14				
Charlotte ECHL		27	10	8	18	7	2	3	5
Fort Wayne LIH	1998-1999	65	15	6	21	2	0	0	0
Ottawa LNH	1999-2000	73	4	3	7	5	0	0	0
Ottawa LNH	2000-2001	64	3	5	8	2	0	0	0
Ottawa LNH	2001-2002	56	6	8	14				
Tampa Bay LNH		9	1	1	2				
Tampa Bay LNH	2002-2003	62	10	7	17	5	0	1	1
Tampa Bay LNH	2003-2004	33	1	1	2	21	1	2	3
Caravane McDonald's	2004-2005								
Pittsburgh LNH	2005-2006	42	2	1	3				
Pittsburgh LNH	2006-2007	5	0	0	0				
Tampa Bay LNH		51	1	2	3	6	0	0	0
Tampa Bay LNH	2007-2008	63	4	3	7				
TOTAL LNH		**471**	**32**	**33**	**65**	**39**	**1**	**3**	**4**

2004 Remporte la coupe Stanley avec le Lightning de Tampa Bay

SIMON GAGNÉ

En 1968, Pierre Gagné prend la décision la plus importante de sa vie lorsqu'il décide d'accrocher ses patins. Il n'a pourtant que 22 ans et plusieurs croient qu'il pourrait connaître une très belle carrière dans le monde du hockey. Doté d'un physique imposant, Pierre est un joueur complet qui marque des buts, va dans la mêlée, frappe et jette les gants devant n'importe qui. Il a de qui tenir puisque son père, Roger, est lui-même venu bien près de jouer dans la Ligue nationale alors que le circuit ne comptait que six équipes. Roger n'a jamais pu réaliser son rêve, mais il a tout de même roulé sa bosse pendant quatre saisons dans la Ligue américaine avec les Reds de Providence et les Barons de Cleveland. Lors de sa dernière saison, au printemps de 1948, Roger a même remporté la coupe Calder avec les Barons.

Mais à cette époque, la vie de joueur de hockey ne ressemblait pas à ce qu'elle est aujourd'hui. Roger devait quitter sa famille dès le mois de septembre et son épouse, Madeleine, devait s'occuper toute seule des quatre enfants jusqu'à son retour, en mai. Et l'été, Roger se baladait d'un emploi à l'autre. À moins de jouer pour le Canadien de Montréal, c'était une vie difficile qui ressemblait un peu à celle des bûcherons qui, autrefois, disparaissaient à l'approche de l'hiver pour revenir au printemps. Malgré tout son talent, Pierre ne veut pas connaître le même genre de vie que son père.

Pierre frappe pourtant à la porte de la LNH. Il est reconnu comme l'un des bons joueurs de la Ligue junior A alors qu'il évolue avec les As de Québec. Après une tentative infructueuse au camp d'entraînement du Canadien junior de Verdun, il obtient une chance inespérée quand les Flyers de Philadelphie achètent les

As pour en faire un de leur club-école. Comme ses coéquipiers, Pierre devient automatiquement la propriété des Flyers, ce qui lui vaut une invitation pour le camp d'entraînement de l'équipe en 1967 et 1968. L'attaquant recrue est alors cédé au club-école de New Haven. En attendant de graduer dans la Ligue nationale, Pierre touche un salaire hebdomadaire de 500 dollars, ce qui représente à l'époque plus de trois fois la moyenne d'un travailleur québécois. Mais Pierre décide néanmoins de quitter la vie de hockeyeur professionnel quand on lui offre la stabilité d'un emploi comme policier à Québec. Comme son père, il est venu bien près de réaliser son rêve d'entrer dans la LNH, mais a préféré jouer la carte de la sécurité en rejoignant sa belle Nicole pour fonder une famille. Pour une deuxième génération de Gagné, c'est Close but no cigar, *comme on dit en anglais. Mais Pierre ne regrettera jamais sa décision et le rêve de la famille se réalisera, un échelon plus bas dans l'arbre généalogique.*

* * *

En ce 29 février 1980, même s'il n'a jamais réellement remis en question sa décision d'avoir choisi l'amour et la famille plutôt qu'une possible carrière avec les Flyers, Pierre est convaincu que rien au monde ne peut battre le sentiment qui l'habite. Il est aux côtés de son épouse, Nicole, qui tient dans ses bras le premier enfant du couple, un garçon qui s'appellera Simon. Pas un championnat n'aurait pu procurer à Pierre Gagné autant de fierté et de joie que cette sensation inoubliable d'être avec sa femme et leur nouveau-né.

Dès que son fils est en mesure de marcher et de courir dans la maison, son père décide de lui acheter un équipement de hockey complet. Tel un chevalier qui déambule maladroitement avec une lourde armure, le gamin, âgé d'à peine deux ans, se promène dans le sous-sol avec des patins aux pieds! C'est un jeu agréable pour le petit bonhomme qui, sans le savoir, améliore son équilibre tout en s'amusant.

Quelques mois plus tard, en janvier 1983, le bambin donne ses premiers vrais coups de patins à l'anneau de glace Gaétan-

Trop fort pour son niveau de jeu, Vincent Lecavalier a été obligé de jouer avec et contre des joueurs plus vieux que lui lors des ses premières années dans le hockey mineur.

À 16 ans, il récoltait 103 points en 64 parties avec l'Océanic de Rimouski, des statistiques qui lui ont valu le titre de recrue par excellence au sein de la ligue junior canadienne en 1997.

À la fin des années 1980, Steve Bégin était connu de tous ceux qui gravitaient dans le monde du hockey, à Trois-Rivières. Il possédait un caractère bouillant, mais il marquait aussi des buts à profusion.

Derrière ce sourire angélique se cache un joueur intense et fougueux : Steve Bégin, le capitaine des Estacades de Cap-de-la-Madeleine, de la ligue midget AAA.

Pendant 3 saisons avec les Foreurs de Val-d'Or, Steve a amassé 44 buts et 73 passes en 157 parties.

Roberto dans l'uniforme de Saint-Léonard. N'est-il pas curieux que le hockey mineur de cette petite ville ait pu produire deux des meilleurs gardiens au monde ?

Au printemps de 1999, Roberto aide le Titan d'Acadie-Bathurst a remporter les séries de la LHJMQ. Son père Antonio et son frère Leo partagent ce beau moment avec lui.

Lors de la saison 1994-1995, Roberto brouille les cartes au midget AAA et devient gardien numéro un du Collège français de Montréal-Bourassa.

Dans son enfance, André a aussi joué au soccer, mais c'était pour passer le temps en attendant le retour de la saison de hockey.

Aujourd'hui l'un des bagarreurs les plus respectés de la LNH, André Roy faisait surtout peur aux gardiens à l'époque où il jouait avec les Sélects du Nord, au niveau pee-wee AA.

En 1998, avec les Comets de Fort Wayne, dans la Ligue internationale, alors qu'il avait écopé de 395 minutes de punitions en 65 parties. Malgré tout ce temps passé au cachot, André avait quand même réussi à marquer 15 buts.

Comme bien des partisans des Nordiques de l'époque, le jeune Simon affichait ses couleurs et Michel Goulet était de loin son joueur favori.

Au début des années 1990, Simon Gagné commençait déjà à faire parler de lui dans les journaux de Québec en raison de ses exploits au hockey.

À l'extrême gauche, sur la dernière rangée, on constate que Ian dépassait ses coéquipiers de la catégorie pee-wee d'une bonne tête. Au centre de la deuxième ligne, son inséparable copain Joël Bouchard.

Mars 1989, Ian Laperrière avec quelques coéquipiers des Étoiles de l'Est, lors d'un tournoi à Thetford Mines.

Pour célébrer leurs 35 ans d'existence dans la LNH, les Kings de Los Angeles ont tenu un grand sondage auprès de leurs partisans en 2002 afin de connaître les joueurs les plus populaires de leur histoire. Ian s'est retrouvé parmi les dix premiers aux côtés de Luc Robitaille, Rogatien Vachon, Wayne Gretzky, Marcel Dionne et compagnie.

Francis Bouillon dans l'uniforme des Jeunes Sportifs d'Hochelaga, l'équipe qu'il a fièrement représentée au fil de toutes les étapes de son hockey mineur.

En 1996, Francis célèbre avec sa mère, Murielle, dans le vestiaire des Prédateurs de Granby, quelques instants après leur conquête de la coupe Memorial.

Francis a porté les couleurs du Titan de Laval pendant trois saisons pour ensuite terminer son stage junior à Granby, où il a été le capitaine des Prédateurs.

Déjà tout jeune, Martin préconisait cette technique unique qui lui vaut encore autant de succès aujourd'hui : une jambière sur la glace et l'autre à la verticale.

Atome AA avec l'équipe de Saint-Léonard, Martin pose pour la première fois ce geste de la victoire… qu'il refera trois fois avec les Devils du New Jersey dans la LNH.

Avec le Canadien de Montréal-Bourassa dans la ligue midget AAA.

Boucher de Sainte-Foy. Pour Simon Gagné, c'est le début d'une grande aventure. Comme il aura trois ans dans quelques semaines, Pierre et Nicole ont apporté une petite chaise pour qu'il puisse avancer sans trébucher. Déjà habitué de marcher avec des patins, le gamin saute sur la glace et apprivoise cette nouvelle surface plutôt rapidement. Pendant que ses parents multiplient les encouragements, le petit trouve son point d'équilibre et s'éloigne timidement du couple. C'est un succès ! Simon pousse sa jambe droite, puis fait de même avec la gauche. Il répète le mouvement encore quelques fois et lâche la chaise. Deux autres petits coups de patins et le voilà hors de portée de son support. Simon se retourne vers ses parents et constate qu'il se retrouve maintenant loin de la chaise. Il hausse les épaules, fronce les sourcils et part en patinant comme s'il avait passé des heures et des heures sur la patinoire. Les parents échangent un large sourire et partent aux trousses du petit bonhomme qui s'arrête seulement après deux tours complets de l'anneau olympique, ce qui représente une distance très respectable de 800 mètres. Les autres patineurs sont ébahis de voir aller ce petit bout de chou.

Devant ce succès, Pierre décide de transformer le balcon arrière en patinoire. Après tout, Simon n'a pas besoin d'une grande surface. Quand le petit désire patiner, il suffit de l'habiller chaudement et d'ouvrir la porte-fenêtre qui donne sur le balcon arrière !

Le jeune Gagné s'améliore rapidement, et l'hiver suivant, Pierre aménage une plus grande patinoire dans la cour arrière. Il s'agit d'une bonne décision puisque Simon ne se lasse pas de jouer au hockey à l'extérieur. Comme la plupart des jeunes hockeyeurs de sa génération, Simon commence donc officiellement sa « carrière » à quatre ans et demi, au sein du programme MAHG (méthode d'apprentissage du hockey sur glace), première étape à franchir dans le monde du hockey mineur au Québec. Simon est encore trop jeune pour participer à ces cours, mais comme il se débrouille bien, on lui donne la chance d'intégrer le groupe le plus faible. La semaine suivante, il est promu au sein du groupe intermédiaire et termine le camp avec les plus habiles.

À trois ans, Simon Gagné a la chance de patiner presque chaque jour sur le balcon arrière de la résidence familiale.

— Maman, les monsieurs qui s'occupent de mon groupe nous disent de faire des « C » à l'envers pour patiner de reculons.

— Ben oui, mon homme. C'est possible. On va demander à papa ce qu'il en pense. C'est lui, le joueur de hockey !

— Oui mais, maman, je sais pas comment c'est fait un « C ». Veux-tu me montrer un « C » à l'envers, s'il te plaît ?

Beaucoup plus talentueux que les autres jeunes, Simon a déjà fière allure lorsqu'il patine, vêtu de son chandail des Nordiques. Cependant, il réalise vite qu'autour de lui, plusieurs enfants avancent à pas de tortue en s'agrippant à une chaise pour ne pas trébucher. Après trois hivers d'enseignement et de développement, il est clair que le petit Gagné est prêt à passer à autre chose.

Même s'il devrait, théoriquement, passer une quatrième saison au sein du programme MAHG (puisqu'il avait commencé plus tôt que prévu), il est convenu, de concert avec ses parents, que Simon effectuera tout de suite le saut dans la catégorie novice. Inutile pour lui de continuer à s'amuser sur la glace avec des ballons, des foulards et des cerceaux. Il est suffisamment habile pour jouer et perdrait son temps en ne se joignant pas immédiatement aux plus vieux.

DES DÉBUTS FULGURANTS

Malgré le fait qu'il soit petit et peu costaud pour son âge, le jeune Gagné ne s'en laisse pas imposer. Même s'il concède un an ou deux aux autres joueurs, il démontre vite que ses parents ont pris la bonne décision. À l'issue du camp d'entraînement, Simon se retrouve dans une équipe novice CC, ce qui était, à l'époque, le plus haut calibre dans cette catégorie de jeu. Même s'il n'a que sept ans, il possède un coup de patin supérieur à tous les autres joueurs et un indéniable sens du hockey. Plus jeune joueur de la ligue, il connaît une très bonne saison et son équipe, dirigée par son père, Pierre, ne perd que trois parties. Mais ce n'est rien comparé à la saison suivante, en 1988-1989, alors qu'on commence à parler de lui comme d'un véritable phénomène.

Le spectacle commence dès le camp d'entraînement des Sélects de Sainte-Foy–Sillery. En 15 parties préparatoires, le jeune prodige enfile 44 buts et amasse 22 passes. Les entraîneurs adverses tentent de le freiner, mais rien n'arrête le gamin. Simon vole sur la glace, et à côté de lui, les autres jeunes semblent patiner au ralenti. Ses tirs sont beaucoup plus puissants et ratent rarement la cible. La saison régulière ressemble beaucoup aux matchs préparatoires. Il inscrit 45 buts et obtient 38 mentions d'aide pour 83 points en 24 matchs ! Menés par Simon, les Sélects terminent la saison avec une fiche de 21 victoires, 2 revers et 1 verdict nul. C'est donc sans grande surprise que son équipe remporte le championnat des séries éliminatoires, après avoir auparavant gagné trois tournois. Le jeune Gagné rêve déjà d'une grande carrière dans la Ligue nationale... avec les Nordiques, si possible.

« Je le dirigeais cette année-là aussi et il comptait souvent cinq ou six buts par parties. Je répétais tout le temps la même affaire aux petits gars : "Les gars ! On s'amuse et on marque des buts, mais si l'autre équipe en marque pas, on est certain de gagner." Peut-être qu'aujourd'hui, les parents me critiqueraient, mais au début de l'année, je tenais une réunion et je leur expliquais que même si ce sont des tout petits bonhommes, on peut quand même leur apprendre à jouer au hockey de la bonne façon en priorisant autant l'offensive que la défensive. Je leur disais qu'on allait tous s'amuser, mais en jouant dans les deux sens de la patinoire et en mettant toujours de l'avant le concept d'équipe. Simon marquait trois ou quatre buts, et là, j'allais le voir et je lui disais qu'on devait à tout prix garder notre jeu blanc et que c'était important qu'il se replie en défensive. On a des bouts de films de cette époque que je regarde encore à l'occasion. C'est tout simplement renversant. Simon exécute aujourd'hui avec les Flyers les mêmes feintes qu'il y a 20 ans ! Pour un petit gars de sept ou huit ans, il avait des mains extraordinaires. C'est difficile à croire, mais il y a des feintes qui fonctionnaient dans l'atome, le pee-wee ou le midget et il les exécutait toujours sensiblement de la même manière », raconte son père, Pierre, avec beaucoup d'enthousiasme.

Après avoir cumulé des statistiques aussi incroyables, il est évidemment hors de question que Simon demeure avec sa formation novice une autre saison. Encore une fois, son immense talent va lui permettre de sauter une étape.

C'est donc avec une belle réputation que le petit Gagné arrive au camp de sélection de l'atome AA, à l'automne de 1989. Comme dans toutes les organisations de hockey mineur qui démontrent un peu de sérieux, les parents ne peuvent diriger leur propre enfant dans les rangs élites. Bien malgré lui, Pierre décide donc de prendre sa retraite comme entraîneur. Même si dans les gradins, certains le considèrent comme trop petit, Simon ne prend pas de temps à se distinguer et obtient une place au sein de l'équipe. Il s'agit là d'un réel exploit pour un enfant qui devrait encore jouer au niveau novice. Le jeune garçon se retrouve face à une meilleure opposition et il ne déjoue pas ses rivaux aussi facilement qu'il le faisait, l'année précédente. Ce qui ne l'empêche pas de connaître beaucoup de succès.

L'année suivante, lors de ce qui aurait dû être son année de recrue dans la catégorie atome, il termine en étant le meilleur marqueur de sa formation et le deuxième marqueur du circuit régional, derrière Benoît DuSablon qui lui s'aligne pour l'équipe du Centre-Mauricie. Simon est maintenant habitué de jouer avec et contre des joueurs plus âgés que lui. Afin qu'il puisse poursuivre son développement, ses parents envisagent de lui éviter une dernière année dans l'atome, d'autant plus que les entraîneurs qui le dirigeaient dans cette catégorie viennent de graduer avec la formation pee-wee AA de Sainte-Foy.

Comme toujours, le jeune surdoué connaît un très bon camp d'entraînement. À quelques jours du début de la saison, on lui apprend cependant qu'il devra demeurer dans son équipe atome, car un groupe de parents a fait pression auprès des dirigeants de l'équipe et du hockey mineur de Sainte-Foy.

« Aussi bon soit-il, le jeune Gagné vole la place d'un autre. S'il reste au sein de l'équipe, il empêche un enfant qui est de l'âge de la catégorie pee-wee de poursuivre son développement au niveau AA. Que Gagné aille jouer au niveau atome avec des jeunes de son âge », pensent certains parents jaloux.

Ils craignent probablement que Simon prenne la place de leur fils, sûrement moins talentueux que lui.

« J'ai été déçu à la suite de cet épisode. Moi, je voulais seulement jouer au hockey et je savais que ma place était dans le pee-wee AA. Je trouvais ça dommage, car je jouais avec ces gars-là depuis deux ans et ils étaient tous devenus mes amis. J'ai eu de la difficulté à comprendre pourquoi ma sélection dans l'équipe avait dégénéré en "chicane de parents". »

Après cette polémique, même les entraîneurs du pee-wee BB refusent de prendre Simon dans leur groupe, et finalement, on décide que Gagné disputera une troisième saison dans l'atome AA. Cependant, le garçon s'avère tout simplement trop fort pour la ligue. Sur la glace, Simon fait ce qu'il veut avec la rondelle. Le jeune phénomène de 11 ans contrôle le jeu à sa guise dès qu'il saute sur la patinoire et amasse des points à profusion. Il termine la saison régulière avec 57 buts et 48 passes pour 105 points en 28 parties ! Cette récolte ahurissante lui permet de battre par quatre points le record de l'époque au sein de la ligue de développement atome AA du secteur. Dans une ville où le hockey occupe une place aussi importante, les exploits du petit Gagné ne passent pas inaperçus. Sa mère, Nicole, commence à collectionner les articles de journaux qui parlent de son garçon. Elle était loin de s'imaginer la quantité colossale d'articles qu'elle aurait à récupérer au fil des ans !

Lors de cette saison 1991-1992, Simon aurait pu rendre de précieux services aux plus vieux. Pendant qu'il s'amusait à établir de nouvelles marques individuelles au niveau atome, l'offensive faisait défaut au sein du pee-wee AA de Sainte-Foy, où le meilleur marqueur n'a amassé que 30 points.

Mais revenons à Simon. Menée par son jeune prodige, l'équipe de Sainte-Foy connaît une saison de rêve qui atteindra son apogée lors du championnat provincial, qui se déroule à Saint-Ambroise, près de Chicoutimi. Dès le début de la compétition, on parle abondamment de trois jeunes surdoués qui participent à l'événement. Avant même d'avoir disputé un premier match, Simon sait que les réflecteurs seront tournés vers lui. Installé dans la file au restaurant de l'aréna, le garçon de douze ans entend des adultes prononcer son nom. Les gens se déplacent pour voir jouer Simon Gagné, de Sainte-Foy, Vincent Lecavalier, de Pointe-Claire et Mike Ribeiro, de Montréal. Dans les gradins, les conversations tournent autour de ces trois jeunes merveilles du hockey et chacun émet son opinion à savoir lequel de ces joueurs se montrera le plus dominant, le plus complet ou le plus spectaculaire. Malgré la pression, les trois jeunes hommes donnent tout un spectacle et la finale oppose l'équipe de Simon à celle de Vincent.

« On perdait quatre à deux après la deuxième période, se souvient Nicole en riant. Nos petits gars étaient revenus de l'arrière pour gagner cinq à quatre. Simon avait joué tout un match. Il avait réussi deux buts et une passe. »

« Ce sont des souvenirs qui datent d'il y a longtemps, mais on n'oubliera jamais ça, continue Pierre. Aujourd'hui, je suis devenu

En 1992, Simon et ses coéquipiers des Gouverneurs de Sainte-Foy remportent le championnat provincial atome AA. On retrouve Simon, le capitaine, au centre de la première rangée. Le dernier à droite, au deuxième rang, est son père, Pierre, le gérant de l'équipe. Au centre de la troisième rangée se trouve Éric Chouinard, que le Canadien de Montréal préférera à Simon lors du repêchage de 1998.

ami avec Yvon Lecavalier, le père de Vincent, et je lui en reparle à l'occasion. Je me souviens tellement de ce match. C'est Simon qui avait fait la différence parce qu'il jouait au centre de deux trios alors que Vincent jouait seulement à son tour régulier! À chaque fois que je reviens là-dessus, Yvon me répète qu'il aurait "coaché" ça différemment, mais comme moi, il était dans les gradins!»

Au printemps de 1992, Simon et ses parents décident de prolonger la saison de hockey au-delà du calendrier régulier mis en place par la Fédération québécoise. C'est l'époque où les ligues de hockey d'été voient le jour. Pour séduire les jeunes et les parents, on nomme ce hockey estival «hockey AAA». Aujourd'hui, n'importe qui peut aspirer à jouer dans un de ces circuits où le portefeuille des parents semble parfois le principal critère de sélection des joueurs. Mais à l'origine, seuls les meilleurs joueurs de la province pouvaient se tailler une place au sein de ces équipes d'étoiles qui participaient à quelques tournois relevés.

Simon est donc recruté au sein de la formation Chaudière-Appalaches, qui regroupe la plupart des meilleurs joueurs de la grande région de Québec et même d'ailleurs, tous nés en 1980. En plus de Simon, cette équipe compte aussi des joueurs qui feront parler d'eux plus tard comme Mike Ribeiro (deuxième ronde, Montréal, 1998), Jonathan Girard (deuxième ronde, Boston, 1998), Simon Laliberté, Philippe Sauvé (deuxième ronde, Colorado, 1998), Alex Tanguay (première ronde, Colorado, 1998), François Beauchemin (troisième ronde, Montréal, 1998) et Éric Chouinard (première ronde, Montréal, 1998). Cette formation bourrée de jeunes vedettes ne perd aucun match et remporte facilement un tournoi international à Détroit, puis un autre à Toronto. De tels voyages forment la jeunesse, mais amaigrissent aussi les comptes en banque des parents. Cet été-là, Pierre et Nicole se voient ainsi forcés de contracter un petit prêt pour que fiston participe à l'aventure.

« Ça avait brassé pas mal lors de la finale à Toronto, dit Pierre, qui était alors le gérant de l'équipe. En Ontario, les petits gars sont habitués de frapper et de "jouer contact". On jouait contre une équipe locale et leur seul objectif était apparemment de blesser nos joueurs. Après la première période, j'ai pris Michel (le père de François Beauchemin), qui est assez costaud lui aussi, et on est allés voir l'entraîneur de l'autre équipe. J'ai pratiqué mon anglais et lui ai dit: *"Hey... I'm here."* Je n'ai pas eu besoin de beaucoup de mots pour qu'il comprenne que ça commençait à faire. On a gagné le tournoi ! »

« Ça fait partie de mes plus beaux souvenirs du hockey mineur, continue Simon. On partait en tournoi et on couchait tous à l'hôtel. Les jeunes s'amusaient ensemble et les parents s'entendaient tous aussi très bien. Chaque été, on faisait un gros *party* après nos tournois et le groupe est demeuré le même jusqu'au niveau bantam. J'ai développé de belles amitiés grâce au hockey AAA et j'étais toujours très content quand je revoyais les autres gars l'hiver dans certains tournois.

« Mon père avait pris l'équipe en main à partir de la deuxième année. Je me souviens qu'il a essayé de recruter Vincent Lecavalier pour jouer avec nous, mais son père ne voulait rien savoir de ce qu'il appelait "la clique Turcotte". Vincent jouait aussi AAA l'été, mais avec les Anglais du West Island ! Je sais qu'aujourd'hui, certains jeunes et leurs parents prennent le hockey AAA très au sérieux, mais pour nous, le but, c'était surtout de s'amuser en faisant des tournois loin de la maison ! L'été, il faut relaxer et avoir du plaisir. C'est une des raisons pourquoi je n'ai jamais participé à des écoles de hockey ou des camps de perfectionnement quand j'étais jeune. Pendant les mois d'été, je jouais au soccer. J'ai pratiqué ce sport de l'âge de 8 ans jusqu'à 12 ans. »

TOURNOI PEE-WEE DE QUÉBEC

Fort de cette expérience enrichissante et de ses très bonnes saisons au niveau atome, Simon s'amène dans la catégorie pee-wee avec beaucoup de confiance. Cette fois, il n'y a pas de discorde et il sera un rouage important de son équipe pour les deux prochaines saisons. La première année pee-wee se déroule bien, même s'il ne remplit pas le filet à toutes les joutes.

Simon chausse les patins presque chaque jour. Beau temps, mauvais temps, ceux qui le cherchent savent qu'ils trouveront Simon à la patinoire municipale où il se précipite dès qu'il en a l'occasion.

« L'hiver, les journées où je n'avais pas le goût de mettre mes patins, j'allais quand même jouer au hockey en bottes. Je passais tout mon temps libre sur la patinoire, dans la cour arrière, et ma mère devait presque me rentrer de force dans la maison, se souvient l'attaquant vedette des Flyers. J'allais parfois à la patinoire du parc avec mes amis, mais je préférais vraiment jouer tout seul chez moi. Je me faisais des scénarios dans ma tête. Mon idole, c'était Michel Goulet, car je l'avais déjà croisé par hasard chez un concessionnaire automobile. Plus tard, Joe Sakic a été mon joueur préféré. L'été, je jouais au hockey chaque jour dans la rue et dans une ligue organisée de "deck-hockey". Je manipulais un bâton de hockey 365 jours par année ! »

Simon vit une expérience extraordinaire en février 1993 quand son équipe participe au prestigieux tournoi pee-wee de Québec. L'aventure ne dure qu'un match. L'équipe de Simon baisse pavillon face aux Sélects du Nord guidés par Jonathan Girard, un ancien coéquipier atome de Gagné. Ils se retrouvent pour la première fois depuis que le père de Jonathan a été contraint de déménager à Saint-Jérôme pour des raisons professionnelles. Les deux copains se croiseront régulièrement par la suite. En 1998, Girard sera choisi par les Bruins de Boston lors de la deuxième ronde du repêchage de la LNH et, n'eût été d'un accident d'automobile, il aurait lui aussi connu une très belle carrière professionnelle.

Mais revenons au niveau pee-wee. Simon recommence à donner des maux de tête aux gardiens adverses pendant la saison 1993-1994. Lors de sa deuxième année au sein du pee-wee AA, il conclut à nouveau le calendrier régulier parmi les meilleurs marqueurs de la ligue.

Simon prend part au tournoi pee-wee de Québec pour une deuxième année de suite. Ses prestations font moins jaser que dans la catégorie atome, mais il demeure tout de même un des joueurs à surveiller. Les vedettes, cette année-là, se nomment Mike Ribeiro et Simon Laliberté. En 1994, on comparait ce dernier à Wayne Gretzky, rien de moins ! Ribeiro, un petit attaquant d'origine portugaise, faisait parler de lui en raison de ses feintes électrisantes et de son habileté peu commune à manier la rondelle. Un jeune Torontois nommé Steve Nash attire aussi l'attention à Québec en 1994.

Comme l'année précédente, la formation de Sainte-Foy s'incline lors de la première partie. Relégués dans la classe « consolation », Simon et ses coéquipiers gagnent tous les matchs suivants et se retrouvent en finale face à l'équipe de Mississauga, en Ontario. Les jeunes Québécois remportent les honneurs de cette ultime partie, et cette victoire demeure l'un des bons souvenirs d'enfance de Simon.

À sa dernière saison pee-wee, Simon aide les Gouverneurs de Sainte-Foy à remporter le tournoi international de Québec dans la classe « consolation ».

UN *COACH* DANS LES GRADINS

Malgré sa vaste expérience dans le monde du hockey professionnel, Pierre Gagné préfère ne pas s'engager comme entraîneur au sein des différentes équipes pour lesquelles son fils se prépare à faire son entrée. Mais il demeure un observateur attentif de la carrière de Simon. À chaque match, il se réfugie seul dans un coin de l'aréna pour épier et analyser les performances de son rejeton. Quand Simon saute sur la glace, Pierre ne veut pas être dérangé. Il observe et note mentalement les prises de décision, l'exécution, l'engagement et le jeu d'ensemble de Simon. Quand fiston dispute un bon match, Pierre aime lui rappeler ses bons coups et les conséquences positives de ses gestes. Quand les choses vont moins bien, le propos tourne plus souvent qu'autrement autour du manque d'intensité.

« Mon père n'était pas en arrière du banc, mais c'est pas mal lui qui me "coachait" ! Je le trouvais toujours assis seul dans son coin et je savais qu'il me regardait attentivement. Il savait que j'avais du potentiel et il voulait que je réussisse le mieux possible. Honnêtement, je dois avouer qu'il y a des moments où j'ai trouvé ça difficile. Je le considérerais comme sévère à mon endroit. J'étais jeune, mais en quittant le vestiaire, je savais déjà intérieurement de quoi il allait me parler en rentrant à la maison. Je n'avais pas toujours hâte d'arriver chez nous. Je le comprends, par contre. Il avait raté sa chance et il voyait que j'avais beaucoup d'habileté pour réussir. Je l'écoutais, car ses conseils étaient pleins de logique et ses trucs fonctionnaient. Et il se révélait vraiment talentueux ! Il me montrait son *scrapbook* et j'allais le voir jouer dans sa ligue de garage. Il faisait évidemment des jeux que j'étais incapable d'exécuter et ça m'impressionnait ! Il me parlait beaucoup, mais je n'ai jamais ressenti de pression. C'était réellement mon rêve de progresser et de jouer dans la LNH. Je n'ai jamais senti que je faisais ça pour lui faire plaisir », de confier Simon.

Pierre aimait beaucoup aller manger avec Simon après les matchs, puis revenir sur sa performance et celle de l'équipe en général. Il possédait un bagage de connaissances et voulait en faire profiter son petit homme. Il aimait aussi se rendre à la patinoire, enfiler un équipement de gardien et arrêter les rondelles que son fils lançait.

« On avait du *fun* quand je m'habillais en gardien. Je lui ai montré comment faire des passes soulevées du revers, car j'étais bon pour faire ça dans mon temps ! Je lui enseignais tout le temps des petits trucs comme ça. Et ça n'a pas changé, car je lui donne encore des conseils ! Il y a pas si longtemps, je l'ai vu se faire frapper près de la rampe et il avait le dos au jeu. Je lui ai téléphoné pour lui dire de ne pas se placer comme ça. "Là, tu vas arrêter de tourner comme ça quand tu vas dans le coin. J'ai joué sans casque pis j'étais un *tough* et je ne tournais pas le dos au jeu parce que je savais que je me ferais frapper." Je lui ai aussi dit de faire attention quand ils vont jouer à Montréal parce que Komisarek va l'"essayer", c'est sûr ! Il frappe dur et il vise les vedettes... avec la hanche et avec les coudes aussi », d'expliquer Pierre avec sa grosse voix.

Mais revenons à notre histoire. Si Pierre aime conseiller et diriger son garçon, il se garde bien de s'ingérer dans la régie interne des équipes pour lesquelles ce dernier joue. Ses interventions se limitent habituellement à l'aspect individuel du jeu. Il met surtout l'accent sur la défensive. Il ne veut pas que Simon devienne un joueur strictement offensif ou un coéquipier égoïste qui ne pense qu'à gonfler ses statistiques personnelles.

« Même si j'étais jeune, il savait que je ne voulais pas le voir près du vestiaire ! Je ne voulais pas avoir un père qui vient se mêler des affaires des entraîneurs. Pas une seule fois il est allé voir un *coach* pour lui parler de moi, de sa façon de travailler ou de sa philosophie. Il savait que si l'entraîneur me demandait de faire le contraire de ce que lui me disait, j'allais de toute façon écouter mon entraîneur avant lui. »

Grâce à un bon encadrement et à son talent exceptionnel, la carrière de Simon se déroule à merveille. Le petit chevalier malhabile qui marchait dans le sous-sol familial a maintenant des allures de héros triomphant dans un conte de fées. Mais comme dans chaque récit qui se respecte, le conquérant doit surmonter quelques embûches pour que l'aventure soit intéressante. Et Simon aura à affronter ses premiers obstacles lors de son passage dans le bantam.

TROP PETIT POUR LE BANTAM AA

Depuis ses débuts dans le hockey, Simon a été un des plus petits du groupe à chaque saison. Cela ne l'a pourtant jamais empêché d'être un joueur dominant. Il ne se pose jamais de questions lorsqu'il se bute à plus gros ou plus fort que lui. Une feinte magistrale suffit à déculotter son rival. Deux coups de patins et son opposant se retrouve loin derrière. Tout lui vient naturellement. Mais à l'automne de 1994, il ne sait pas ce qui l'attend.

« Je n'étais pas grand, et en plus, je n'étais pas costaud. J'avais commencé à changer un peu lors de ma dernière année pee-wee, mais pas autant que les autres. Je savais que ça me désavantagerait en arrivant au niveau bantam, où il y a des mises en échec. Je savais aussi ce que les gens pensaient de moi. Il y en a plusieurs qui étaient persuadés que j'allais avoir beaucoup de difficulté à me distinguer à partir de ce moment. Mais j'étais convaincu que je pouvais tenir mon bout et bien me débrouiller malgré la robustesse du jeu. »

En août 1994, Simon sait qu'il débutera le camp d'entraînement avec une prise à sa fiche. Si les ragots d'aréna se rendent à ses oreilles, il en déduit évidemment que les entraîneurs ont entendu les mêmes choses que lui. Il n'y a pas d'autre solution. S'il veut rester avec l'équipe, il doit connaître un camp du tonnerre. Gagné donne tout ce qu'il a, mais ne peut éviter le couperet. Ses bonnes performances lui valent de demeurer longtemps avec le club, mais à la toute fin, il est quand même rétrogradé au niveau BB.

— Écoute, Simon, tu as connu un très bon camp d'entraînement, mais c'est ta première année bantam, et avec le « contact », je pense qu'il serait mieux pour toi que tu ailles dans le BB. Tu as toutes les qualités qu'il faut pour jouer avec nous dans le AA, mais tu n'es pas assez gros, lui lance en toute honnêteté l'entraîneur, Alain Tousignant.

Simon avait envisagé un tel scénario. Mais il croyait bien que l'excellent camp d'entraînement qu'il avait connu convaincrait les entraîneurs de le garder. Malgré son indéniable talent, les *coachs* ne veulent pas de lui. Il vit ce genre de situation pour la première fois. En plus de la déception de ne pas avoir été retenu, il perd un groupe d'amis avec qui il jouait depuis quelques années déjà.

« J'étais vraiment déçu, car pendant le camp d'entraînement, je pensais avoir prouvé que je pouvais jouer dans le AA. Je me souviens que mon renvoi avait surpris bien du monde. Et mon père était fâché ! »

Au bout du compte, Simon est probablement celui qui se trouve le moins affecté par la mauvaise nouvelle qui frappe la famille Gagné. Au sein de l'équipe BB, il rejoint un autre groupe d'amis tout aussi important dans sa vie d'adolescent. Pour la première fois depuis son étape de novice, il passe son hiver en compagnie de ses amis d'enfance. Il retrouve ceux avec qui il jouait le soir en revenant de l'école et avec qui il passait ses journées d'été avant que le hockey vienne prendre toute la place dans sa vie. La pilule n'est donc pas si difficile à avaler. Mais pendant ce temps, les cancans vont bon train dans les corridors des arénas. Bien des gérants d'estrades ne comprennent pas pourquoi le jeune Gagné n'a pas été choisi. Alors que le bantam AA perd ses parties hors concours, Simon fait des flammèches dans le BB. Il n'y a pas que les parents qui se posent des questions. Plus les jours passent, plus les entraîneurs du bantam AA se demandent s'ils n'auraient pas dû garder Simon au sein de la formation.

Deux semaines après le renvoi du jeune joueur au niveau BB, le téléphone sonne chez les Gagné.

— Salut, Pierre. C'est Alain Tousignant. Écoute, je pense que je me suis trompé. Crois-tu que ton gars accepterait de venir jouer avec nous ?

— Ah ben ça, ça dépend de lui. Mais d'après moi, il va dire « oui ».

— O.K. ! Parlez-en ensemble et je vais passer voir Simon demain.

— C'est beau. On va t'attendre.

Comme prévu, le lendemain, Tousignant vient cogner à la porte. Autant Pierre avait ragé lorsque Simon avait été retranché, autant un grand sentiment de fierté l'envahit cette fois. Dans son esprit, il a toujours été clair que l'entraîneur avait pris une mauvaise décision et que son fils en avait fait les frais. Mais il semble qu'Alain Tousignant soit prêt à admettre son erreur et à la réparer.

— Peut-on s'asseoir deux petites minutes, Pierre ?

— Oui, bien sûr... entre. Simon est dans le sous-sol en train de jouer au hockey. Simon, monte dans la cuisine, Alain est arrivé.

Simon rejoint le groupe en courant et a une bonne idée de ce qui se trame. La veille, après le coup fil de l'entraîneur, son père lui a tout expliqué et il a pu mûrir sa décision pendant la nuit. Il espère que la phrase tombera comme prévu : « Veux-tu venir jouer avec nous ? » Comme si cette question pouvait être matière à réflexion... Mais dans le scénario qu'il a élaboré et répété dans sa tête, il ne dira pas « oui » immédiatement.

Comme lors de son renvoi, la conversation est brève mais franche.

— Simon, je suis ici pour te demander de nous excuser. J'ai commis une erreur en ne te sélectionnant pas dans notre équipe et j'aimerais ça que tu acceptes de venir jouer pour nous. Qu'en penses-tu, mon *chum* ?

— Ça dépend. Si je dis « oui », est-ce que je vais jouer régulièrement ou est-ce que je vais me faire « bencher » ? Parce que si je ne joue pas régulièrement, je vais rester avec mes amis dans le BB.

— Si tu viens, tu vas jouer comme tout le monde. Tu vas avoir ton tour normal, plus l'avantage numérique.

— Bon, c'est parfait. Merci beaucoup.

Tout s'est déroulé comme Simon l'avait imaginé. Pierre est heureux de voir que son fils a, de sa propre initiative, posé ses conditions avant d'accepter.

Ce soir-là, en se pointant chez les Gagné, Tousignant savait bien quelle serait la réponse de Simon et de ses parents. Il n'avait toutefois aucune idée de l'impact qu'aurait sa démarche. Déterminé à prouver que son renvoi a été une grave erreur, Simon se défonce à chaque match. Même si tout se passe bien pour lui, il demeure sur le qui-vive et continue à travailler fort pour éviter de subir à nouveau l'humiliation d'un renvoi. Arrivé à la période des fêtes, il n'y a plus aucun doute : Simon est le meilleur joueur de l'équipe.

« Les entraîneurs n'ont jamais regretté leur décision de me reprendre. Chaque fois que je les rencontre, ils viennent tout de suite me voir pour s'excuser de m'avoir retranché même si ça fait 15 ans que c'est arrivé ! »

En revenant sur sa décision, Tousignant a fait sans le savoir un geste significatif dans le développement d'un jeune homme qui brille aujourd'hui dans le firmament de la LNH. Malgré son immense talent, Simon n'a toutefois pas été indigné quand on l'a invité à rejoindre le bantam BB. Il voyait que l'hiver serait quand même très agréable avec ses amis d'enfance. Ils avaient déjà commencé à planifier leur hiver et plusieurs *partys* se pointaient à l'horizon.

« Honnêtement, j'aurais peut-être pris un autre chemin si j'avais passé l'hiver avec mes amis du BB et avec les gars de l'école. Mon père était policier et je pense qu'il n'était pas chaud à l'idée de me voir aller avec ce groupe de gars dans le BB. C'est l'âge des premières expériences et mes *chums* étaient pas mal de *party* ! Déjà pendant les matchs hors concours je sentais qu'on s'enlignait pour avoir pas mal de *fun*… mais pas nécessairement sur la patinoire ! » de confesser Simon avec franchise.

Cet hiver-là, Gagné célèbre son 15e anniversaire de naissance. Même s'il ne joue pas au hockey avec eux, il n'a pas coupé les ponts avec ses bons copains du BB. Il se retrouve sur les listes d'invitation pour les *partys* organisés à droite et à gauche. Quand des parents délaissent leur maison pour une soirée ou pour un week-end, une rencontre s'organise et les jeunes en profitent pour faire la fête. Simon aime bien ces rendez-vous où, avec ses amis, il peut ingurgiter quelques bières et draguer des filles.

« Mon père avait entendu dire que je participais à des petits *partys* comme ça, de temps en temps. J'ai réussi à lui en passer une vite la première fois qu'il a abordé le sujet. Je lui ai dit que j'étais allé une fois ou deux et que ça ne m'avait pas vraiment intéressé. Il m'a cru. Je pensais bien que l'histoire était finie, mais il avait beaucoup d'amis et pas seulement dans la police ! Finalement, il a appris que je faisais assez souvent le *party*. »

— Je te donne le choix, Simon, lance alors Pierre sur un ton autoritaire. Tes *chums* aiment ça, le bantam BB. Ils ont du *fun*. Pas de trouble avec ça. Toi aussi, t'es au secondaire pis tu peux faire le *party* avec eux si ça te tente. T'es assez vieux pour décider de ce que tu veux faire de ta vie. Mais il faut que tu choisisses. Tu peux pas faire les deux. Tu fais le *party* dans le bantam BB ou tu arrêtes ça et tu prends le AA plus au sérieux. Écoute, t'as un talent exceptionnel. Bon comme ça, ça se peut pas, Simon. Si tu y mets du sérieux, il y a pas de limite à ce que tu peux accomplir, mon homme !

Meilleur pointeur de son équipe même s'il en est à sa première année au niveau bantam, Simon reçoit une invitation pour le camp de sélection des Gouverneurs de Sainte-Foy, du circuit midget AAA. Afin d'être fin prêt, il commence à s'entraîner au gymnase pour la première fois de sa vie.

« Les gars du bantam AA, on allait s'entraîner au gymnase de l'hôtel *Québec Inn*. Comme j'étais le plus petit du groupe, je mettais l'accent sur les exercices de musculation plutôt que sur l'entraînement cardio-vasculaire. Nous n'étions pas du tout supervisés et on faisait ce qu'on croyait être le mieux pour nous. Je levais des poids et j'essayais de développer le haut de mon corps. Je travaillais fort, mais j'étais aussi très motivé en pensant qu'après tant d'efforts, j'allais pouvoir passer du temps dans le sauna et dans la piscine de l'hôtel ! »

Encore une fois, il redoute d'entendre la même rengaine et qu'on lui indique la porte de sortie en raison de sa frêle stature. Il sait que son gabarit joue contre lui, mais ne veut pas donner la chance aux entraîneurs d'utiliser ce prétexte pour le retrancher, comme ce fut le cas l'automne précédent. Tout ce qu'il souhaite, c'est de pouvoir leur montrer de quel bois il se chauffe. Malheureusement, cette occasion ne se présente pas. Pas assez imposant physiquement, Simon n'est pas choisi pour la sélection finale. Pire encore, l'entraîneur-chef, Jeannot Gilbert, le retranche après un match où il venait de récolter un but et une passe. Lui qui a toujours rêvé de jouer dans la LNH, il commence à croire ce qu'on véhicule à son sujet. Pour la première fois, Simon se demande s'il aura la possibilité d'aller au bout de ses ambitions. Et si tout le monde avait raison ? S'il était vraiment trop petit pour tirer son épingle du jeu ?

« Cette fois-là, ça m'avait vraiment fâché. Bien plus que l'année d'avant. Surtout qu'ils avaient gardé certains de mes amis qui étaient moins bons que moi. La seule chose que l'entraîneur me reprochait, c'était que je n'étais pas assez gros. Ça m'avait fouetté. Je suis retourné jouer dans le bantam AA pour une deuxième année. Les gens disaient que j'étais trop petit et je me suis mis dans la tête de leur montrer que ce n'était pas une bonne raison pour m'avoir mis de côté comme ça. »

Le lendemain de la sélection finale, Simon ne comprend toujours pas pourquoi on l'a ainsi écarté. Le même sentiment habite son père, et pour ajouter à l'insulte, il doit passer une journée entière en compagnie des gens de l'organisation des Gouverneurs de Sainte-Foy, lors de leur tournoi de golf annuel. Pendant le souper, il croise Raymond Bolduc, le directeur général des Harfangs de Beauport de la LHJMQ et lui apprend que son fils a été retranché la veille.

Assis avec des partenaires d'affaires, Bolduc est sidéré. Comment Jeannot Gilbert a-t-il pu lever le nez sur le meilleur joueur de la région ?

— C'est pas grave, Raymond. Toi, tu le connais depuis longtemps et je sais que tu vas le repêcher quand même l'an prochain.

Mais Simon ne se laisse pas décourager par cet autre échec et joue avec la rage au cœur. Son orgueil en a pris un coup. Il met le paquet chaque fois qu'il saute sur la glace. Malgré sa petite stature, il frappe et adopte un style de jeu plus agressif, plus physique, ce qui ne l'empêche pas de marquer des buts et de s'emparer du premier rang des marqueurs de la ligue dès le premier week-end d'activités. Pendant ce temps, les Gouverneurs perdent des joueurs au combat. La saison de l'équipe du bantam AA n'est vieille que de neuf parties alors qu'on demande à Simon, qui a déjà accumulé 13 points, de venir remplacer un joueur blessé au niveau midget. Voilà la chance que Gagné attendait depuis le premier jour du camp d'entraînement.

À son arrivée, Jeannot Gilbert veut le rencontrer. La dernière visite au bureau de l'entraîneur s'était plutôt mal déroulée et Simon se demande ce qui l'attend cette fois. Satisfait de ce qu'il a vu au camp d'entraînement et lors des matchs disputés par l'équipe bantam AA, Gilbert a changé son fusil d'épaule.

— Simon, t'es peut-être pas le plus gros, mais j'ai aimé la façon dont tu as joué et tu as travaillé fort pendant nos entraînements. J'ai quelque chose à te proposer. Tu vas passer les deux prochaines semaines avec nous. Tu vas participer à nos entraînements et on va te faire jouer nos quatre parties. On va prendre une décision par la suite. D'après ce que j'ai vu, je crois que tu devrais te débrouiller dans le midget AAA malgré ta petite stature. Mais je veux voir comment ça va marcher et comment tu te sens là-dedans. C'est pourquoi je te donne un essai de deux semaines, et ensuite, tu pourras prendre une décision éclairée : rester avec les Gouverneurs ou retourner dans ton équipe bantam AA.

Voilà une invitation que Simon accepte d'emblée. Si les trois premières joutes se déroulent relativement bien, c'est lors de la quatrième partie qu'il sort de sa coquille. Il marque deux buts dont celui de la victoire, en fin de troisième période, lors d'un match contre les Estacades, à Cap-de-la-Madeleine. Dans le *Journal de Québec*, Rober Jutras écrit ceci en faisant référence à la performance de Simon :

> *Cette période probatoire arrivait à terme hier, après la victoire, par 5-3, des Gouverneurs sur les Estacades de Cap-de-la-Madeleine et de deux buts par Gagné, le deuxième marqué grâce à une feinte à faire fondre le défenseur rival.*

Plus loin dans l'article, le héros du match laisse entendre que sa décision est mûrie :

> *J'étais très nerveux la semaine passée et j'avais un peu de difficulté à m'adapter. Tout va si vite et ça frappe plus fort ici. Mais j'ai fini par prendre le rythme. Je pense être prêt à faire le saut dans le midget. Si ce n'était que de moi, je resterais, mais je ne suis pas seul à décider. Je ne veux pas me faire d'idées avant d'avoir parlé avec Jeannot.*

Simon n'est jamais retourné jouer comme bantam. De leur côté, Pierre et Nicole Gagné n'ont d'autre choix que de réhypothéquer leur maison pour payer les frais rattachés à la pratique du hockey de leur fils à ce niveau.

Le jeune homme termine sa première saison de joueur midget avec 13 buts et 9 mentions d'aide en 27 rencontres. Le petit attaquant gagne en confiance et devient un rouage important au sein des Gouverneurs. S'il reste quelques sceptiques dans les gradins, Simon se charge de les faire taire au printemps. Il connaît des séries éliminatoires remarquables. Sa fiche de 7 buts et 8 passes en 15 parties fait de lui un choix logique pour le titre de joueur par excellence des séries, alors que les Gouverneurs de Sainte-Foy remportent le championnat de fin de saison du circuit midget AAA.

Ce titre vaut aux Gouverneurs une invitation pour le tournoi de la coupe Air Canada, alors emblème de la suprématie du hockey midget au Canada. Simon et ses coéquipiers s'envolent donc vers Kamloops, en Colombie-Britannique. Les représentants du Québec enlèvent les honneurs de la finale et Gagné est nommé joueur du match. Pas si mal pour un garçon qui n'avait pas sa place au sein de l'équipe en début de saison !

REPÊCHÉ EN PREMIÈRE RONDE PAR BEAUPORT

Le repêchage de 1996 est exceptionnel pour la LHJMQ. Lors de la première publication de la liste des espoirs, le nom de Simon ne vient qu'en huitième ronde. Ses exploits pendant la saison avec les Gouverneurs font de lui un des joueurs les plus convoités de l'encan junior. Mais, encore une fois, sa stature délicate en fait hésiter plusieurs. S'il perce les rangs de la formation junior qui le repêchera, il se retrouvera face à des mastodontes de 19 ou 20 ans. À ce moment, l'adolescent de 16 ans mesure 5 pieds et 10 pouces, mais il ne pèse environ que 140 livres !

Raymond Bolduc, le directeur général des Harfangs, connaît bien Simon pour l'avoir vu évoluer au fil des ans depuis le niveau atome. Dans son esprit, il est clair que le jeune Gagné sera son choix et il n'a aucune difficulté à convaincre son dépisteur en chef, Denis Héon.

— Écoute, Denis, je l'ai eu dans la face pendant toute sa carrière au hockey mineur et c'est un joueur exceptionnel. Je vois pas comment on peut choisir quelqu'un d'autre. C'est certain qu'il y a Vincent Lecavalier, mais il faut oublier ça tout de suite. Il sera jamais disponible au dixième rang. Même s'il a annoncé qu'il irait jouer aux États-Unis, je suis certain que quelqu'un va quand même miser sur lui et le repêcher avant nous.

Les dirigeants et les dépisteurs des autres formations n'avaient pratiquement jamais eu l'occasion de voir Simon Gagné à l'œuvre avant son arrivée chez les Gouverneurs. Bolduc sait qu'il a toujours été en mesure de se distinguer malgré l'adversité et les livres concédées à ses rivaux. Alain Vigneault, l'entraîneur-chef des Harfangs, le trouve cependant plutôt frêle et préférerait voir la direction opter pour un joueur plus imposant. Mais le patron tient son bout.

— Moi aussi, Alain, je donne habituellement priorité aux gros bonhommes. Mais casse-toi pas la tête avec Gagné. Il a des habiletés extraordinaires, ce petit gars-là.

— Mais sérieusement, Raymond, il a beau être bon, il pèse 140 livres, ton gars.

— Oui, mais c'est pas grave, il va prendre du muscle, c'est certain. Regarde le père. C'est un costaud. Il mesure plus de 6 pieds et il doit peser environ 230 livres. C'est certain que le fils va grossir et grandir éventuellement.

Les Harfangs de Beauport réclament donc Simon Gagné en première ronde, ce qui fait de lui le dixième joueur repêché en 1996.

« J'étais classé en première ronde, mais je me posais quand même des questions en raison de ce qu'on disait à propos de mon petit gabarit. Lorsque les Harfangs ont annoncé qu'ils me sélectionnaient, j'étais fier. J'avais enfin le sentiment d'être désiré. Quelqu'un me donnait ma chance. C'était comme si j'étais entré par la grande porte pour la première fois de ma carrière. Sauf qu'en montant sur la scène, mon regard a croisé celui de l'entraîneur-chef, Alain Vigneault. Dans ses yeux, je pouvais clairement lire ses pensées et en me regardant, il se disait: "Ouais, il est vraiment petit." »

Simon sait que Vigneault a toujours aimé les gros bonhommes au style robuste, ce qui ne correspond pas du tout à son profil. Quelques jours après la séance de repêchage, il entame un programme de mise en forme et de musculation avec le responsable du conditionnement physique des Harfangs. Le choix de première ronde prend du poids pendant l'été, mais pas autant qu'il l'aurait souhaité ou, à tout le moins, pas autant que Vigneault l'aurait voulu. Mais comme toujours, le jeune Gagné attire l'attention dès le premier jour du camp d'entraînement.

« Ça fait déjà 12 ans, mais je me souviens encore de la première pratique où Simon a sauté sur la glace. Après l'entraînement, je suis allé voir Raymond Bolduc et je lui ai dit : “Raymond, ce joueur-là c'est un 10 sur 10 au point de vue coup de patin, mais c'est aussi un 10 sur 10 au point de vue habiletés” », raconte celui qui dirigeait les Harfangs à l'époque.

En dépit du fait qu'il a été choisi en première ronde par les Harfangs, Simon n'est pas au bout de ses peines. La perception qu'il a eu en montant sur le podium le jour du repêchage n'était pas fausse. Alain Vigneault le trouve très petit. L'entraîneur décide néanmoins de garder le poids plume de 16 ans dans sa formation au début de la saison. Il lui fera toutefois vivre un véritable cauchemar au cours des mois à venir.

Sa première année junior est très ardue. Au cours d'un match, alors qu'il est en pleine accélération en zone centrale, Simon est frappé le long de la rampe et percute violemment la tige qui retient le coin de la baie vitrée. Résultat : fracture de la clavicule gauche.

« On m'a opéré et on m'a inséré des vis dans l'épaule. J'ai été à l'écart du jeu pendant deux mois et demi. Et en dehors de l'infirmerie, ce n'était pas vraiment mieux. Alain Vigneault était souvent sur mon dos et je trouvais la situation difficile. Aujourd'hui, quand j'y pense, je dois avouer que je ne serais peut-être pas là où je suis actuellement sans lui. À l'époque, son attitude envers moi m'affectait beaucoup, mais ça m'a obligé à me surpasser, car je tenais à lui prouver qu'il avait tort. C'est à ce moment-là que j'ai commencé à m'entraîner sérieusement », de poursuivre Simon.

« Vigneault ne me lâchait jamais et il revenait toujours sur mon poids et ma force physique. Les joueurs plus vieux trouvaient ça assez capoté et ils venaient me voir pour me dire de ne pas m'en faire avec ça. Même sur la glace, il passait son temps à me crier que je devais mettre plus de force dans mes lancers. À partir de ce moment-là, je me suis mis à pratiquer mes lancers beaucoup plus souvent. Il voyait peut-être quelque chose en moi, mais il ne me disait jamais rien de positif. »

L'entraîneur des Harfangs va même jusqu'à déclarer à la presse qu'il n'a pas été surpris de voir le petit attaquant être blessé sérieusement parce qu'il « est bâti sur un *frame* de chat ».

L'adolescent trouve la situation extrêmement difficile et lorsqu'il en discute avec son père, ce dernier lui explique que c'est sans doute la meilleure façon que son entraîneur connaît pour tirer le maximum de lui. Et le paternel n'a pas tort. C'était effectivement le but visé par Vigneault.

« C'est vrai que j'ai été dur avec Simon. Mais il y a une chose qui était frappante chez lui. Plus je lui mettais de pression et plus il excellait. J'étais de retour dans la LHJMQ depuis un an (après trois ans passés à travailler à titre d'adjoint pour Rick Bowness avec les Sénateurs d'Ottawa) et je savais qu'il avait toutes les qualités requises pour éventuellement graduer dans la LNH », de poursuivre Vigneault.

Au-delà de la relation difficile avec son entraîneur, Simon connaît tout de même une première année intéressante pour un joueur de 16 ans. En 51 rencontres, il marque 9 buts et obtient 22 passes pour un total de 31 points.

Au hockey, c'est presque une tradition, quand la saison prend fin, l'entraîneur rencontre chacun de ses joueurs avant de les laisser partir pour les vacances d'été. Simon Gagné a participé à plusieurs tête-à-tête de fin de campagne, mais aucun ne l'a marqué autant que celui de 1997 avec Alain Vigneault.

— Salut, Gagné. Assis-toi. Dis-moi donc... Veux-tu jouer dans la Ligue nationale plus tard ?

— Ben oui, c'est sûr...

— Ah ouais. Il y a combien de dépisteurs, tu penses, qui sont venus me voir ou qui m'ont téléphoné pour s'informer de toi ?

— Ben, je sais pas. Une couple ?

— Non ! Pas un tab.... Il y en a pas un seul qui m'a parlé de toi. Si tu penses jouer dans la Ligue nationale un jour, va falloir que tu travailles en os... pis que tu commences à t'entraîner plus sérieusement que ça.

Beaucoup d'eau a coulé sous les ponts depuis cet entretien. Quand même, Simon s'en rappelle très clairement. Mais Alain Vigneault, pour sa part, en garde un souvenir plutôt vague. Il échappe un éclat de rire lorsqu'on lui demande de commenter l'entretien avec son jeune espoir.

« Ouais ! C'est fort possible ! Je ne me rappelle pas des mots utilisés, mais c'est certain que je ne l'ai pas laissé partir pour l'été sans lui donner une bonne dose de réalité. J'ai probablement éparpillé une couple de mauvais mots à travers mes phrases, mais honnêtement, j'adorais Simon et je voulais qu'il comprenne. En anglais, on appelle une relation semblable du *tough love* ! En plus, Simon n'était pas encore admissible au repêchage de la LNH. C'était donc tout à fait normal que les dépisteurs ne m'aient pas parlé de lui ! Des fois, ça prend une sorte d'électrochoc pour qu'un gars comprenne et c'est presque toujours le *coach* qui a la job de faire ça. Et honnêtement, il n'y a pas que Simon que j'ai défié comme ça dans les juniors ! »

Mais sur le coup, Simon n'a que faire du *tough love* de son entraîneur et quitte le bureau complètement démoralisé. Choix de première ronde des Harfangs, il pensait que la Ligue nationale était à sa portée. Mais voilà que son propre entraîneur vient de lui crier en plein visage qu'il n'intéresse pas les recruteurs de la LNH. Plutôt que de s'apitoyer sur son sort, il décide de montrer à Vigneault que tout cet acharnement gratuit ne sert à rien, et la déception de Simon se transforme en colère. La stratégie peu subtile de l'entraîneur porte ses fruits. « Je vais montrer à Vigneault qu'il a tort », se répète intérieurement Simon. Piqué au vif, il commence à s'entraîner avec sérieux pour la première fois de sa vie.

CHANGEMENT D'ENTRAÎNEUR

Du jour au lendemain, la petite physionomie de Simon se retrouve bien loin des préoccupations de Vigneault. Pendant la pause estivale, le pilote des Harfangs fait le saut dans la LNH.

Même s'il vient de conduire le Canadien aux séries éliminatoires pour une deuxième saison de suite, Mario Tremblay quitte le navire au printemps de 1997. Le Bleuet ne s'amuse plus. La pression est devenue insupportable et il préfère tout abandonner avant d'y laisser sa peau. Il est remplacé par nul autre que... Alain Vigneault. Simon perd donc son tortionnaire.

Mais il y a plus. Les Harfangs de Beauport déménagent et deviennent les Remparts de Québec. C'est Guy Chouinard, ancienne vedette des Flames, qui hérite du titre d'entraîneur-chef. Ce dernier connaît très bien Gagné, car son fils Éric et lui ont été coéquipiers pendant toute leur enfance.

Malgré le changement de garde qui s'effectue derrière le banc, Simon continue de visiter le gymnase avec assiduité et s'entraîne avec encore plus d'ardeur qu'auparavant.

« La méthode que Vigneault a utilisé m'a fouetté et je ne serais peut-être pas là où je suis aujourd'hui s'il n'avait pas agi comme ça avec moi. J'étais un peu paresseux et je n'aimais pas vraiment me rendre au gymnase. J'avais beau m'entraîner, je ne voyais aucun changement dans mon corps ni dans mon jeu. »

Même si Vigneault lui a claironné que personne ne s'intéressait à lui, Simon est tout de même sélectionné pour prendre part au Championnat du monde des moins de 18 ans. Au sein de l'équipe canadienne, il rejoint d'autres beaux espoirs comme Vincent Lecavalier, Mike Ribeiro, Brad Richards et Éric Chouinard. Cette invitation lui fait également réaliser que quoi qu'en pense son ancien *coach*, il fait partie de l'élite du pays. Alain Vigneault n'est plus sa seule source de motivation. Les effets de l'entraînement intensif commencent enfin à se faire sentir. Simon gagne en force et en endurance. Il commence même à aimer visiter la salle de conditionnement physique. Et c'est tant mieux, car à l'issue de la saison qui s'amorce, il deviendra admissible au repêchage de la LNH qui aura lieu le 27 juin 1998 à Buffalo. Gagné est conscient que les prochains mois seront déterminants pour son avenir. Les mots « éthique de travail » et « Simon Gagné » peuvent maintenant être utilisés dans la même phrase.

Après une première saison junior plutôt ordinaire, Simon explose sous la gouverne de Guy Chouinard. Il accumule 30 buts et 39 passes pour 69 points en seulement 53 parties et donne ainsi raison à Raymond Bolduc, qui avait insisté pour le sélectionner en première ronde. S'il n'avait pas intéressé les dépisteurs lors de son année en tant que recrue, l'histoire est maintenant fort différente. Plusieurs équipes lorgnent de son côté, dont le Canadien de Montréal, qui parlera au seizième rang. Selon le classement établi par la centrale de recrutement de la LNH, Gagné devrait théoriquement être encore libre à ce moment.

LE CANADIEN RATE ENCORE SON COUP

Les spéculations vont bon train et les amateurs rêvent de voir le Tricolore réclamer un Québécois dès la première ronde. Mais les dirigeants montréalais marchent sur des œufs. Depuis des années, les espoirs de la province ont été carrément ignorés et on se contente de sélectionner les produits de la LHJMQ beaucoup plus loin en espérant ainsi acheter le silence des partisans. Embourbés dans des années de médiocrité, les dépisteurs du Canadien ont tenté leur chance à quelques reprises avec des Québécois, mais les échecs furent lamentables. Depuis Éric Charron, qui avait été repêché au 20e rang en 1988, Montréal n'a jamais choisi un Québécois en première ronde.

Après une saison respectable qui s'est soldée par une récolte de 87 points au classement, le Tricolore parlera au 16e rang. Le repêchage se déroule à Buffalo et Montréal jouit de peu de marge de manœuvre. Les dernières années ont été plutôt pitoyables pour l'organisation qui a trop souvent raté son coup avec ses récents choix de première ronde, peu importe leur provenance. Et ce ne sont pas les exemples qiu manquent : Brad Brown (18e) en 1994, Terry Ryan (8e) en 1995, Matt Higgins (18e) en 1996 et Jason Ward (11e) en 1997. Cette fois, pas question de répéter les mêmes erreurs et les médias, comme les amateurs, réclament un joueur québécois. Simon Gagné sera-t-il ce joueur ?

Quelques jours avant le repêchage, Alain Vigneault donne un coup de fil à son ancien patron, Raymond Bolduc. L'entraîneur-chef du Canadien a assisté aux dernières réunions en vue de la séance de repêchage et n'est pas certain que les dépisteurs de l'organisation planifient d'effectuer le bon choix.

— Raymond, les discussions tournent autour de Simon Gagné et d'Éric Chouinard. Tu connais très bien les deux, dis-moi donc ce que tu en penses parce que j'ai pas vu jouer Chouinard...

— Ce sont deux joueurs complètement différents. Chouinard, c'est un *shooter*. Gagné, lui, c'est un *gamer*. Ça dépend de ce que vous cherchez. Simon, tu le connais mieux que moi, et tu sais que vous pouvez pas manquer votre coup avec lui.

— Je le sais, Raymond, mais je suis pas capable de les convaincre. Ils hésitent entre les deux gars et je leur ai dit que Simon hausse toujours son niveau de jeu quand il y a de la pression. C'est incroyable. J'ai rarement vu ça chez un jeune joueur... Mais Chouinard arrête pas de leur dire que son fils est le meilleur.

Lors d'une séance de sélection, l'opinion de l'entraîneur-chef ne pèse pas lourd dans la balance, ce qui est normal. Les dépisteurs ont passé les 12 derniers mois à épier tous les faits et gestes des joueurs admissibles au repêchage. L'intervention de Vigneault ne fait donc pas reculer le directeur du recrutement, Pierre Dorion, et Montréal réclame Éric Chouinard, le coéquipier de Gagné avec les Remparts. Ce dernier vient de connaître une excellente saison à Québec où il a compilé 41 buts et 42 mentions d'aide pour un total de 83 points en 62 parties. Sur le plancher, Stéphane Leroux, le journaliste de RDS affecté à la couverture de la LHJMQ, s'exclame:

— Ah ben, ils ont pas pris Gagné. J'en reviens pas... Ils ont trouvé le moyen de se planter encore une fois.

Cette autre bourde monumentale coûtera éventuellement son poste à Pierre Dorion.

« On était tous déçus, se souvient Pierre Gagné. Même que j'allais me lever pour féliciter Simon quand ils ont dit: "Nous sommes fiers de sélectionner, des Remparts de Québec, de la Ligue de hockey junior majeure du Québec..." Un de mes amis, Alain Chainey, des Ducks, avait rencontré Simon avant le repêchage. Il m'avait dit que son équipe ne le prendrait pas parce que Anaheim choisissait au cinquième rang (ils ont opté pour Vitaly Vishnevski), mais qu'il ne devrait pas sortir bien loin après ça. Je connaissais aussi très bien André Savard, qui était avec les Sénateurs en 1998, et sur sa liste à lui, Simon était classé avant Éric Chouinard. Et pour ajouter à tout ça, la veille de repêchage, j'avais croisé Raymond Bolduc et Jacques Tanguay, et selon ce qu'ils avaient entendu dire à gauche et à droite, Simon s'en allait à Montréal. »

Simon entend finalement son nom résonner dans le Marine Midland Arena de Buffalo lorsque les dirigeants des Flyers montent au podium pour annoncer leur choix. Sixième joueur québécois à être réclamé, Gagné est sélectionné au 22e rang, ce qui s'avérera une véritable aubaine pour Philadelphie. La saison suivante, Simon termine parmi les meilleurs marqueurs de la LHJMQ grâce à une récolte de 120 points en 61 rencontres. À la suite de cette saison de rêve, il réussit à se tailler une place avec les Flyers, même s'il n'est âgé que de 19 ans.

« Lors de la deuxième saison de Simon dans la LNH, Bobby Clarke m'a envoyé un chandail autographié que Simon avait porté à la partie d'étoiles. Pour le remercier, je lui ai fait parvenir une petite note sur laquelle j'ai écrit : "Merci beaucoup pour le chandail, mais ça m'a tout de même coûté la coupe Memorial" », soupire Raymond Bolduc, extrêmement fier de son jeune protégé.

LES CONSEILS DE SIMON

« Les écoles de hockey sont maintenant très populaires et il y en a plusieurs bonnes. Je pense que c'est "correct" que les jeunes participent à ce genre d'activités, mais ça doit être la décision de l'enfant. Il doit avoir le profond désir de vouloir s'améliorer en s'y joignant. Personnellement, je n'ai jamais fait partie d'une école de hockey. Je préférais faire autre chose pendant l'été. Au printemps, je jouais AAA avec mes *chums*, mais on ne pratiquait presque jamais. On faisait trois ou quatre tournois et on avait beaucoup de plaisir entre nous, alors que pour les parents, c'était presque un club social !

« Quand je sautais sur la glace, ce n'était pas la décision de mon père. J'avais beaucoup de plaisir parce que le hockey était un jeu pour moi. Je ne me suis jamais senti poussé par mon père et je pense que c'est comme ça que ça doit être. Tu vois souvent des parents qui imaginent leur enfant dans la LNH, mais ce n'était pas le cas chez nous. Mon père voulait m'aider à devenir le meilleur joueur possible dans le moment présent. Le hockey doit donc demeurer un jeu, jusqu'au moment où le jeune joueur atteint le niveau midget AAA ou la LHJMQ. Et quand ça devient sérieux, le sérieux ne doit pas être dicté par les parents, mais plutôt par l'entraîneur ou par l'organisation.

« De novice à bantam, amusez-vous ! C'est triste parce que, des fois, le message est mal exprimé. Ce n'est pas normal que des petits gars commencent à s'entraîner à 12 ans. »

LES CONSEILS DE NICOLE ET PIERRE

Aujourd'hui, les parents de Simon sont séparés, mais ils sont sur la même longueur d'onde quand vient le temps de parler de hockey et de leurs enfants.

Même si son père et son grand-père ont joué au hockey dans des rangs professionnels, Simon n'a jamais été obligé de pratiquer ce sport pour faire plaisir aux autres. Le hockey était sa passion. Quand Nicole voulait téléphoner à un entraîneur pour l'aviser que Simon allait rater un match en raison d'un rhume, c'était la guerre, car il insistait pour se rendre quand même à l'aréna. L'hiver en patins, l'été en espadrilles, toute l'année dans le sous-sol, Simon jouait constamment au hockey pour le plaisir. Nicole et Pierre ont su y trouver leurs moments de bonheur en se faisant de bons amis parmi les autres parents.

« Il est important d'aider son enfant à cheminer dans son sport tout en conciliant les études. Si le père s'attribue presque toujours le rôle de conseiller pour le hockey, la mère, très souvent, tient ce rôle pour les études et ce n'est pas une moindre tâche. Selon moi, il faut toujours tenir compte du fait que le hockey est un jeu et que le jeune doit s'amuser d'abord et avant tout. Les parents devraient être présents le plus souvent possible aux entraînements, aux parties et aux tournois. D'ailleurs, on y rencontre d'autres parents qui, comme nous, adorent le hockey et on y passe de merveilleux moments. Nous gardons de bons souvenirs de ces belles années de hockey avec nos deux fils, Simon et Jean-François. En secondant ainsi son enfant, on l'aide à acquérir la confiance qui lui servira par la suite dans la vie », explique Nicole avec sagesse.

« Mais à partir de 14 ou 15 ans, ajoute Pierre, c'est là que le jeune sportif qui a du talent doit décider si le hockey est un jeu ou si c'est sérieux. Si tu as des éléments de ton jeu qui sont supérieurs à la moyenne, que ça soit le coup de patin, le maniement de la rondelle, le sens du jeu, le physique ou le lancer, ça vaut la peine que tu essaies pour voir jusqu'où tu peux aller. Et même si tu as des aptitudes, mais que tu as le goût de jouer pour le *fun*, c'est correct aussi, mais ne va pas jouer AA ou BB, car ça demande de grands sacrifices. »

SIMON GAGNÉ
Né le 29 février 1980 à Sainte-Foy, Québec
Ailier gauche
6 pi
195 livres
Repêché par Philadelphie en 1998
1re ronde, 22e au total

		SAISON RÉGULIÈRE				SÉRIES			
	SAISONS	PARTIES	BUTS	PASSES	POINTS	PARTIES	BUTS	PASSES	POINTS
Ste-Foy midget AAA	1995-1996	27	13	9	22	15	7	8	15
Beauport LHJMQ	1996-1997	51	9	22	31				
Québec LHJMQ	1997-1998	53	30	39	69	12	11	5	16
Québec LHJMQ	1998-1999	61	50	70	120	13	9	8	17
Philadelphie LNH	1999-2000	80	20	28	48	17	5	5	10
Philadelphie LNH	2000-2001	69	27	32	59	6	3	0	3
Philadelphie LNH	2001-2002	79	33	33	66	5	0	0	0
Philadelphie LNH	2002-2003	46	9	18	27	13	4	1	5
Philadelphie LNH	2003-2004	80	24	21	45	18	5	4	9
Caravane McDonald's	2004-2005								
Philadelphie LNH	2005-2006	72	47	32	79	6	3	1	4
Philadelphie LNH	2006-2007	76	41	27	68				
Philadelphie LNH	2007-2008	25	7	11	18				
TOTAL LNH		**527**	**208**	**202**	**410**	**65**	**20**	**11**	**31**

1999	Deuxième équipe d'étoiles de la LHJMQ
2000	Équipe d'étoiles des recrues de la LNH
2001	Participe au match des étoiles
2002	Remporte l'or avec le Canada aux Jeux olympiques de Salt Lake City (1 but et 3 passes en 6 parties)
2004	Remporte l'or avec le Canada à la Coupe du monde (1 but et 1 passe en 6 parties)
2006	Participe aux Jeux olympiques de Turin avec le Canada (1 but et 2 passes en 6 parties)
2007	Participe au match des étoiles

IAN LAPERRIÈRE

Certains jeunes joueurs de hockey attirent l'attention dès leurs premiers coups de patins. À chaque hiver, dans toutes les régions du Québec, on découvre immanquablement un petit bonhomme dont les prouesses alimentent les discussions des amateurs. Parfois, c'est un petit joueur atome dont le style et les feintes ressemblent à ce que pouvait faire Sidney Crosby au même âge. Sinon, c'est peut-être un défenseur pee-wee qui se veut la réincarnation de Raymond Bourque.

À la fin des années 1980, dans l'est de Montréal, quelques adolescents faisaient ainsi parler d'eux. Luc Robitaille et Vincent Damphousse étaient sur le point de devenir des vedettes de la LNH et d'autres jeunes se préparaient à les imiter. Entre deux cafés à l'aréna, les conversations des parents et des gérants d'estrades tournaient la plupart du temps autour de deux petits surdoués nommés Christian Sbrocca et Joël Bouchard. Ces deux jeunes champions étaient déjà identifiés comme de futurs joueurs de la LNH, même s'ils n'avaient que 9 ou 10 ans. De son côté, leur coéquipier Ian Laperrière n'alimentait pas les conversations de pareille manière. Pas besoin de gaspiller la moindre goutte de salive pour parler de l'avenir de ce gros défenseur travaillant, mais au talent limité.

* * *

Ian Laperrière est né le 19 janvier 1974 à Rivière-des-Prairies, un quartier tranquille situé à l'extrémité est de l'île de Montréal. Ses parents, Michel et Francine, se retrouvent alors avec deux enfants en bas âge puisque Mélanie était arrivée dans la famille seulement 15 mois plus tôt. Pour les parents, le sport est important et les enfants sont dirigés vers différentes disciplines. Comme des milliers d'autres garçons, Ian s'oriente tôt vers le baseball et le hockey.

Après avoir patiné régulièrement au parc du coin pendant deux hivers, le petit Laperrière effectue ses débuts dans le hockey organisé à l'âge de cinq ans. Il ne possède pas un coup de patin très élégant. Son sens du hockey et sa compréhension du jeu n'ont rien de bien impressionnant. Son tir est loin d'être terrifiant. Pourtant, dès sa première saison comme novice, il se taille une place avec la formation de niveau A de son quartier de Sainte-Marthe. Si Ian a été sélectionné parmi les meilleurs de son âge, c'est surtout parce qu'il dépasse ses jeunes coéquipiers d'au moins une tête. Plus grand, plus fort et plus costaud que les autres joueurs de son âge, les entraîneurs croient qu'il pourrait, avec un peu de chance et beaucoup de travail, devenir un bon défenseur difficile à contourner. Il faut dire que Ian a de qui tenir; son paternel possède aussi une imposante charpente. Ancien joueur de football émérite au niveau junior dans les Chargers de Montréal, son père, Michel, a même déjà tenté sa chance au camp d'entraînement des Alouettes. L'ancien joueur de ligne n'a peut-être plus la forme d'antan, mais ses 6 pieds et 1 pouce de même que ses 300 livres laissent deviner qu'il vaut mieux demeurer poli avec lui !

« J'avais réellement un talent limité, mais j'étais toujours celui qui travaillait le plus fort, se souvient Ian. Et même si j'étais tout jeune, je prenais le hockey très au sérieux. Les entraîneurs voyaient bien que je n'étais pas le meilleur, mais ils se disaient que je représentais un beau projet, car j'étais gros pour mon âge et je me défonçais à l'ouvrage ! »

Dès ses débuts dans le hockey organisé, Ian se lie d'amitié avec un autre garçon qui demeure à quelques pas de chez lui. À ce moment, et ce sera aussi le cas dans les rangs novice, atome et pee-wee, le jeune Christian Sbrocca épate la galerie. Il est le meilleur joueur de la région. On parle de lui comme d'un véritable phénomène. Trente ans plus tard, les deux hommes sont demeurés de bons amis, et Sbrocca n'a jamais oublié ses premières parties de hockey en compagnie de Ian.

« Sérieusement, je dois dire que Ian n'était pas vite. Il n'avait pas de grandes habiletés et sa technique était très ordinaire. C'était un gars travaillant, mais qui a toujours joué sur le troisième trio. Il y a pas un chat qui aurait pu penser qu'il avait la moindre chance de jouer un jour dans la LNH », raconte Sbrocca, qui a abandonné le hockey assez jeune pour tenter sa chance dans la musique.

« Il n'avait peut-être pas de talent, mais c'est incroyable comment Ian était sérieux et organisé pour son âge. Tout petit, il quittait le salon pour aller se coucher parce qu'il y avait une partie à l'horaire, tôt le lendemain matin. Nous n'avons jamais eu besoin de lui dire : "Ian, va te coucher pour être en forme" ou ce genre de choses », se souvient sa mère en insistant sur le mot "jamais". « Il fallait toujours lui préparer des pâtes comme repas avant ses parties. Toujours des pâtes avec un tout petit peu de sauce ! »

Grâce à son bon gabarit, Ian réussit à percer la formation AA de Ville Mercier dès sa première année atome. À huit ans et demi, le jeune Laperrière rencontre au sein de ce groupe un autre défenseur avec qui il tissera au fil des ans une amitié presque fraternelle, encore bien solide aujourd'hui. Il s'agit de Joël Bouchard, qui connaîtra aussi une très belle carrière dans la LNH. Les deux comparses se retrouvent de nouveau réunis la saison suivante pour leur deuxième année atome, mais les choses se compliquent au niveau pee-wee, où la vitesse et la rapidité d'exécution prennent de plus en plus d'importance. Ils sont tous les deux sélectionnés par l'équipe AA dès leur première année. Si la transition se fait sans douleur pour Bouchard, qui est doté d'un talent exceptionnel, l'adaptation est un peu plus difficile pour Laperrière.

Ian s'améliore constamment, car il chausse les patins presque chaque jour. Après l'école et les week-ends, ses cousins Stéphane et Éric Kingsley l'emmènent régulièrement avec eux pour jouer au parc Perras, situé à quelques pâtés de maison du domicile des Laperrière.

De beaux souvenirs du hockey mineur, à Ville Mercier...
Deuxième à droite sur la première rangée, Ian sert de pilier au groupe sur la première rangée, tout comme son bon copain Joël Bouchard qui, lui, est le deuxième à gauche.

« Ils étaient plus vieux que moi de quatre ou cinq ans et ils étaient mes idoles. Ils venaient me chercher en voiture pour aller jouer au hockey avec leurs copains, qui étaient tous beaucoup plus âgés que moi. Mais je tenais quand même mon bout contre eux. Ça m'a sans doute aidé à m'améliorer, car j'étais assez bon comparé à eux et ça me donnait de la confiance de déjouer des gars plus vieux. Quand la patinoire du parc fondait, on jouait dans la rue avec une balle. Avec ou sans eux, je jouais pratiquement à chaque jour ! »

Quand le hockey se termine, Ian troque les patins pour des crampons. Pour s'amuser et garder la forme, il est gardien au soccer et joue en tant que receveur au baseball pendant l'été.

« J'aimais ça, mais je jouais au soccer d'abord et avant tout, car on m'avait laissé entendre que je serais meilleur au hockey si je pratiquais ce sport-là. J'ai abandonné les sports d'été très jeune, car au mois d'août, les camps d'entraînement du hockey chevauchaient les séries du baseball ou du soccer. »

Durant l'été de 1986, à l'issue de sa première année comme pee-wee, le hockey mineur de Ville Mercier fusionne ses activités avec Pointe-aux-Trembles et Rivière-des-Prairies pour former les Étoiles de l'Est, au niveau AA. Devant batailler contre un plus grand nombre de jeunes joueurs talentueux, Ian ne peut suivre la cadence et doit s'intégrer à la troupe de Ville Mercier dans la catégorie BB.

Une autre modification survient 12 mois plus tard quand Hockey Québec change la réglementation entourant les groupes d'âges, de sorte que Ian doit demeurer au niveau pee-wee pour une troisième année. Cette fois, il ne rate pas sa chance et retrouve Joël Bouchard en tant que membre des Étoiles de l'Est pee-wee AA. La nouvelle saison qui est sur le point de débuter marquera un point tournant dans la vie et la carrière du jeune Laperrière.

MUTÉ À L'ATTAQUE

De retour auprès de plusieurs anciens coéquipiers, Ian se sent à l'aise et c'est avec confiance et entrain qu'il se présente au camp d'entraînement des Étoiles de l'Est. Une surprise l'attend toutefois : l'entraîneur lui signale qu'il aura sa place avec l'équipe... mais en tant qu'attaquant.

« Mon père aurait préféré que je demeure à la défense. Il avait toujours aimé des joueurs comme Larry Robinson et Rick Green, et il pensait que j'avais tout ce qu'il fallait pour connaître du succès dans le hockey mineur comme défenseur. Ce n'était cependant pas le genre d'homme à s'ingérer dans les affaires de l'équipe. Comme c'était la décision de l'entraîneur et non la mienne, il n'a pas dit un mot. De mon côté, il n'y avait pas de problèmes... si le *coach* m'avait demandé d'y aller comme gardien, j'y serais allé ! »

Même s'il est maintenant un joueur d'attaque, le défenseur qui sommeille en lui revient vite à la surface. Comme il ne possède pas les meilleures mains au monde, qu'il n'est pas très rapide et que ses feintes sont plutôt prévisibles, il se concentre sur sa défensive. À une époque où presque tous les jeunes hockeyeurs de la planète se prennent pour Wayne Gretzky, Steve Yzerman, Mario Lemieux ou Paul Coffey, Ian a une tout autre idole. Il s'identifie à Guy Carbonneau, un athlète fiable et méticuleux dont la tâche consiste à contrer les idoles des autres enfants. Meilleur attaquant défensif de sa génération, le joueur de centre du Canadien bloque des tirs, se sacrifie pour l'équipe et se défonce dans l'ombre. Ian se reconnaît en lui et souhaite devenir un joueur du même genre.

Même si le nouvel attaquant ne remplit pas le filet, il connaît néanmoins de très beaux moments au cours de cette saison de 1987-1988. On lui demande même de disputer quelques rencontres comme remplaçant dans le bantam AA, ce qui représente tout un défi. La marche est haute entre les deux catégories, mais Ian tire drôlement bien son épingle du jeu avec les plus vieux. Le point culminant de la saison se déroule après la période des fêtes, lors du tournoi international pee-wee de Québec.

« On avait perdu en finale de la classe internationale contre la formation de Québec, menée par Philippe Boucher. On n'était que des petits de niveau pee-wee, mais je me souviens que tout le monde disait qu'il allait assurément jouer dans la LNH. Ce qui, finalement, n'était pas faux ! Philippe était très impressionnant, mais on aurait pu les battre. On a perdu le match en troisième période de prolongation. Je m'en souviens clairement, et encore aujourd'hui, Joël et moi, on s'en reparle régulièrement ! Un de nos coéquipiers avait commis une erreur bête et Québec avait compté à la suite d'une contre-attaque à trois contre un », dit Ian en hochant la tête, visiblement encore déçu malgré l'eau qui a coulé sous les ponts depuis ce mois de février 1988.

Comparses depuis plus de 25 ans, Ian et Joël posent côte à côte sur cette photo d'équipe avec les Étoiles de l'Est. On les retrouve respectivement troisième et deuxième à droite sur la seconde rangée.

« Ça nous avait fait vraiment mal de perdre le tournoi pee-wee de Québec de cette manière. Ian l'a encore sur le cœur 20 ans plus tard, raconte Joël Bouchard en apportant plus de précision sur le jeu qui hante encore leurs souvenirs. C'était moi, le pauvre gars qui s'était retrouvé seul contre trois adversaires. J'avais coupé la passe, mais la rondelle avait ricoché directement sur la palette d'un autre gars qui avait lancé dans un filet désert. Je m'en souviens tellement... »

LE DÉBUT DES CHOSES SÉRIEUSES

Le passage au niveau bantam s'avère une étape très importante dans le monde du hockey mineur, signifiant notamment l'intégration de la mise en échec. Souvent, la configuration des équipes change radicalement comparativement à ce qu'elle était dans les rangs pee-wee ou atome. Au milieu de leur puberté, les jeunes se développent de façon différente. Les petits lièvres qui faisaient la pluie et le beau temps dans les catégories atome ou pee-wee sont souvent plus discrets alors que les joueurs au gros gabarit sortent parfois de l'ombre pour hériter de tâches plus importantes.

Conscient qu'il arrive à un moment de sa carrière où son style de jeu pourrait être valorisé, Ian se prépare avec ardeur au cours de l'été. Il participe d'ailleurs à une école de hockey pour la première fois de sa vie. Il commence aussi à s'entraîner au gymnase et à courir.

Une fois sa place confirmée au sein des Étoiles bantam AA de l'Est, Ian ne change pas d'attitude. En fait, il redouble d'ardeur à l'entraînement. Presque chaque jour, après l'école, il arrive à la maison, dépose ses bouquins, saisit son sac et ses espadrilles, et quitte sans perdre de temps pour se rendre au gymnase. Beau temps, mauvais temps, Ian se tape une balade en autobus d'une bonne quarantaine de minutes pour se rendre au gymnase de la polyvalente Joseph-François-Perreault, dans le quartier Saint-Michel, où il s'entraîne sous la supervision de Normand Mantha pendant environ une heure.

« Je supervisais l'entraînement des gars des niveaux bantam AA et midget AAA. À ce moment, Ian n'était pas du tout étiqueté "LNH". Les techniques de l'époque consistaient à faire travailler les petits gars en musculation, mais on développait aussi leur cardio-vasculaire. On soulevait beaucoup de poids et Ian était très assidu à l'entraînement. Il était toujours enthousiaste et il ne ratait presque jamais de séances. C'était un gars qui se poussait toujours jusqu'à la limite de ses capacités et qui ne trichait jamais. Je l'ai connu comme ça et il n'a pas changé. Avec lui, il n'y avait jamais de demi-mesure. »

Après avoir levé des poids et s'être soumis à différents exercices, Ian refait le trajet en sens inverse et arrive affamé à la maison un peu avant 19 h. Il reste évidemment très peu de temps pour le repos et les devoirs !

« J'ai tout le temps obtenu les notes de passage mais c'est tout ! Quand c'était plus difficile à l'école, mes parents me menaçaient de couper dans le hockey, mais je ne les prenais pas tellement au sérieux ! »

Les efforts de Ian ne sont pas vains puisqu'à l'été de 1989, il reçoit une invitation pour le camp d'entraînement des Canadien de Montréal-Bourassa, de la Ligue de développement midget AAA du Québec. Âgé de 15 ans et toujours de l'âge du niveau bantam, il sait pertinemment qu'il devra tout donner et épater la galerie s'il veut avoir des chances de demeurer avec l'équipe, alors dirigée par Daniel Bourdage.

Et c'est justement ce qui se produit. Les effets de l'entraînement intense se font sentir et Ian joue avec fougue et intensité. Il y va d'un jeu plus physique et se sert avantageusement de son poids. En prime, et contre toute attente, il marque plusieurs buts lors du camp d'entraînement et des parties préparatoires. Durant un après-midi, vers la fin du camp, il se paie même un match de trois buts. Après la rencontre, Bourdage demande à le rencontrer. Ian est persuadé qu'on va lui confirmer qu'il a convaincu les dirigeants et qu'il a mérité une place dans le midget AAA.

« Je suis arrivé dans le bureau et monsieur Marien, le directeur général, était aussi présent. Bourdage m'a dit sèchement: "T'es coupé, mon homme. Tu vas retourner dans le bantam AA." Pas d'autres explications. Rien. Seulement ces deux petites phrases. Je capotais, car j'avais joué avec aplomb. J'avais frappé et marqué des buts. C'est la plus grosse injustice que j'ai vécu dans ma vie. Ça n'avait aucun sens. Je venais d'en compter trois et comme récompense, je me faisais couper. »

Sur le chemin du retour vers la maison, Ian pleure à chaudes larmes. Âgé de 15 ans, il possède un corps plus développé que bien des hommes mûrs, mais en réalité, il demeure toujours un adolescent fragile. Pour lui, cette décision est complètement illogique et il est clair dans son esprit que l'entraîneur ne l'aime pas. Il est convaincu que la décision de le renvoyer au niveau bantam était déjà prise avant le début des procédures. Bourdage arrivait d'Europe et ne cherchait que des joueurs de finesse. Le gros Laperrière ne cadrait tout simplement pas dans le style qu'il voulait donner à son équipe.

« J'ai été retranché de l'équipe à l'aréna Saint-Michel et le chemin jusqu'à la maison m'a semblé prendre une éternité. Mon père a fait de son mieux pour me consoler. Il était déçu lui aussi, mais il ne le montrait pas. Quand j'en parle aujourd'hui, je me revois encore descendre les marches de l'aréna en pleurant comme un bébé. L'image est très claire dans ma tête », de confier Ian en toute sincérité.

« On était très déçus pour Ian parce que c'était carrément une injustice. Mais, dans le fond, il n'y avait rien à faire. Aller crier après l'entraîneur… jamais de la vie ! Ce n'était pas notre genre. On a simplement dit à Ian de ne pas lâcher, qu'il avait tout donné, qu'il n'avait rien à se reprocher et que son travail serait récompensé plus tard », explique sa mère, Francine.

Aidé par son coup de patin exceptionnel, Joël demeure toutefois avec les Canadiens midget AAA. Dans le vestiaire, les jeunes ne comprennent pas ce qui se passe. « Ian aurait dû faire partie de l'équipe, dit-il. L'entraîneur avait fait des choix vraiment bizarres. »

Ian retourne donc avec les Étoiles de l'Est bantam AA. Au début, sa rétrogradation l'affecte et il ne joue pas avec le même enthousiasme. Son attitude a changé. Comme son père, Michel, travaille de nuit à l'usine Kraft, Ian doit à l'occasion voyager vers l'aréna avec des coéquipiers. Un jour, il arrive légèrement en retard bien malgré lui. L'entraîneur, Pierre Pelletier, l'aperçoit et lui lance un regard réprobateur. Ian répond en levant les yeux vers le ciel et en poussant un long soupir, ce qui, on s'en doute, déplaît à Pelletier, qui le prend à l'écart sur-le-champ.

— Écoute, Ian, je sais bien que tu es déçu. Mais là, va falloir que t'arrêtes de faire ton frais. Change ton attitude pis joue au hockey comme du monde.

Une mise en garde brève mais efficace qui réveille le jeune joueur. Malgré l'amertume qui l'habite, Ian réalise qu'il doit tourner la page. Fini la rancune. Il revient dès lors sur terre. Il recommence à jouer à sa manière plus physique et en prenant un soin jaloux de son jeu en défensive. Ce n'est pas parce que Bourdage préconise un style de jeu européen que Ian change d'idole et qu'il s'inspire soudainement de Mats Naslund. Peu importe ce que l'entraîneur du midget AAA pense de lui, dans sa tête, il demeure encore Guy Carbonneau.

UN APPEL DU MIDGET AAA

Les semaines passent, puis contre toute attente, le téléphone sonne chez les Laperrière à la fin du mois de novembre. C'est le directeur général de l'équipe des Canadiens de Montréal-Bourassa. Le groupe dirigé par Bourdage ne gagne pas et monsieur Marien aimerait que le gros attaquant apporte un peu d'énergie et de caractère au sein de la troupe. Ian n'a eu le temps de disputer qu'une douzaine de parties avec le bantam AA, et déjà, une seconde chance s'offre à lui.

« Bourdage était encore le *coach*. Je savais qu'il ne m'aimait pas et que mon rappel n'était pas sa décision. En plus, je savais qu'en me présentant là, je venais d'ôter sa place à un gars qui avait sûrement un groupe d'amis dans l'équipe. Disons que je n'étais pas très à l'aise. »

Lors de son premier match, le nouveau venu touche la cible deux fois contre la formation de Laval-Larentides-Lanaudière. Ian n'est pas le plus habile ni le plus spectaculaire, mais il accomplit très bien le travail, et après quelques joutes, il est clair qu'il va demeurer dans le midget AAA. Son père est réellement fier de lui, car ce qui arrive à son fils n'est pas l'effet du hasard. Ian a travaillé fort, et même s'il en a bavé un coup lors de son renvoi au bantam AA, il n'a pas baissé les bras et ne s'est pas apitoyé sur son sort… même s'il a boudé pendant quelques jours.

Michel a le sentiment que justice a été rendue, mais tout n'est pas encore parfait dans son esprit. Les joueurs du midget AAA sont tous vêtus de façon identique. Tous les joueurs arborent un superbe manteau de cuir aux couleurs de l'équipe. Tous, sauf évidemment le petit nouveau. Mais ce n'est pas ce genre de détail qui irrite ou agace Ian.

« Moi, ça ne me dérangeait pas trop, mais mon père trouvait que ce n'était pas "correct", car j'étais dorénavant un membre du groupe comme tous les autres. De toute façon, il n'y avait rien à faire puisque les commandes avaient été prises à la fin du camp d'entraînement. C'était réellement impossible d'avoir un autre manteau. Mais voilà qu'une bonne journée, en sortant de l'aréna, mon père m'a dit : "Ian, viens avec moi. J'ai un petit quelque chose pour toi !" »

Le père et le fils marchent vers la voiture et Ian se demande ce qui se passe. Michel ouvre le coffre et tend un blouson de cuir à son fils.

— Tiens mon homme, c'est pour toi ! C'est un manteau en cuir comme celui des autres joueurs. Je l'ai acheté au gars qui vend les billets de moitié-moitié. Ça a l'air d'être la bonne grandeur. Il est pareil comme les autres, avec les broderies et les logos de l'équipe.

« Mon père avait payé le manteau 300 ou 400 dollars. Pour lui, c'était primordial que je ne me sente pas à part. On ne roulait pas sur l'or et c'était une dépense importante pour lui. J'étais très surpris. Je ne m'attendais vraiment pas à ça », se remémore Ian en pensant à son père, qui n'est malheureusement plus là pour assister à ses exploits.

Michel Laperrière a quitté ce monde le 11 avril 2002, à la suite d'un long combat de trois ans contre le cancer du pancréas.

REPÊCHÉ PAR DRUMMONDVILLE

Après avoir récolté 4 buts et 10 mentions d'aide en 22 rencontres avec le Canadien de Montréal-Bourassa, Ian n'entretient pas de très grands espoirs en vue du repêchage de la LHJMQ, surtout qu'il devra absolument être sélectionné lors des trois premières rondes, comme tous les jeunes qui ont eu 16 ans au cours de la saison. Comme il n'est pas classé parmi les 100 meilleurs espoirs, le jeune Montréalais ne s'attend pas à être choisi. À quelques jours de l'événement, il est convaincu que ça ne vaut pas la peine d'y assister. De toute façon, ce n'est pas la fin du monde. Il retournera au niveau midget AAA dans quelques mois et, cette fois, il aura la chance de se faire valoir dès le début de la saison.

« Je ne voulais même pas aller au repêchage avec Ian et mon mari, se souvient Francine en affichant une mine qui trahit encore une certaine culpabilité, 20 ans plus tard. Il y a même une de mes amies qui m'a dit : "Ben voyons, Francine ! Il faut que tu y ailles ; c'est ton fils." C'était à côté de chez nous, à l'aréna Maurice-Richard, mais malgré tout, je ne voulais pas y aller. Je me disais que ça ne donnait rien, car Ian ne serait jamais repêché. À mes yeux, il était bon, mais jamais assez pour jouer dans une équipe du junior majeur ! »

Magalie, la nouvelle copine de Ian, est également sur place. Les deux tourtereaux se sont rencontrés quelques mois plus tôt à la polyvalente Édouard-Montpetit. Un entraîneur venait pourtant de lui suggérer de mettre un terme à cette idylle, car, selon lui, avoir une blonde allait assurément nuire à sa progression. Ça s'était produit l'été avant le repêchage. Pour la première fois de sa carrière, Ian avait décidé de prolonger sa saison en disputant quelques tournois dans une équipe bantam AAA où se trouvaient également Joël Bouchard, Alexandre Daigle et Jocelyn Thibault.

« L'entraîneur se nommait Louis Kozel, un gros bonhomme qui aimait porter des bijoux. Il avait rencontré mes parents et leur avait dit : "Si votre gars continue d'être en amour comme ça, c'est certain qu'il n'ira jamais loin dans le hockey." Je ne l'aimais vraiment pas. Déjà qu'il m'avait insulté devant tout le monde après une partie. J'avais causé quelques revirements et il m'avait dit que ça ne paraissait pas que j'avais joué au midget AAA et qu'il s'assurerait personnellement que je ne sois jamais réclamé par une équipe de la LHJMQ. Là, en plus, il se mêlait de ma vie privée alors qu'il ne connaissait même pas ma blonde. »

S'il rencontrait aujourd'hui ce fin psychologue qu'était Louis Kozel, Ian pourrait lui présenter cette charmante jeune fille qui allait prétendument ruiner sa progression. Magalie Roy, qui faisait battre le cœur de Laperrière à l'adolescence, est aujourd'hui son épouse et la mère de ses deux enfants, Tristan et Zachary.

Mais revenons au repêchage. Malgré les menaces de Kozel... et les doutes qu'entretient Francine, toute la famille se rend à l'aréna Maurice-Richard. Dans le pire des cas, les Laperrière pourront féliciter les coéquipiers de Ian qui seront repêchés. La première ronde s'amorce, et comme prévu, les noms des gros canons se font entendre. Puis, arrive la deuxième ronde. Soudain, les membres du clan Laperrière arrêtent de parler. Dans les haut-parleurs, on entend résonner : « Les Voltigeurs de Drummondville sont fiers de sélectionner, des Canadiens de Montréal-Bourassa... » Le temps semble s'arrêter pour quelques secondes. Une quinzaine de jeunes retiennent leur souffle et souhaitent entendre leur nom.

« Je ne m'énervais pas avec ça, car j'étais certain que les Voltigeurs allaient prendre mon *chum* Joël. Il aurait dû être choisi bien avant, de toute façon, mais il avait fait croire à tout le monde qu'il ne voulait pas jouer dans la LHJMQ. Il avait dit qu'il irait jouer dans une université américaine, car il avait une entente secrète avec le Collège français de Longueuil », raconte Ian.

Mais ce n'est pas le nom du défenseur étoile Joël Bouchard qui retentit dans l'aréna. « Les Voltigeurs de Drummondville sont fiers de sélectionner, des Canadiens de Montréal-Bourassa... Ian Laperrière. » Lorsque l'annonceur termine sa phrase, le père de Ian se lève d'un bond en levant le poing vers le ciel et lâche un retentissant cri de joie. Un « Yah ! » très énergique que tout le monde entend dans l'amphithéâtre.

« On était tous assis ensemble et ça doit avoir parlé dans mon dos quand je suis parti en avant ! Je jure que je ne pensais pas être repêché et les autres croyaient sûrement la même chose, rigole Laperrière. Je n'avais jamais imaginé un tel moment et je capotais. En revenant vers les gradins, j'ai croisé le gros Kozel et j'ai pris la peine de lui montrer mon beau chandail des Voltigeurs. Mon père était fier en os... ! »

Durant cette journée-là, il n'y a pas que Michel Laperrière qui bombe le torse en quittant l'aréna Maurice-Richard. Stéphane Pilote, le dépisteur adjoint des Voltigeurs, n'est pas peu fier de son coup. Pour lui, ce poste à temps partiel (qui ressemble beaucoup à du bénévolat) est son premier véritable emploi dans le monde du hockey et il s'est tapé environ 100 matchs de bantam et de midget au cours de l'hiver qui vient de se terminer.

« On avait fait rire de nous dans les autres clubs. Même le dépisteur en chef de la LHJMQ s'était moqué de moi, car Ian n'était même pas sur sa liste de joueurs susceptibles d'être réclamés, explique Pilote. Mais j'avais réussi à convaincre Jacques Dubé de venir le voir jouer lors des séries, à Magog. C'était notre directeur général et aussi notre dépisteur en chef, à Drummondville. C'est donc lui qui prenait les décisions finales. Il fallait absolument qu'il voit jouer Ian et il n'avait pas été déçu. On l'avait rencontré et il nous avait aussi impressionnés en entrevue par sa maturité et sa façon de nous regarder. C'était plus qu'un travailleur acharné. C'était clair qu'on se retrouvait devant un gars de caractère», raconte Pilote, visiblement encore très heureux de son accomplissement.

UN ÉTÉ D'ENTRAÎNEMENT INTENSIF

Motivé comme jamais, Ian s'entraîne comme un forcené pendant les semaines qui suivent. À l'âge où la plupart des adolescents commencent à goûter à certains plaisirs de la vie, Ian ne s'accorde que très rarement une journée de congé. Sa philosophie est le reflet de ce qu'on lui a enseigné à la maison.

«Mes parents ne m'ont jamais poussé, mais ils me suggéraient de travailler fort dans tout ce que j'entreprenais. Je me souviens d'une fois où j'avais carrément pété les plombs envers mon père. J'étais le jeune le plus *straight* de la gang. Je ne faisais jamais rien de "croche" et je savais ce qu'aller au bout de mes rêves exigeait. Un soir, après le souper, je me préparais à quitter la maison et j'ai dit à mes parents que je m'en allais au parc avec les gars. Mon père m'a regardé et m'a dit quelque chose dans le genre: "Tu sais que t'as une pratique demain? Et tu sais que tu ne t'es pas entraîné aujourd'hui?"

«J'ai vu rouge sur-le-champ. "Ben oui. Je le sais. Je fais juste ça, m'entraîner. Écoute, je sais ce que je dois faire. Je travaille tout le temps comme un fou pis toi, tu ne veux pas que j'aille au parc parce que j'ai du hockey demain." J'ai tourné les talons et je suis parti dans ma chambre. J'étais tellement fâché parce que je voyais bien les efforts que je faisais, comparés à ceux des autres gars. Quand j'ai quitté le salon pour aller dans ma chambre, je me suis retourné pour jeter un coup d'œil à mon père. Il pleurait à chaudes larmes, car il venait de réaliser ce qu'il m'avait reproché. Dans le fond, il voyait tous les efforts que je faisais pour m'améliorer. C'était un homme sensible et je suis comme lui aujourd'hui.»

Jamais plus Michel Laperrière ne s'est permis de juger ou de mettre en doute l'éthique de son fils. À vrai dire, Ian est un véritable bourreau de travail. Le soir du 24 juin 1989, alors que tous les jeunes de son âge s'amusent et fêtent la Saint-Jean-Baptiste,

Ian ne s'accorde pas de congé et court comme à son habitude. Son trajet le mène à travers les sentiers du parc Alexis-Carrel et, chemin faisant, il croise la plupart de ses amis. Ils se préparent à célébrer comme des milliers d'autres jeunes Québécois de leur âge. À 15 ans, c'est l'âge des premières expériences, de la première bière, de la première cigarette, peut-être aussi du premier joint. Son bon copain Christian Sbrocca l'aperçoit et l'interpelle.

— Ian ! Qu'est-ce que tu fais là, « coudon » ?

— Ben là… Tu le vois, je m'entraîne.

— Je le sais que tu t'entraînes. Toi, sais-tu que c'est la Saint-Jean-Baptiste aujourd'hui ?

— Ben oui, je le sais, mais je me prépare pour ma saison. Faut que j'y aille, là, bye !

Ian tourne les talons et reprend sa course à travers le parc. Pour lui, il ne s'agit même pas d'un sacrifice que de rater les festivités de la Saint-Jean.

« Je l'ai vu arriver de loin avec son *walkman* jaune ! On était quatre ou cinq gars et on avait une petite caisse de bière. On se préparait à aller faire le *party* quand il est arrivé en courant. Ça m'a assommé. Ian avait réalisé qu'il fallait faire des sacrifices dans la vie. Je le comprends, aujourd'hui, mais sur le coup, je n'en revenais pas », raconte Sbrocca qui a néanmoins connu une carrière intéressante au hockey.

De son côté, Ian pense à ses *chums* et ne les comprend pas. Il se demande pourquoi ils ne font pas comme lui. Pourquoi niaiser dans un parc avec de la bière ? Au fond, sans les juger, il croit presque que ce sont ses copains qui sont anormaux !

« Je me disais toujours que la journée où un gars prenait congé de l'entraînement et que moi, je m'entraînais, je me donnais automatiquement une petite avance sur lui. Rien de bien gros, peut-être, mais je m'améliorais quand même plus que lui cette journée-là. Ça paraîtrait peut-être pas tant que ça, mais moi, j'allais le savoir. J'étais fait comme ça, je n'ai pas changé. Chaque année, je ne prends qu'une semaine de repos et je recommence aussitôt l'entraînement. Si je ne fais pas ça, je me sens coupable. J'ai vu des gars qui avaient mille fois plus de talent que moi, mais qui n'aimaient pas s'entraîner et qui tenaient tout pour acquis… Aujourd'hui, ils font peut-être une belle vie, mais ils ne jouent pas dans la Ligue nationale. »

AVEC LES VOLTIGEURS À 16 ANS

C'est avec cette détermination que Ian s'amène à Drummondville au mois d'août. Âgé de 16 ans, « Lappy », comme le surnomme ses copains, ne se fait pas d'illusions et voit le camp d'entraînement des Voltigeurs comme une nouvelle expérience très enrichissante qui le servira à son retour dans le midget AAA.

Même si ses chances de demeurer à Drummondville sont pratiquement nulles, Ian donne tout ce qu'il a. C'est la seule façon de faire qu'il connaît.

« Il n'avait que 16 ans et après la première partie intra-équipe, tous les vétérans voulaient le tuer ! Il avait frappé et agacé tout le monde en plus de s'être battu trois ou quatre fois. Rien ne le dérangeait. Que le gars ait 18 ou 19 ans, ça ne changeait rien pour lui », explique Stéphane Pilote, qui a vite développé une certaine complicité avec son jeune protégé.

L'entraîneur-chef, Jean Hamel, aime bien ce qu'il voit de Laperrière et le mute au centre, une position où Ian n'a jamais joué même si c'est celle qu'occupe son héros, Guy Carbonneau. Ian croit que ce changement de position est un mauvais signe et il fait part de ses inquiétudes à Pilote, qui le rassure rapidement. À la fin du camp d'entraînement, Hamel décide finalement de garder le choix de deuxième ronde et il ne regrettera pas sa décision. Ian deviendra l'un des meilleurs joueurs de l'histoire de cette concession.

« J'aimais m'asseoir en arrière du banc avec les autres mères des joueurs des Voltigeurs, explique Francine. Ma mère, Alice, m'accompagnait presque à chaque rencontre. Et même si ma mère était là, quand mon fils ne travaillait pas fort, je lui criais après ! Je n'avais pas le choix, son père ne disait pas un mot pendant les matchs. Il aimait bien rester debout, dans le haut des gradins, où il pouvait s'appuyer sur la rampe et regarder la partie en prenant une bière avec ses *chums*. Mais ça, c'était dans les rangs du junior seulement. Quand il était plus jeune, je ne disais jamais rien de plus que "Vas-y, mon garçon ! Lâche pas !" » prend-elle le temps d'ajouter.

« Je la voyais dans les gradins, en arrière de notre banc, avec les autres mères. C'était quand même pas si grand que ça comme aréna, à Drummondville. Et quand il y avait un match où je ne donnais pas mon plein rendement, je l'entendais, c'est certain ! Elle me criait : "Envoye, Laperrière ! Va t'asseoir au banc, Laperrière", se souvient Ian en riant à son tour pendant que sa mère, sourire aux lèvres, hoche la tête en signe d'approbation.

« Mais ça n'arrivait pas souvent parce que Ian travaillait très fort presque à chaque match. Jamais je n'aurais osé crier ça à un autre joueur », précise Francine.

Madame Laperrière n'a sûrement pas enguirlandé son fils très souvent, car il a connu toute une carrière comme junior. Dès le départ, il a grandement impressionné pour une recrue de 16 ans grâce à une production de 19 buts et 29 mentions d'aide pour 48 points en 68 parties. Et le meilleur restait à venir. En juin, les Votigeurs participent au tournoi de la coupe Memorial, au Colisée de Québec. Devant tous les dépisteurs de la LNH, le centre recrue connaît un tournoi du tonnerre. En demi-finale contre les Saguenéens de Chicoutimi, Ian marque trois buts et son dernier filet tranche le débat lors de la période de prolongation. Ce triomphe propulse les Voltigeurs en finale face à Spokane. Héros du match, on l'amène rapidement dans les studios de TSN pour une entrevue en direct.

« C'était un moment incroyable, mais je ne savais pas parler anglais ! On m'a alors dirigé vers RDS, où Chantal Macchabée m'attendait pour une entrevue. J'étais gêné et je ne savais pas trop quoi dire ! »

La saison suivante, un peu après les fêtes, Ian n'a pas encore célébré son 18e anniversaire qu'on le nomme déjà assistant-capitaine des Voltigeurs. Les efforts des dernières années n'auront pas été inutiles. Non seulement il est en excellente condition physique, mais il s'avère aussi un hockeyeur complet et un meneur d'homme très mûr pour son âge. Au début de sa troisième campagne dans la LHJMQ, « Lappy » se retrouve capitaine

À l'automne de 1992, Ian est nommé capitaine des Voltigeurs de Drummondville. Leader de son équipe, il amassera 140 points en 60 parties lors de cette saison.

de son équipe, comme son idole, Guy Carbonneau. Quelques jours après cette nomination, son père lui apporte un article de journal dans lequel Carbo livre ses états d'âme sur son rôle de leader avec les Canadiens. C'est un article que Ian lira attentivement et qui lui servira d'inspiration. Six ans plus tard, durant l'automne de 1994, le destin se chargera de réunir les deux hommes au sein de la même formation, à Saint Louis. La carrière de Carbonneau prendra un nouveau tournant après 12 saisons à Montréal ; celle de Ian Laperrière ne fera que commencer.

LES CONSEILS DE IAN

« Je base mes recommandations sur ce que j'ai moi-même vécu. J'ai joué avec et contre de bien meilleurs joueurs que moi à toutes les étapes de mon hockey mineur, mais ça ne m'a jamais empêché de m'accrocher à mon rêve. Comme je n'étais pas le joueur le plus talentueux, j'ai mis tous les efforts possibles et j'ai développé une grande éthique de travail.

« Ça ne veut pas dire que ça peut toujours fonctionner pour tout le monde. Si un jeune y met du sérieux mais qu'il ne joue pas dans la LNH plus tard, il aura au moins développé une discipline qui le suivra toute sa vie. Il n'y a que dans le dictionnaire où succès vient avant travail. »

LES CONSEILS DE FRANCINE

« Mon conseil n'est pas sorcier, mais il va au-delà du hockey et des exploits sportifs de votre enfant. En fait, c'est peut-être plus une philosophie qu'un conseil. Je suis très fière que Ian ait pu réaliser son rêve de jouer dans la Ligue nationale. Mais au bout du compte, pour nous, ce qui était important, c'était surtout que notre fils participe à un sport d'équipe. Pour mon mari et moi, c'était primordial.

« On voulait que ça soit son choix, mais on désirait qu'il pratique un sport, car c'est une excellente école de vie. Tu apprends à gagner et à perdre. Tu apprends à surmonter des obstacles et à te fixer des objectifs. Une équipe sportive, c'est aussi une microsociété qui te prépare à ta vie d'adulte. »

Ancien joueur de football, le père de Ian travaillait fort pour subvenir aux besoins de sa famille. Michel Laperrière n'acceptait pas que son rejeton se contente de demi-mesures. Lorsque Ian ne donnait pas son plein rendement sur la glace, Michel répétait toujours la même phrase : « Ian, tu sais que je travaille fort pour te payer le meilleur équipement et tout ce qu'il te faut pour le hockey. Alors je m'attends à ce qu'en retour, tu travailles le plus fort possible chaque fois que tu mets tes patins. »

IAN LAPERRIÈRE

Né le 19 janvier 1974 à Montréal, Québec
Ailier droit
6 pi 1 po
200 livres
Repêché par St. Louis en 7e ronde
158e au total

		SAISON RÉGULIÈRE				SÉRIES			
	SAISONS	PARTIES	BUTS	PASSES	POINTS	PARTIES	BUTS	PASSES	POINTS
Mtl-Bourassa midget AAA	1989-1990	22	4	10	14	3	0	1	1
Drummondville LHJMQ	1990-1991	65	19	29	48	14	2	9	11
Drummondville LHJMQ	1991-1992	70	28	49	77	4	2	2	4
Drummondville LHJMQ	1992-1993	62	44	96	140	10	6	13	19
Drummondville LHJMQ	1993-1994	62	41	72	113	9	4	6	10
St. Louis LNH		1	0	0	0				
Peoria LAH						5	1	3	4
Peoria LAH	1994-1995	51	16	32	48				
St. Louis LNH		37	13	14	27	1	0	1	1
Worcester LAH	1995-1996	3	2	1	3				
St. Louis LNH		33	3	6	9				
NY Rangers LNH		28	1	2	3				
Los Angeles LNH		10	2	3	5				
Los Angeles LNH	1996-1997	62	8	15	23				
Los Angeles LNH	1997-1998	77	6	15	21	4	1	0	1
Los Angeles LNH	1998-1999	72	3	10	13				
Los Angeles LNH	1999-2000	79	9	13	22	4	0	0	0
Los Angeles LNH	2000-2001	79	8	10	18	13	1	2	3
Los Angeles LNH	2001-2002	81	8	14	22				
Los Angeles LNH	2002-2003	73	7	12	19				
Los Angeles LNH	2003-2004	62	10	12	22				
Caravane McDonald's	2004-2005								
Colorado LNH	2005-2006	82	21	24	45	9	0	1	1
Colorado LNH	2006-2007	81	8	21	29				
Colorado LNH	2007-2008	70	4	15	19	10	1	1	2
TOTAL LNH		**927**	**111**	**186**	**297**	**54**	**3**	**9**	**12**

1993 Deuxième équipe d'étoiles de la LHJMQ

FRANCIS BOUILLON

Rares sont les joueurs qui réussissent à atteindre la Ligue nationale de hockey sans jamais avoir été repêchés. Francis Bouillon est l'un d'eux. En fait, le jeune homme, originaire d'Hochelaga-Maisonneuve, n'a même pas été sélectionné par une équipe junior à la fin de son stage midget AAA. Déjà, au niveau pee-wee, on refusait de lui faire confiance parce qu'il était trop petit. Voilà une rengaine qu'on entend encore trop souvent. Au lieu de se décourager, Francis Bouillon a démontré que, parfois, c'est la grosseur du cœur qui compte.

Gardant son éternel sourire et croyant toujours à la Providence, Francis a trimbalé son baluchon d'un circuit à l'autre. Modèle de ténacité et travailleur acharné, il n'a jamais osé rêver que ce long parcours le mènerait un jour dans la LNH, avec le Canadien de Montréal de surcroît. Et pourtant...

* * *

Même s'il a vécu son enfance dans le quartier montréalais d'Hochelaga-Maisonneuve, Francis Bouillon est né à New York, aux États-Unis. Sa mère, Murielle Bouthillette, une jeune femme décidée et dynamique, avait quitté Montréal en 1967 pour aller apprendre l'anglais et gagner sa vie dans la Grosse Pomme. En travaillant pour des familles aisées, la Québécoise gagnait un salaire supérieur à ce qu'on pouvait espérer obtenir dans la province à l'époque. C'est à New York qu'elle fait la connaissance d'un charmant jeune homme : Claude Bouillon, un étudiant haïtien qui vit aussi dans la métropole américaine.

De fil en aiguille, la relation devient plus sérieuse et les tourtereaux emménagent dans un coin de l'immense maison familiale des Bouillon, située dans le quartier Queens. En 1972, Murielle accouche d'un premier enfant, un garçon nommé Éric. Puis, trois ans plus tard, le 17 octobre 1975, le petit Francis se pointe le bout du nez. Il commence à y avoir beaucoup de monde chez les Bouillon, d'autant plus que la sœur de Claude réside aussi chez ses parents avec son mari et ses enfants. Les grands-parents sont là aussi. Comme Claude a obtenu son diplôme d'ingénieur, Murielle et lui prennent la décision de venir s'établir au Québec. La petite famille s'intalle à Montréal, plus précisément dans le quartier Hochelaga-Maisonneuve. Éric est sur le point d'entrer à l'école et Francis n'a pas encore deux ans. Mais le couple bat de l'aile et le beau projet de vivre au Québec tourne au vinaigre. La situation est difficile pour Claude, qui doit composer régulièrement avec des attitudes et des commentaires racistes dans son nouvel environnement. Il faut dire qu'à l'époque, on était loin du Montréal multiculturel qu'on connaît aujourd'hui. Finalement, Claude fait ses valises et Murielle se retrouve seule avec les deux bambins.

La jeune mère de famille se démène pour que ses deux fils ne manquent de rien. Elle trouve le moyen d'économiser suffisamment d'argent pour inscrire ses garçons dans des équipes de baseball, l'été, et de hockey, l'hiver. Suivant les traces de son frère aîné, Francis commence à patiner très jeune, mais l'aventure n'est pas de tout repos pour Murielle et ses fils. Quand vient l'heure des entraînements, ils partent ensemble, marchent quelques coins de rues puis sautent dans un autobus de la ville avec les sacs d'équipement et les bâtons. Heureusement, Francis est bien encadré par son premier entraîneur, Marcel Desjardins, un bénévole hors pair œuvrant au sein du programme des Loisirs des jeunes sportifs d'Hochelaga.

Après quelques hivers passés à patiner et à apprendre les rudiments du hockey, Francis commence à jouer dans un circuit organisé, à l'âge de six ans. Même s'il se montre un très bon patineur pour son âge, Francis décide de garder les buts lors de cette première saison au niveau novice. Son équipe ne perd pas une seule partie et le petit garçon s'amuse à arrêter presque toutes les rondelles dirigées vers lui.

L'homme qui s'occupe alors du groupe de garçons se nomme Jean-Pierre Ducharme et dirige l'équipe en compagnie de Michel Despaties, un de ses collègues de travail à la boulangerie Stuart. Grand amateur de hockey, monsieur Despaties n'a pas hésité à accepter l'invitation de son ami. Cette décision de s'engager bénévolement auprès d'une douzaine de jeunes inconnus allait éventuellement changer sa vie.

UN HOMME ENTRE DANS LA FAMILLE

Pour s'occuper adéquatement de ses deux fils, Murielle a mis au rancart ses espoirs de rencontrer le prince charmant un jour. Elle sait très bien qu'avec deux enfants en bas âge, ses chances d'intéresser un homme convenable sont plutôt minces. Pour le moment, ses priorités se nomment Éric et Francis. Mais l'entraîneur-adjoint qui œuvre dans l'équipe du petit dernier lui tombe dans l'œil durant l'automne de 1981. Discrètement, la jeune mère monoparentale observe donc Michel Despaties car avant d'effectuer les premiers pas, elle doit se faire une bonne idée sur la façon dont il s'y prend avec les enfants. Plutôt réservé, le jeune homme se montre doux et attentionné envers les joueurs d'âge novice, ce qui évidemment plaît énormément à Murielle.

Puisque Michel a passé le test avec succès, bientôt, la jeune mère plutôt fonceuse passe à l'attaque. Sans rien brusquer, Michel et Murielle apprennent à se connaître et se découvrent beaucoup de points communs. Au fil des jours, une belle complicité s'installe entre eux. Mais la jeune femme n'est pas du genre à laisser traîner les choses et elle propose un pacte assez simple à son nouvel amoureux.

— C'est facile à voir qu'on pourrait faire un long bout de chemin ensemble. Mais si jamais ça fonctionnait pas avec mes fils ? Je suggère qu'on essaie pendant un mois pour voir si ça peut marcher. Dans un mois, on pourra évaluer la situation, toi et moi. Ensuite, j'en discuterai avec les enfants si c'est concluant pour nous deux.

Finalement, Murielle s'inquiétait inutilement. L'entrée dans leur vie de Michel se révèle une bénédiction pour Éric et Francis, qui se prennent d'affection pour lui. Une fois le délai d'un mois expiré, les tourtereaux savent qu'ils vont poursuivre leur route ensemble. Murielle décide néanmoins de vérifier ce que ses enfants en pensent. Alors que le groupe se dirige vers l'aréna, elle regarde Michel, lui lance un clin d'œil et annonce aux garçons que l'expérience n'a pas fonctionné. Michel retournera vivre chez lui. Francis ne peut retenir ses larmes. Les adultes éclatent de rire.

Plus de 25 ans plus tard, les deux complices s'aiment toujours. Et comme si s'occuper de deux jeunes joueurs de hockey et de baseball n'était pas suffisant, bébé Marilyn est venue se joindre à la famille en 1983.

LES DÉBUTS À LA LIGNE BLEUE

Michel et son ami Jean-Pierre Ducharme continuent de diriger les petits de la catégorie novice d'Hochelaga, la saison suivante. Françis est passé au niveau A et n'a rien perdu de ses réflexes au cours de l'été. Il est bourré de talent comme gardien, mais c'est aussi le meilleur patineur du groupe. On lui demande d'aller jouer au poste de défenseur après la première joute de la saison. C'est que Francis et ses amis l'ont amorcée en subissant une cinglante défaite de cinq à zéro contre la formation de Bourget–Longue-Pointe. Le jeune Bouillon s'est démené comme un diable devant le filet en repoussant une quarantaine de lancers. Presque toute la partie s'est déroulée dans son territoire et les entraîneurs pensent que Francis serait plus utile à l'équipe en devenant défenseur. Il pourrait utiliser son excellent coup de patin et sa vision du jeu pour contrôler la rondelle au lieu de se faire bombarder dans les buts sans que personne ne puisse venir l'aider. Cette décision viendra modifier l'existence de Francis Bouillon.

Cette saison est la dernière de Michel à titre d'entraîneur. Fort occupé par son emploi à la boulangerie et par les deux petits nouveaux qui viennent d'arriver dans sa vie, il a malheureusement beaucoup moins de temps libre à consacrer aux jeunes

À ses début dans la catégorie novice, Francis Bouillon impressionnait devant le filet des Jeunes Sportifs d'Hochelaga. Sa carrière de gardien fut toutefois de courte durée.

hockeyeurs. De son côté, le petit défenseur d'Hochelaga connaît passablement de succès lors de cette première année à la ligne bleue. Ses performances lui valent une invitation pour le camp d'entraînement de l'atome AA, l'année suivante. Comptant parmi les derniers joueurs retranchés, il amorce le calendrier dans le BB, où il ne disputera que 12 rencontres.

Mais ces 12 parties ne sont pas toujours agréables. L'homme qui dirige alors l'équipe BB d'Hochelaga considère malheureusement, à l'instar de plusieurs autres bénévoles du genre, qu'il

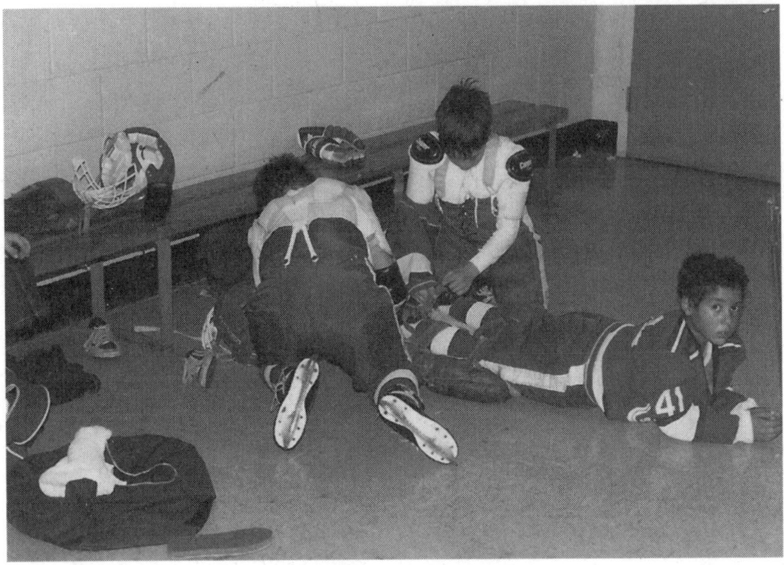

Avant d'arrêter les rondelles de ses adversaires, Francis devait d'abord enfiler son uniforme de gardien… ce qu'il ne pouvait faire sans aide.

est tout à fait normal qu'un enfant de 8 ou 9 ans profite d'un temps de jeu moindre pour améliorer les chances de gagner de sa troupe. Francis passe souvent son tour. Dans les gradins, Murielle est loin d'apprécier la situation et elle bouille intérieurement. Son fils ne mérite pas un traitement semblable et les choses ne resteront pas ainsi. Penser le contraire, c'est mal connaître madame Bouthillette ! Elle décide donc d'aller demander des explications à l'organisation de JSH. En fait, il serait plus juste de dire qu'elle décide de lancer un ultimatum aux dirigeants.

« Je suis allée les voir et je leur ai dit : "Écoutez bien. Ce n'est pas Éric que vous avez dans l'atome BB. Je sais qu'Éric n'est pas trop aimé car il est parfois nonchalant et je suis assez honnête pour l'avouer. Mais ce n'est pas Éric, c'est Francis et lui, il a toujours travaillé très très fort. Toutes les équipes aimeraient l'avoir comme joueur. Il est bon et c'est pas vrai que vous allez le laisser assis au bout du banc. Si jamais je le vois encore niaiser, je vous avertis qu'il va se passer quelque chose. Je vais le changer d'organisation ou peu importe, mais c'est certain que vous ne l'aurez plus. Allez voir le *coach* ou faites ce que vous voulez, mais arrangez-vous pour que ça n'arrive plus" », se souvient Murielle en haussant le ton.

L'intervention de Murielle porte ses fruits. Mais, de toute façon, Francis ne reste pas longtemps avec son équipe BB. Il vient dépanner au niveau AA à l'occasion et se distingue chaque fois qu'il se greffe au groupe. Noël n'est pas encore arrivé quand Francis devient membre à part entière de la formation AA.

Le nouveau beau-père de Francis est un véritable maniaque de hockey. Sans être un grand expert en la matière, il possède une bonne base de connaissances. Du hockey, il en mange. Lorsqu'il n'est pas à l'aréna avec Éric ou Francis pour leurs matchs, il aime aller voir jouer le Canadien junior de Verdun, surtout pour surveiller un jeune Américain extrêmement talentueux du nom de Pat Lafontaine. Éric et Francis accompagnent souvent Michel pour suivre les exploits du jeune phénomène. Un soir, Francis ne s'intéresse pas tellement à Lafontaine et porte plutôt son attention vers le défenseur Steve Woodburn.

— Dis-moi, Michel, pourquoi le numéro cinq du Canadien junior croise toujours ses jambes quand il patine à reculons ?

— C'est pour se donner de la vitesse, Francis. Quand il croise ses jambes comme ça, ça lui permet d'accélérer plus rapidement en poussant fort avec ses pieds.

Deux jours plus tard, Michel constate que Francis effectue aussi des croisements lorsqu'il patine vers l'arrière. Il a tout simplement appliqué ce que Steve Woodburn faisait. Il n'a que huit ans et personne ne patine comme lui. À reculons, il devance tous ses coéquipiers alors que ces derniers patinent vers l'avant ! Il faut dire que Francis chausse ses patins pratiquement chaque jour. À la boulangerie, les journées de travail de Michel se terminent rarement après 15 h. Il arrive tôt à la maison et, trois ou quatre fois par semaine, il dépose sa boîte à lunch, enfile des vêtements de sport et se rend avec les deux garçons aux séances de patinage libre de l'aréna Préfontaine ou Camilien-Houde.

Quand Éric et Francis ne patinent pas avec Michel, ils jouent au « hockey-balle » dans la cour de l'école avec leurs amis. Seule une petite ruelle sépare la vieille maison de la rue Hogan de l'école Saint-Anselme. Le domicile familial devient donc le refuge de tous les garçons du voisinage. Peu importe qu'il y ait de l'école ou pas, c'est le point de ralliement pour les amis.

« On n'avait pas beaucoup d'argent, mais on avait tellement de bons moments ! On avait une très grande cour et les petits gars des alentours étaient toujours rendus chez nous ! La maison était toujours pleine. L'été, au camping, quand je sortais mes ciseaux pour couper les cheveux d'Éric et de Francis, je devais être certaine d'avoir beaucoup de temps devant moi. Je me ramassais toujours avec cinq ou six autres jeunes qui faisaient la ligne et qui voulaient aussi se faire couper les cheveux ! Il y avait des parents qui, malheureusement, ne s'occupaient pas beaucoup de leurs enfants, donc les petits gars venaient à la maison et on les gardait avec nous pour dîner ou pour souper », se rappelle Murielle en riant de bon cœur.

Beaucoup d'anecdotes amusantes de cette époque demeurent. Un jour, Michel s'affaire à rénover la maison quand il entend une fenêtre voler en éclats. Pas besoin de commencer une longue enquête, il sait très bien ce qui s'est produit. Lorsqu'il arrive dans la cour, il aperçoit les garçons, l'air penaud, bâton de baseball à la main. Il a trouvé les coupables. Comme ses outils sont déjà sortis, Michel ne perd pas de temps et il va immédiatement acheter une nouvelle vitre, qu'il installe dès son retour. À peine l'opération terminée, un son familier parvient à ses oreilles. Mêmes garçons, même balle, même fenêtre… Le baseball était terminé pour la journée.

Pour Michel et Murielle, les fenêtres brisées étaient bien secondaires. Ils préféraient nettement avoir les garçons à la maison que de les voir traîner dans les rues du quartier.

« C'est moins pire aujourd'hui, mais dans le temps, ça brassait pas mal dans Hochelaga-Maisonneuve. Si, par exemple, je partais pour aller me baigner à la piscine municipale et que je n'allais pas à celle de mon quartier, je devais forcément me battre une fois ou deux ! À l'école, si on voyait un gars qu'on ne connaissait pas, c'est certain qu'il y avait quelqu'un de la gang qui devait aller l'"essayer". On voulait savoir c'était qui celui-là, c'était quoi son caractère !

C'était comme ça que ça marchait et je me battais très souvent. C'était pareil au camping. Quand un nouveau gars de notre âge arrivait, il fallait l'"essayer". Quand un gars de la gang était dans le trouble, on sautait dans le tas pour aller l'aider. C'était ça la réalité dans Hochelaga. T'avais pas le choix : soit tu apprenais à te défendre ou tu t'habituais à manger des volées. J'ai des *chums* qui ont plus ou moins bien tourné. Je revois parfois des amis d'enfance et même si je sais qu'ils sont "croches", je suis quand même toujours content de les saluer et de prendre des nouvelles. Ils n'ont pas eu les mêmes influences que moi et je ne veux pas les juger parce que, honnêtement, si je n'avais pas joué au hockey, il y aurait sûrement eu de fortes chances pour que je vire mal. Comme j'étais occupé par le hockey et le baseball, je ne traînais pas au parc comme d'autres. Dans le hockey, plus tu gravis les échelons et plus la discipline est importante alors que dans la vie, c'est le contraire. En tant qu'ado, plus tu vieillis et plus tu as de liberté. Sans le hockey, est-ce que j'aurais été capable de me détacher de mes *chums* ? Franchement, je ne sais pas… Peut-être que oui », de dire Francis en toute honnêteté.

Le garçon termine sa saison dans l'atome AA et devient un élément clé de sa formation l'année suivante alors qu'il s'impose comme l'un des meilleurs joueurs du circuit. En fait, il en est ainsi pour deux ans, car Hockey Québec apporte des modifications aux groupes d'âge. Francis passe donc trois ans dans la catégorie atome et, au terme de sa dernière saison, il n'est pas invité au camp d'entraînement de la formation pee-wee AA. Michel Despaties ne comprend pas pourquoi.

« Je vous jure que Francis mettait dans sa petite poche arrière la plupart des joueurs du pee-wee AA. Le plus drôle, c'est que les entraîneurs venaient de graduer de l'atome AA et ils avaient dirigé Francis l'année précédente. Ils avaient passé la saison à le vanter, mais ils ne l'avaient même pas invité au camp alors qu'une bonne demi-douzaine d'autres petits gars de l'équipe y avaient été. Je ne l'ai jamais comprise, celle-là. »

Francis n'en fait pas un plat. Après tout, il s'amuse avec ses amis d'Hochelaga et c'est ce qui compte pour lui. Son nouvel entraîneur lui demande de changer de position et d'aller jouer à

L'été, c'était le baseball, la pêche et le camping qui tenaient Francis occupé.

l'attaque. Là encore, pas de problème. Francis est un garçon facile à diriger. Il trouve le fond du filet presque à chaque partie et est même nommé sur la première équipe d'étoiles. Après une aussi bonne année à titre de recrue comme pee-wee, tout le monde croit que Francis sera un choix évident pour le AA l'année suivante. Mais même si le « contact » n'est pas permis à cet âge et que le petit gabarit du jeune Bouillon ne représente pas un handicap, l'entraîneur, Tom Wright, l'écarte assez rapidement en raison de sa taille. Il lui préfère des garçons plus gros et plus costauds bien que beaucoup moins talentueux.

« L'entraîneur nous avait dit qu'il allait s'arranger pour développer les gros joueurs. Quand on y pense aujourd'hui, c'était vraiment injuste. Mais curieusement, toutes ces histoires-là n'affectaient pas trop Francis. Il voulait jouer avec ses amis et il n'était pas le seul bon joueur qui n'avait pas été sélectionné dans le pee-wee AA. Cette année-là, dans le BB, nous n'avions perdu que trois parties. On avait toute une machine de hockey », raconte Michel Despaties.

LE PASSAGE AU BANTAM

Après avoir été écarté en raison de son poids et de sa grandeur au niveau pee-wee, Francis ne se berce pas d'illusions quand vient le temps de passer dans la catégorie bantam. Qui dit bantam, dit arrivée de la mise en échec. Dans le monde cruel du hockey mineur, plusieurs bons petits joueurs sont mis de côté lorsqu'ils arrivent à ce niveau. Et comme on pouvait s'y attendre, Bouillon n'est pas invité au camp de sélection du bantam AA.

« Pour moi, c'était normal. C'était la continuation des années précédentes. Je n'ai jamais été perçu comme le gros joueur qui va sauver l'équipe avec un gros but en fin de match. J'étais un joueur fiable mais effacé. Je n'étais pas flamboyant et je n'attirais pas l'attention, mais j'étais toujours efficace sur la patinoire. »

Francis connaît un excellent camp d'entraînement avec le BB. Mais avant même que la saison commence, le petit défenseur se blesse à l'épaule et se voit contraint à l'inactivité pour une période de deux mois. À son retour, malgré cette longue absence, Francis reprend là où il avait laissé. En plus de tenir son bout en défensive, il assume une bonne partie de l'offensive. Au fil des semaines, le petit joueur de première année prend du galon et de la confiance, malgré le jeu plutôt robuste. À l'époque, son oncle, Guy Bouthillette, possède la *Brasserie Frontenac* et aime bien gâter ses neveux en les amenant skier avec lui. À l'occasion, il leur permet même de l'accompagner au gymnase de boxe où il s'entraîne. Francis y voit une belle occasion de s'améliorer en tant qu'athlète et s'y rend régulièrement pendant quelques semaines. C'est son seul entraînement particulier. Comme la famille ne roule pas sur l'or, il n'a jamais participé à aucune école de hockey.

Dans les gradins, Michel est rassuré de voir Francis encaisser ces mises en échec distribuées généreusement par des adversaires plus grands et plus lourds. Il sait que son jeune protégé n'a pas froid aux yeux et qu'il est fort pour son âge, mais une certaine crainte l'habitait quand même. Murielle, de son côté, n'a d'yeux que pour son fils. Lorsque Francis saute sur la glace, elle ne regarde que lui et, sans être une grande spécialiste en la matière, elle analyse ses performances et n'accepte aucune demi-mesure. En quittant l'aréna, Francis sait pertinemment que sa mère ira droit au but quand viendra le moment de lui livrer son commentaire d'après-match ! Lorsque Murielle Bouthillette parle, il n'y a pas de zones grises.

« Il n'était pas question qu'il joue en donnant son 100 %. Pour moi, ce n'était pas suffisant. Je voulais du 200 % à chaque partie et je le lui disais. Je lui répétais que les petits gars du bantam A attendaient de lui voler sa place et qu'il devait toujours travailler avec acharnement. Après une mauvaise partie, je ne lui disais jamais de phrases dans le genre : "Ah, ce n'est pas ta faute. Tu te reprendras la prochaine fois." Si tu ne travailles pas pour obtenir quelque chose, tu ne peux pas réussir. Quand ça allait mal, je lui disais la vérité. Je lui disais des choses comme : "Francis, tu n'as pas travaillé aujourd'hui, tu faisais dur sur la glace." Et c'est encore pareil aujourd'hui, même s'il joue pour le Canadien de Montréal ! Il y a des journées où il devait réellement me trouver fatigante », se souvient Murielle en riant.

Une fois la tornade passée, Michel prend le temps d'aller rencontrer Francis pour tempérer les choses et lui signaler ses bons coups, sans pour autant contredire la mère de l'adolescent.

À force de travail et de ténacité, Francis Bouillon atteint ses objectifs. Il dispute finalement une première saison au niveau AA, lors de sa seconde année dans les rangs bantam, puis rejoint le Canadien de Montréal-Bourassa, du circuit midget AAA lors de la campagne suivante.

L'AVENTURE DU MIDGET AAA

À la mi-avril, Francis, maintenant âgé de 15 ans, participe au précamp de sélection du niveau midget AAA. Les joueurs du centre et de l'est de Montréal qui viennent de quitter le bantam et qui ont joué AA ou BB sont pratiquement tous invités. À l'époque, Francis ne mesure que cinq pieds trois pouces et même s'il a très bien fait durant la saison précédente, personne n'entretient de faux espoirs dans la famille. Le jeune homme franchit cette première étape avec succès et se retrouve au nombre des 14 défenseurs conviés au vrai camp d'entraînement, qui se tient en août.

Pendant l'été de 1991, Francis s'entraîne et se prépare pour cette étape importante de sa carrière. Mais pour le reste de la famille, la vie suit son cours normal. On effectue quelques rénovations dans la vieille maison de la rue Hogan. Changer le prélart se situe notamment au cœur des projets estivaux. L'homme qui se présente pour effectuer le boulot a un fils qui joue au hockey contre Francis. Évidemment, pendant la journée, la discussion vient à bifurquer vers le hockey et Murielle finit par lui avouer qu'elle croit fermement que son fils pourra se tailler une place dans le midget AAA, dans quelques semaines.

— Voyons donc ! Vous êtes pas sérieuse. Arrêtez de vous faire des idées. Votre fils est bien trop petit pour jouer midget AAA. Il a aucune chance, arrêtez d'en parler, lui lance-t-il.

Quand le type quitte, Murielle regarde son camion s'éloigner sur la rue Hogan et elle se demande qui des deux aura raison. Pour une rare fois, la dynamique mère de famille que rien ne semble ébranler est découragée.

Il reste encore quelques belles semaines à l'été quand le camp arrive enfin. La compétition est féroce et Francis prend part à toutes les parties préparatoires. Michel se demande si c'est bon signe. Il estime que le fils de Murielle a sa place parmi les six meilleurs arrières, mais il n'a joué qu'une saison avec le AA alors que la plupart des autres défenseurs ont évolué à ce niveau de compétition presque chaque année depuis leurs débuts. Murielle aussi considère que Francis se débrouille très bien. Depuis quelques années, elle est fermement convaincue que son garçon ira très loin, mais elle se garde d'en parler ouvertement de peur qu'on la prenne pour une folle. Et elle n'a surtout pas oublié l'épisode du poseur de prélart. Plus les saisons passent, plus ce sentiment grandit en elle. Michel et Murielle sont donc tous les deux persuadés que Francis a le talent pour se tailler une place au sein de cette formation. Mais quoi penser ? Dans le passé, leurs évaluations personnelles n'ont pas souvent reflété exactement ce que les entraîneurs pensaient. Mais cette fois, le pilote Pierre Alain leur donne raison. Il juge qu'en dépit de sa petite taille, Francis possède les capacités nécessaires et le jeune homme est sélectionné au sein du Canadien midget AAA de Montréal-Bourassa.

L'entraîneur-chef de Bourassa ne regrettera pas sa décision. Francis connaît une très bonne saison, dans l'ensemble. Dès le premier mois, il est nommé défenseur par excellence de l'équipe qu'il aide à atteindre la demi-finale du circuit, que les Lions du Lac Saint-Louis remporteront en sept matchs.

LA PIRE JOURNÉE DE SA VIE

Compte tenu de son rendement au cours de la saison, toute la famille est convaincue qu'il sera sélectionné lors du repêchage de la Ligue de hockey junior majeur du Québec. Des recruteurs de Laval, Beauport, Saint-Jean et de deux autres villes de la ligue avaient manifesté de l'intérêt pour Francis. Au cours de la saison, trois défenseurs des Canadiens de Montréal-Bourassa avaient ressorti du groupe et Francis était l'un d'eux, les autres étant Charles Julien et Luc Bilodeau.

« C'était la journée la plus importante de ma vie. Je m'étais acheté un habit expressément pour ça et je flottais sur un nuage. Les dépisteurs à qui j'avais parlé avaient tous eu des bons commentaires à mon égard. »

Toute la famille se rend donc à l'aréna Maurice-Richard pour cette grande journée. Comme l'événement se déroule tout près de la maison, tous les coéquipiers de Francis sont aussi présents avec leurs parents et leurs amis. Tirés à quatre épingles, les Bouillon sont assis ensemble et attendent le grand moment, tout en se doutant que le nom de Francis ne résonnera probablement pas dans l'amphithéâtre avant la troisième ou quatrième ronde.

Mais cette journée-là, le nom de Francis Bouillon ne sera jamais entendu dans les haut-parleurs de l'aréna Maurice-

Richard. Seulement trois joueurs de l'équipe de Montréal-Bourassa ne sont pas sélectionnés ce jour de juin 1992.

« J'ai vécu la plus grande déception de ma vie, cette journée-là. Je voyais des gars moins talentueux que moi être repêchés parce qu'ils mesuraient deux ou trois pouces de plus que moi. J'étais triste car c'était la fin de ma carrière. Quand tu ne joues pas junior majeur, ça veut dire que tes chances commencent à baisser pas mal. »

Murielle est assommée. Elle ne comprend pas ce qui arrive à son enfant.

« Des défenseurs beaucoup moins bons que Francis avaient été choisis. Il faisait tellement pitié. Il ne parlait plus. Il ne riait plus. Il regardait dans le vide. Nous, on se disait que ça n'avait pas de maudit bon sens. Pourquoi l'avait-on ignoré de la sorte ? On se demandait ce qui se passait. C'était l'un des bons défenseurs de la ligue. L'avait-on boudé parce qu'il était trop petit ? C'était dur à comprendre, mais encore plus difficile à accepter... surtout pour Francis », poursuit sa mère.

La plaie prendra du temps à guérir. Le jeune homme est découragé, mais pas au point de vouloir abandonner le sport qu'il aime tant.

« Ça m'avait blessé de ne pas être repêché. Mais ce n'était quand même pas la fin du monde car je n'entretenais aucun rêve particulier par rapport à ma carrière. Je ne pensais pas à la Ligue nationale. Tout ce que je voulais, c'était jouer au plus haut niveau de compétition et je savais que j'étais bien meilleur que des gars qui avaient été repêchés dans la LHJMQ. Je me disais que c'était injuste, mais que je n'y pouvais rien et que j'irais jouer junior AA », de dire Francis.

Michel pense à peu près de la même manière et il tente de réconforter l'adolescent du mieux qu'il le peut.

— C'est pas grave, Francis. Il va y avoir autre chose. Tu sais que tu as ta place avec Hochelaga dans le junior AA, lui répète t-il, peu convaincant.

Murielle est déçue mais surtout fâchée. Il n'est pas question que la situation demeure ainsi et elle cherche des solutions. Elle se souvient de ce que son fils lui a mentionné quelques mois plus tôt quand un dépisteur des Bisons de Granby avait rencontré des joueurs du Canadien de Montréal-Bourassa : « Les gars, si jamais vous n'êtes pas repêchés au mois de juin, venez nous voir à Granby, on va quand même vous faire prendre part au camp d'entraînement. » Comme une chanson qui recommence sans cesse parce qu'on a appuyé sur la fonction *repeat* de la chaîne stéréo, cette phrase revient constamment dans la tête de la mère de famille.

— Ça ne restera pas comme ça, Francis. On va aller voir les dirigeants à Granby. De toute façon, ce n'est pas un gros détour. On passera par là en allant au camping.

— O.K., *mom*. Si tu veux.

Sans avoir vraiment le choix, Francis suit donc sa mère, un peu à contrecœur. Lors de leur visite, un membre de l'organisation les accueille et leur explique gentiment que le camp d'entraînement des Bisons est complet. Il prend même la peine de les amener dans le bureau de l'entraîneur pour leur montrer le tableau sur lequel sont inscrits les noms de tous les participants.

La déception est de courte durée. Quelques jours plus tard, un dimanche soir, en revenant du camping Tropicana, la petite lumière rouge du répondeur téléphonique clignote.

« Bonjour. Ici Bob Hartley, le *coach* du Titan de Laval. On aurait une place pour essayer Francis à notre camp d'entraînement. Il nous manque un défenseur car Patrick Rochon a décidé d'aller étudier dans une université américaine. Vous seriez gentil de me rappeler le plus tôt possible, car le camp commence dans trois jours. »

Murielle écoute le message puis elle appuie sur le bouton *play* pour l'écouter de nouveau. Ce n'est pas un rêve. Francis aura sa chance.

« J'avais perdu tout espoir et je n'étais pas en très grande forme à ce moment-là. Quand même, j'ai rappelé Bob Hartley tout de suite. Honnêtement, j'allais là simplement pour remplir un chandail et équilibrer les équipes. Bob a été franc avec moi et il m'a expliqué la situation en me disant que, dans le fond, ça allait m'aider à être mieux préparé pour mon camp du junior AA », se souvient le défenseur du Canadien.

« J'espérais que Francis accepte mon invitation, se remémore Bob Hartley. Le camp était sur le point de commencer et je n'avais pas le temps de téléphoner à d'autres jeunes. J'avais planifié quatre équipes de 15 joueurs (9 attaquants et 6 arrières) et je me retrouvais soudainement avec un groupe qui ne comptait que cinq défenseurs. Quand on a appris la nouvelle du départ de Rochon, j'ai tout de suite pensé à Francis, car je l'avais vu jouer à quelques reprises au cours de l'hiver avec l'équipe de Montréal-Bourassa, et honnêtement, il m'intriguait un peu. Il faisait de très bonnes choses sur la glace. Mais le pire, c'est qu'il a fallu le convaincre de venir au camp, car il ne s'était pas entraîné de tout l'été. J'ai pratiquement été obligé de faire un travail de vendeur pour qu'il vienne à Laval ! Je lui ai dit : "Écoute, mon *chum*, c'est correct si tu ne t'es pas entraîné. Viens à notre camp et ça va justement te dérouiller un peu et t'aider à te mettre en forme pour ensuite aller dans ton club junior AA. Viens me donner trois jours. Tu vas voir, tu vas aimer ça." Ça faisait mon affaire qu'il accepte de venir ! »

En raccrochant le combiné, Hartley laisse échapper un soupir de soulagement et lance la petite liste de noms qu'il avait dressée à la corbeille. Évidemment, le jeune homme a accepté son invitation par pure politesse, mais peu importe, voilà un problème de réglé.

LE PLUS PETIT DÉFENSEUR DE LA LIGUE

Le lundi matin, en arrivant au travail, Murielle raconte l'histoire à des collègues Dans le groupe, son amie Jeannine Cousineau connaît l'équipe de Bob Hartley et lui prodigue de précieux conseils.

— Il va falloir qu'il aime se battre, ton Francis, parce qu'à Laval, les frères Morissette aiment les joueurs robustes. Murielle, je te le dis, ça se bat tout le temps à leurs parties et s'il n'est pas capable de se bagarrer, c'est certain qu'ils ne le garderont jamais dans l'équipe.

Loin d'être découragée par les propos de son amie, en revenant à la maison, Murielle sert une mise en garde à son fils.

— Écoute, Francis. Tu la voulais, ta chance, tu vas l'avoir, mais il faut que je te dise que ça sera pas facile à Laval. De toute façon, tu t'en doutes, va falloir que tu donnes ton 200 % pis que tu te battes à chaque fois que tu peux, sinon c'est certain qu'ils te garderont pas. Au camp d'entraînement, si tu te bats, c'est sûr que tu vas prendre de l'avance sur ceux qui veulent rien savoir de jeter les gants. Si tu veux réellement faire l'équipe, t'as pas le choix, mon homme.

Le premier matin, Francis prépare son sac d'équipement comme à l'habitude mais la nervosité le gagne rapidement. Il révise s'il n'a rien oublié puis il marche en solitaire jusqu'au premier arrêt d'autobus. Pendant le trajet vers l'aréna, le jeune Bouillon se demande ce qui l'attend. Devra-t-il vraiment se battre ? Sera-t-il capable de suivre le rythme, lui qui ne s'est pratiquement pas entraîné de l'été ? Les autres joueurs seront-ils beaucoup plus gros ? Une heure plus tard, il arrive enfin au Colisée de Laval. L'aventure débute plutôt mal. Invité à la dernière minute, il ne connaît pas toutes les règles. Sses parents n'ont pas signé de décharge et il devra prendre part à l'entraînement avec sa grille protectrice puisqu'il n'a pas encore 18 ans. En sautant sur la patinoire, il constate qu'il est le seul joueur du groupe à ne pas porter la demi-visière.

« Au début du match intra-équipe, j'ai "gelé" un gars dans le coin de la patinoire. Il s'est relevé et m'a dit : "Hé ! toé...Veux-tu 'dropper' ?" Je ne pouvais pas reculer et je ne voulais pas passer pour un peureux avec ma grille, donc je me suis dépêché d'ôter mon casque. Le gars se demandait ce que je faisais ! J'ai "garroché" mon casque pis on s'est battus. J'ai livré un bon combat et je pense que j'ai marqué des points en faisant ça », se souvient Francis.

« Dans un camp d'entraînement junior, tu ne prêtes pas du tout attention aux gars comme Francis, avoue honnêtement Bob Hartley. Tu regardes tes vétérans et tu observes surtout les recrues sélectionnées en début de repêchage sans trop te préoccuper des *no name*. Peu importe le niveau où tu diriges, le club est déjà à 80 % formé au début du camp d'entraînement. T'as les vétérans, les beaux espoirs et le reste, ce sont ceux qui vont brouiller les cartes. C'est ce qui est arrivé avec Francis. Il était là, il s'est battu et il s'est drôlement bien débrouillé. Il y a des joueurs que je ne connaissais pas du tout, mais lui, je savais qui il était... C'était le petit gars qui venait me dépanner pour équilibrer mes équipes. Dès le premier jour, il m'a démontré qu'il voulait porter le chandail du Titan. Il a allumé sa propre petite lumière. C'est comme s'il nous avait dit "Hé!, je suis icitte, moi là!" J'ai commencé à le surveiller de près, et comme il m'avait dit qu'il ne s'était pas entraîné de l'été, je me demandais à quel moment il allait frapper le mur. »

Le camp se poursuit et Francis conserve la même attitude. Bien que la recommandation de se battre soit une suggestion de leur cru, Michel et Murielle sont nerveux et inquiets pour fiston chaque fois qu'il engage une bataille. Dans les gradins, on commence à murmurer le nom de Francis Bouillon. Michel se promène sans rien dire et tend l'oreille aux conversations.

— As-tu vu le petit défenseur ? Y a du chien, pis en plus, y a pas peur de personne.

— Ouais... j't dis que lui, y veut rien savoir !

Malgré ce qui se raconte dans les estrades, les membres du clan Bouillon n'entretiennent aucune attente particulière et tous savent que malgré les étincelles qu'il a pu provoquer, Francis demeure quand même l'un des plus petits joueurs invités au camp. Mais une chose est certaine, il a réussi à faire une impression favorable et il reste à souhaiter que les entraîneurs auront aussi remarqué son ardeur au travail et sa grande détermination.

À l'issue de la troisième journée, Bob Hartley a prévu retrancher une trentaine de joueurs. Francis n'est donc pas très surpris quand on lui dit que l'entraîneur désire le rencontrer dans son bureau. Même s'il a tout donné, il sait que c'est terminé pour lui. Il prend sa douche, ramasse son équipement et va voir Hartley avant de quitter l'aréna. Il peut presque s'imaginer comment les choses vont se dérouler. Bob Hartley lui dira quelque chose comme : « Merci, Francis. Tu as connu un bon camp et tu as du potentiel, mais malheureusement, on ne peut pas te garder. Merci beaucoup d'être venu au camp et j'espère que ça va t'aider pour le junior AA. » Il lui donnera une solide poignée de main en lui souhaitant bonne chance, puis il criera: «*Next!*» et un autre garçon suivra dans le bureau.

— Salut, Francis!

— Bonjour, *coach*!

— Ça va bien, ton camp. Écoute, Francis, je t'ai dit de venir pour trois jours, mais si t'as pas d'autres plans, j'aimerais te garder plus longtemps.

— Ah ben là, j'ai pas d'autre place où aller.

— À ce moment-là, on va te garder. Je sais pas jusqu'où on va se rendre, mais oublie le remplissage de gilet. Ça marche plus. Je te garantis rien, mais tu nous impressionnes beaucoup depuis le début.

Francis s'était royalement trompé. Contre toute attente, l'invité de dernière minute a évité le couperet. Hartley le garde avec l'équipe. Le jeune homme a un talent certain, mais l'entraîneur se dit qu'il va sûrement finir par manquer d'essence. Toutefois, jour après jour, Francis lui démontre qu'il a sa place avec le Titan.

«Les vétérans venaient me voir pour me parler de lui. Martin Lapointe, entre autres, était épaté et il me répétait: "Écoute, Bob, ce gars-là, je suis incapable de le passer à un contre un." Et Martin Lapointe se préparait à quitter pour le camp des Red Wings de Détroit! À la fin de la journée, lors de nos réunions, on parlait toujours de Francis, car il n'avait jamais fait partie des plans. Ce joueur-là était tout simplement en mission. Son manque de conditionnement physique ne paraissait pas du tout et je répétais toujours la même phrase: "Trouvez-moi un autre gars qui désire plus porter le chandail du Titan que Francis Bouillon. Il y en a pas! Pas un seul."»

Un facteur joue cependant contre Bouillon lors de ce camp d'entraînement: le petit défenseur ne cadre pas avec l'image que l'équipe veut projeter. «À Laval, on était gros et robustes! Le Colisée, c'était *The House of Pain*!»

«À tous les trois ou quatre jours, dit Bob Hartley, je lui demandais de venir me voir dans mon bureau. Je ne savais pratiquement rien sur lui et je voulais apprendre à le connaître comme nos autres recrues qu'on avait suivies régulièrement depuis le repêchage. À un certain moment, quand on commençait à finaliser l'équipe, je me souviens de lui avoir dit: "Continue comme ça et tu seras bientôt le plus petit défenseur à jouer dans la LHJMQ." »

PREMIÈRE ANNÉE JUNIOR

Déjouant tous les pronostics, Francis se taille une place avec le Titan. Il ne va pas vivre en pension comme c'est souvent le cas dans le hockey junior. Il continue d'habiter chez lui et fait le trajet en autobus entre la nouvelle maison familiale de la rue Bourbonnière et le Colisée de Laval. Après les parties disputées à l'étranger, lorsque l'équipe arrive au milieu de la nuit, Murielle va chercher son fils. Pour elle, c'est le souvenir le moins agréable associé au hockey: « J'arrivais avant l'autobus de l'équipe et j'attendais dans le stationnement. Il n'y avait que moi. J'étais terrorisée. Surtout l'hiver, à 30 °C sous zéro, dans la poudrerie. J'attendais et je regardais partout autour de moi pour voir si tout était normal. Je craignais qu'il m'arrive quelque chose. Et plus je pensais à ça, plus j'avais peur », se remémore-t-elle.

À la mi-saison, le propriétaire du Titan, Jean-Claude Morissette, va chercher du renfort pour son équipe en préparation des séries éliminatoires. Il réalise un coup fumant en mettant la main sur Philippe Boucher, le défenseur étoile des Bisons de Granby. Le petit défenseur recrue voit son temps d'utilisation chuter dramatiquement. Quoi qu'il en soit, Francis ne perd rien de sa hargne. Il livre notamment un furieux combat face à Vitali Kozel, des Harfangs de Beauport, qui fait 6 pieds 5 pouces et plus de 200 livres. À la fin de l'affrontement, Kozel saigne abondamment. Et pour cause. D'un coup de poing, Francis lui a infligé une triple fracture du nez. Ce sera l'un des rares combats pour Bouillon lors de cette première saison dans les rangs du junior. Il termine le calendrier régulier avec aucun but et 7 passes en 46 parties et n'est pas utilisé lors des séries éliminatoires. Il n'a pas non plus la chance de sauter sur la patinoire au printemps de 1993, alors que le Titan représente la LHJMQ au tournoi de la coupe Memorial.

Invité au camp du Titan de Laval pour dépanner Bob Hartley, Francis Bouillon a forcé la main de l'entraîneur.

BOB HARTLEY QUITTE LAVAL

Âgé de 18 ans et avec une année d'expérience, Francis s'amène au camp d'entraînement, confiant de jouer un rôle plus important au sein du Titan. Bob Hartley, qui avait cru en lui malgré ses cinq pieds et huit pouces, a quitté l'organisation pendant l'été. Le pilote originaire de Hawkesbury s'est fait remarquer à la suite des belles performances de sa troupe et agit maintenant comme adjoint de Jacques Martin avec les As de Cornwall de la Ligue américaine, le club-école des Nordiques de Québec. Les frères Morissette confient les rênes du Titan à Jacques Laporte. Comme c'est souvent le cas lorsqu'un nouveau venu s'installe, Laporte amène une vision et une philosophie différentes. Une demi-douzaine de vétérans semblent moins bien cadrer dans ses plans et Francis est de ceux qui voient leur temps de jeu diminuer. Le jeune joueur a l'impression qu'il doit encore une fois tout recommencer à zéro. Il ne comprend pas ce qui se passe et n'est pas le seul. Les vétérans de l'équipe en ont ras le bol et décident de faire front commun pour aller rencontrer les frères Morissette afin de demander la tête du nouvel entraîneur.

Le gardien, Emmanuel Fernandez, est un des responsables du putsch. « Au début, on pensait que la venue de Jacques Laporte allait être une bonne chose, mais il a commencé à prendre des décisions qui séparaient le groupe. Il asseyait quelques-uns de nos joueurs clés et c'était le cas de Francis. On ne comprenait pas pourquoi il s'obstinait à ne pas le faire jouer. Avec quelques vétérans, on est allés voir les frères Morissette dans le bureau et on leur a expliqué qu'on aurait plus de chances de retourner à la coupe Memorial avec Michel Therrien comme *coach* », explique le gardien des Bruins en toute sincérité.

LA VENUE DE MICHEL THERRIEN

Adjoint de Bob Hartley lors des saisons précédentes, Michel Therrien n'est plus avec le Titan en ce mois de septembre 1993. Il n'est pas bien loin, par contre, et fait toujours partie de la famille. Jacques Laporte l'a convaincu d'aller diriger le National de Joliette, au niveau junior AA. « Laporte avait des actions dans le club de Joliette et il se cherchait un nouveau *coach* là-bas. Je n'avais jamais été aux commandes d'une équipe de toute ma vie et il pensait que j'étais mûr pour quitter mes fonctions d'assistant et voler de mes propres ailes. Je n'avais pas grand-chose à perdre et j'y suis allé. J'ai perdu ma première partie, puis j'en ai gagné neuf de suite, raconte Therrien en riant de bon cœur. Je me suis dit qu'il y avait rien là, "coacher !" »

Pendant que l'ancien adjoint de Bob Hartley apprivoise avec succès le métier d'entraîneur-chef, c'est la débandade à Laval. Les frères Morissette décident donc de donner suite à la rencontre improvisée avec le groupe de vétérans. Jacques Laporte est remercié de ses services et Therrien revient derrière le banc du Titan, cette fois en tant que patron.

L'intervention des vétérans solidifie l'esprit d'équipe et la nomination de Therrien apporte un vent de fraîcheur dans le vestiaire. Avec son nouveau pilote, le Titan remporte 13 victoires consécutives. De son côté, Francis retrouve le temps de glace perdu. C'est le début d'une relation très solide entre les deux hommes. Le lien de confiance qui les unit avait d'ailleurs commencé à se tisser durant la saison précédente, alors que Therrien demeurait sur la patinoire après les entraînements pour aider le défenseur recrue à peaufiner son jeu.

Francis amasse 3 buts et 15 passes pour 18 points en 68 parties en plus d'avoir passé 129 minutes au banc des punitions au cours de la saison. Il connaît ensuite des séries électrisantes, comme en témoigne sa fiche de 2 buts et 9 passes pour un total de 11 points en 19 parties. « C'était pas un gars avec un gros gabarit, mais Francis ne reculait devant aucun obstacle. Il s'en foutait complètement si le gars en avant de lui mesurait six pieds et un pouce ! Il avait une force de caractère incroyable. Il ne voulait tout simplement pas comprendre que ça pouvait être impossible et il a eu son mot à dire dans nos succès lors de la saison 1993-1994 », d'ajouter Fernandez.

Comme ce fut le cas l'année précédente, le Titan a encore l'honneur de participer au tournoi de la coupe Memorial, cette fois en tant que club hôte. La bande de Michel Therrien s'incline en finale contre les Blazers de Kamloops, qui comptaient dans leurs rangs une recrue de 16 ans nommée Jarome Iginla.

Les membres de l'organisation du Titan ne se laissent pas abattre par ce revers. L'équipe possède les éléments nécessaires pour revenir en force la saison suivante. À 19 ans, Francis constitue l'un des piliers de l'équipe et l'un des bons défenseurs de la LHJMQ. Il inscrit 33 points en 72 rencontres et connaît de nouveau de très bonnes séries éliminatoires.

AVEC LES PRÉDATEURS DE GRANBY

Le monde du hockey junior québécois est bouleversé au cours de l'été de 1995, lorsque les frères Morissette réalisent quelques coups d'éclat qui changent le portrait de la LHJMQ.

Propriétaire des Lynx de Saint-Jean, Léo-Guy vend d'abord son équipe (mais inclut une clause qui lui permet de conserver les droits sur Georges Laraque) à l'homme d'affaires Maurice Tanguay, qui déménage la concession à Rimouski.

Léo-Guy se tourne ensuite vers ses frères Jean-Claude, Jocelyn, Pierre et Régis, qui détiennent le Titan de Laval, et achète toutes les parts de cette équipe. Ces derniers refusent toutefois d'inclure dans la vente l'entraîneur-chef, Michel Therrien, et trois joueurs : Francis Bouillon, Daniel Goneau et Frédéric Jobin.

Une fois la transaction complétée, le groupe des quatre Morissette se dirige vers Granby où Georges, l'autre frère de la célèbre famille, est déjà propriétaire des Bisons. Ils fusionnent les deux équipes et cette nouvelle entité est dorénavant nommée « Les Prédateurs de Granby ».

Au début du camp d'entraînement, Michel Therrien met cartes sur table. La venue des trois nouveaux vétérans risque de faire des vagues et le pilote des Prédateurs n'est pas le genre d'homme à marcher sur des œufs ou à faire des compromis. À l'ouverture du camp d'entraînement, il réunit tous les joueurs à l'entrée de l'aréna Grondin et leur livre un discours aussi bref que précis.

— Bienvenue au camp des Prédateurs de Granby. C'est pas compliqué, cette année, les Prédateurs de Granby visent le premier rang, le trophée du Président et la coupe Memorial. Si un de ces objectifs-là est pas atteint... on va parler d'un échec à la fin de l'année. C'est un long parcours qui attend ceux qui vont rester et faire partie de cette belle aventure. Ça va être difficile et ça va prendre beaucoup de sacrifices. Ceux qui pensent ne pas être prêts à payer le prix au cours des 10 prochains mois, partez tout de suite. Les autres, allez vous habiller, la pratique commence dans 30 minutes.

Puis, Therrien se tourne vers Stéphane Dubé, le préposé au conditionnement physique des joueurs.

— Stef, va me chercher Frank Bouillon. Je veux le voir dans mon bureau.

Les deux hommes se préparent à amorcer une cinquième année au sein de la même organisation. Ils se vouent tous deux un grand respect. Ce sont deux gagnants, deux cols bleus qui n'hésitent jamais à se retrousser les manches.

— Salut, Mike. Tu veux me voir ?

— Ouais... Dis-moi, Francis, veux-tu être le premier gars à toucher à la coupe Memorial ?

— De quoi tu parles ?

— Ben, quand un club gagne un championnat, c'est qui le premier qui prend le trophée pis qui part avec ?

— Le capitaine... Tu veux que je sois ton capitaine ?

— Exactement. Si t'acceptes, on embarque ensemble dans le bateau pis on ramène ce trophée-là au Québec. Mais on a une grosse job à faire parce que les Bisons, ça a jamais été une équipe gagnante et il faut changer la mentalité ici.

Quand Francis tourne les talons et quitte le bureau de Therrien, un frisson parcourt son corps et une larme glisse sur sa joue. Pour le petit joueur originaire d'Hochelaga-Maisonneuve, il s'agit d'un accomplissement personnel extraordinaire. Cette marque de confiance et de respect souligne bien plus que ses habiletés sur la glace.

Travailleur acharné, véritable rassembleur et meneur d'hommes respecté de tous ses coéquipiers, Francis Bouillon réussit à solidifier les liens entre les joueurs. La troupe de Michel Therrien connaît une saison à la hauteur des attentes. Après la période des fêtes, une transaction avec le Laser de Saint-Hyacinthe amène le matamore Georges Laraque dans l'équipe. Il s'agit là de la pièce manquante pour le printemps.

« On avait toujours de la difficulté contre Hull, car c'était une équipe qui nous brassait pas mal. Ça nous prenait un gars comme Georges. Je me souviens de son premier match avec nous. On jouait à Drummondville et il était arrivé au beau milieu de la deuxième période. À sa première présence, il s'était battu avec Joël Thériault, qui était l'un des bons bagarreurs de la ligue. Georges avait livré un bon combat, et soudainement, on avait tous gagné 20 livres sur le banc ! »

Les Prédateurs vivent une saison de rêve et accèdent au tournoi de la coupe Memorial. À travers le Canada, les experts s'entendent presque unanimement pour prédire une dernière place aux représentants du Québec.

« Ça nous avait motivés de voir qu'on ne nous accordait que deux ou trois pour cent de chance de gagner la coupe. C'est

Murielle et Michel posent fièrement avec Francis qui tient la coupe Memorial dans ses bras.

Après 25 ans d'absence, la coupe Memorial revient enfin au Québec. Un événement important dans le monde du sport et Stéphane Leroux de RDS a été un témoin privilégié des exploits de Francis, le capitaine des Prédateurs.

incroyable ce qu'on a vécu pendant ces deux semaines-là. On avait des "meetings" avec les frères Morissette et tout le monde avait les larmes aux yeux. C'était comme dans les films. Chaque fois qu'un gars prenait la parole, c'était toujours touchant.»

Grands négligés, les Prédateurs amorcent le tournoi à la ronde en se mesurant à la formation de Guelph et lancent tout un message à leurs détracteurs en humiliant leurs rivaux huit à zéro. Le lendemain, Granby s'incline six à trois face à Peterborough, puis revient ensuite en force pour disposer de Brandon trois à un. La troupe de Michel Therrien termine au premier rang du classement cumulatif, ce qui lui vaut automatiquement un laissez-passer pour la finale.

L'affrontement ultime oppose les Prédateurs aux Petes de Peterborough, la seule équipe à avoir vaincu Granby jusque-là. Les représentants du Québec se sont bien repris et ont remporté la finale quatre à zéro. Ce triomphe permet de ramener la coupe Memorial au Québec après 25 ans d'absence.

De retour à la maison, les joueurs et les dirigeants des Prédateurs sont accueillis en héros et les festivités durent plusieurs jours. Grâce à Francis Bouillon et ses coéquipiers, la LHJMQ retrouve un peu de crédibilité à travers le Canada. Mais, plus concrètement, la conquête d'un championnat de ce genre devrait ouvrir des portes à plusieurs joueurs.

DE LA COUPE MEMORIAL À LA EAST COAST LEAGUE

Une semaine après avoir paradé dans les rues de Granby avec la coupe Memorial, Francis reçoit un coup de téléphone de son agent qui lui annonce que les Oilers d'Edmonton seraient prêts à lui consentir un contrat de la Ligue américaine. L'ex-capitaine des Prédateurs n'entretenait aucune attente de ce genre et, pour lui, il s'agit d'une nouvelle extraordinaire. Non seulement il aura la chance de se faire valoir, mais en plus, s'il accepte, il touchera 35 000 dollars par année pour pratiquer son sport favori.

Comme c'est son habitude, il s'accorde peu de répit, et après les célébrations, il retourne s'entraîner au gymnase en compagnie de son ami Stéphane Dubé. Francis met les bouchées doubles, car il sait qu'une occasion en or se présente à lui. Le rêve d'une carrière professionnelle est cependant entrecoupé par des moments de doutes. La veille de son départ pour Edmonton, où il doit d'abord participer au camp d'entraînement des Oilers, Francis livre ses états d'âme à son ami Stéphane.

Les deux complices s'apprêtent à se perdre de vue pour tout l'hiver. Ils se connaissent depuis plus de cinq ans et c'est aujourd'hui que leurs routes se séparent. Accotés sur la petite Honda Civic de Stéphane, les deux jeunes hommes échangent une dernière fois avant de quitter le stationnement de l'école Antoine-de-Saint-Exupéry.

— Tu sais, Stéphane, je me demande bien ce qui va m'arriver dans la Ligue américaine. Si ça marche pas... Je vais faire quoi dans la vie ?

— Tu dois commencer à être habitué. T'en as jamais eu une de facile et on s'attend pas à ce que celle-là le soit plus. Mais t'as toujours réussi à faire ta place, non ? C'est pas ça, l'histoire de ta vie ?

— Ouais... Je sais bien. Mais si ça marche pas dans le hockey, j'aimerais faire ta job. J'aime ça m'entraîner et je me sens bien dans un gymnase. Je pourrais suivre les cours que ça prend et on pourrait entraîner des gars ensemble.

— Casse-toi donc pas la tête. Si tu reviens, c'est sûr que tu vas avoir une job. Mais tu reviendras pas. Et ça, Frank, j'en suis certain.

Cette journée-là, lorsqu'ils se quittent, Stéphane s'inquiète pour Francis. Il croit fermement tout ce qu'il lui a dit lors de ce *pep talk* improvisé. Mais, en même temps, c'est la première fois qu'il sent son copain aussi vulnérable.

Si Francis entretenait des doutes, il trouve vite réponse à ses questions au camp des Oilers. Même s'il sait qu'il restera seulement quelques jours à Edmonton, il donne tout ce qu'il a et lorsqu'il est retranché, il part pour le camp de la Ligue américaine en ayant laissé une très bonne impression. Un des dépisteurs de l'équipe prend même le temps d'aller le rencontrer pour lui dire qu'il a de belles qualités et que si jamais il désire tenter sa chance en Europe, il pourrait l'aider à se dénicher un très bon emploi.

Francis s'amène donc au camp des petits Oilers, gonflé à bloc. Edmonton vient tout juste de déménager son club-école de Sydney, en Nouvelle-Écosse, pour l'établir à Hamilton, en Ontario. Lorne Molleken, qui dirige alors les Bulldogs, se charge toutefois de faire perdre toutes ses illusions au jeune Québécois.

« Il ne voulait absolument rien savoir de moi. Georges Laraque était allé le rencontrer pour lui dire de me donner une chance, au moins pour une partie hors concours. Il s'était fait répondre que j'étais beaucoup trop petit et que ça ne donnait rien de perdre du temps avec un gars de ma grandeur. Je me suis ramassé à Wheeling, dans la East Coast League », se souvient Francis sans trop d'amertume.

« C'est vrai que j'étais allé voir le *coach* parce que ça n'avait pas de maudit bon sens que Molleken ne garde pas Francis, raconte Laraque, encore frustré par ce qui est arrivé à son ami il y a une douzaine d'années. Je comprenais qu'il y avait une affaire politique dans cette histoire-là, car les joueurs invités sont toujours peu considérés. Il faut faire passer ceux qui ont été repêchés en premier lieu pour ne pas faire mal paraître les recruteurs de l'organisation et tout le monde sait ça. Mais c'était une vraie injustice qu'il envoie Francis dans la East Coast League, car il n'y avait pas un gars à Hamilton cette année-là qui méritait plus sa place que lui. S'il était resté avec nous, il aurait eu une excellente saison et il serait encore dans l'organisation des Oilers d'Edmonton aujourd'hui. »

Bon prince, le défenseur d'Hochelaga-Maisonneuve fait ses valises en se disant qu'il s'agit tout de même d'un circuit professionnel et qu'il aura la possibilité de s'y améliorer. Là-bas, l'entraîneur-chef, Tom McVie, lui fait confiance et lui donne la chance de jouer à profusion. N'étant pas à l'aise en anglais, Francis a la chance de trouver quatre autres Québécois au sein des Nailers de Wheeling : Frédéric Barbeau, Mathieu Raby, Martin Lepage et Louis-Philippe Charbonneau. « À bien y penser, mon année à Wheeling a été productive. Dans la Ligue américaine, j'aurais peut-être disputé une trentaine de matchs seulement tandis que là, je jouais beaucoup. J'ai amassé 42 points en 69 parties et ça m'a permis de prendre énormément de confiance avec la rondelle. »

LES RAFALES DE QUÉBEC

À l'issue de cette saison où il a présenté de très bonnes statistiques individuelles, la Providence se porte encore à la rescousse du défenseur de cinq pieds et huit pouces. Au cours de l'été de 1998, Jean Pronovost est nommé entraîneur-chef des Rafales de Québec, qui évoluent dans la Ligue internationale, et lance une invitation à Francis pour le camp d'entraînement de son équipe. Il s'agit d'une excellente nouvelle, car le calibre de jeu y est plus compétitif que dans la East Coast League. Les joueurs sont plus expérimentés, plusieurs ayant même déjà joué sur une base régulière dans la LNH.

L'ancien capitaine des Prédateurs arrive cependant dans la Vieille Capitale sans contrat en poche. L'histoire se répète. Il impressionne le *coach* et on décide de le garder avec l'équipe. Malgré ses 22 ans, Francis continue de progresser et connaît une saison très respectable avec une récolte de 35 points. Si les choses se déroulent bien pour lui, l'histoire est différente pour la concession québécoise qui, à l'instar de la ligue, bat de l'aile. Avant la fin de la saison, les Rafales procèdent à une vente-débarras et l'équipe met un terme à ses activités quelques semaines plus tard. Encore une fois, Francis doit repartir à zéro.

Mais l'attente est de courte durée. Peu de temps après la fin de l'aventure avec les Rafales, Michel Therrien passe un coup de fil à son ancien capitaine. Il vient de compléter une première saison à la barre du Canadien de Fredericton, de la Ligue américaine, et aimerait que son ancien poulain vienne le rejoindre. De prime abord, Francis ne se montre pas très chaud à l'idée. Avec la bonne saison qu'il vient de connaître à Québec, il estime qu'il pourrait dénicher un contrat intéressant avec une formation de la Ligue internationale, où les salaires sont supérieurs à ce qui est versé dans la LAH. Il sait aussi, intérieurement, qu'il peut très bien se débrouiller dans la LIH alors qu'il devra encore se battre pour faire ses preuves à Fredericton. Un peu comme Bob Hartley l'avait fait pour l'inciter à venir au camp du Titan de Laval en 1992, Therrien trouve les mots pour persuader son protégé.

— Écoute, Francis, c'est un club-école de la Ligue nationale ici. Tu sais jamais ce que ça peut t'ouvrir comme porte. Si tu connais une bonne saison, il suffit qu'un gars ou deux se blesse et tu pourrais être rappelé pour quelques matchs avec le Canadien de Montréal.

C'est tout ce qu'il fallait pour réussir à convaincre Francis. Avant de se pointer à Fredericton, il se présente au camp d'entraînement du grand club, à Montréal, et épate la galerie. Alain Vigneault, l'entraîneur-chef du Tricolore, aime ce qu'il voit du combatif défenseur et le garde plus longtemps que prévu à Montréal. Le pilote montréalais insère même le jeune joueur dans la formation pour une rencontre préparatoire face aux Devils du New Jersey. Dans le confortable avion nolisé du Canadien, Francis est assis à côté d'un autre *no name* qui s'apprête lui aussi à vivre un rêve inespéré. Ce dur à cuire, qui a le cœur aussi gros que son immense charpente, se nomme Dave Morissette. Après avoir végété dans des circuits mineurs pendant plusieurs années, l'attaquant de 27 ans incarne la dernière trouvaille du directeur général, Réjean Houle.

« Je me souviens parfaitement de cette journée-là, de raconter Morissette avec encore une vive étincelle dans les yeux. Alain Vigneault m'avait annoncé le matin même que j'allais jouer le soir et j'étais tout de suite allé téléphoner à mon père. Ce n'était pas une vraie partie de saison régulière, mais je me rapprochais de mon but de façon significative. J'étais tout énervé, et après avoir raccroché le téléphone, j'ai croisé Frank. Je lui ai appris la nouvelle et lui aussi jouait ce soir-là. On avait de la misère à se retenir pour ne pas pleurer. On s'est assis ensemble dans l'avion et on capotait. On avait deux bancs d'espace et on nous servait le gros lunch. Je me souviens que Frank m'avait regardé en me disant : "C'est-tu ça la vie, mon Moose ?" et je lui avais répondu : "Ouais, pis on est quasiment rendu là !" »

« En arrivant dans le vestiaire, au New Jersey, on a vécu un autre gros *feeling*. En enfilant le vrai chandail du Canadien, on avait presque les larmes aux yeux, continue Morissette. Nous n'étions que quatre ou cinq recrues en uniforme pour le match. C'était spécial de se préparer à jouer une partie avec des gars comme Vincent Damphousse, Benoît Brunet, Igor Ulanov, Scott Thornton ou Turner Stevenson. Francis et moi, on montait d'une grosse coche, ce soir-là, au New Jersey. »

Peu de temps après cette journée mémorable, Francis prend le chemin des Maritimes la tête haute. Ayant été l'un des derniers joueurs à être retranchés par Alain Vigneault, il sait maintenant qu'il est capable de tirer son épingle du jeu avec des joueurs établis de la LNH. Ce qui semblait invraisemblable il y a seulement quelques mois semble soudainement réalisable.

Sous la férule de Therrien, Francis connaît la meilleure saison de sa carrière : 19 buts et 36 passes pour un total de 55 points en 79 parties... Tout ça en ayant passé 174 minutes au banc des punitions. Il est même invité à participer au match des étoiles de la Ligue américaine. « Quand la saison a commencé à Fredericton, dit Michel Therrien, j'ai mentionné à Francis qu'il était un des joueurs les plus difficiles à battre à un contre un et que je ne pouvais rien lui reprocher défensivement. Je lui ai toutefois demandé de travailler davantage offensivement, car il avait les capacités pour le faire. C'était important pour notre équipe, mais surtout pour lui. Ça lui prenait ça pour avoir la chance de se retrouver dans la Ligue nationale, éventuellement. »

En septembre 1999, Francis retourne au camp d'entraînement du Canadien et ça se bouscule à la ligne bleue. Quelques semaines plus tard, le vétéran Barry Richter est cédé au club-école. On lui préfère un petit défenseur de cinq pieds et huit pouces qui n'a pas joué un seul match dans la Ligue nationale. Francis Bouillon se prépare alors à célébrer ses 25 ans. Le chemin aura été long et ardu entre ses premiers coups de patin dans Hochelaga-Maisonneuve et ses premiers pas dans la Ligue nationale de hockey.

LES CONSEILS DE FRANCIS

« J'ai réussi en m'amusant et sans me casser la tête. Les étapes se sont enchaînées toutes seules. Quand j'étais jeune, je jouais pour le plaisir et je ne me comparais pas aux autres. Je ne me disais pas des choses comme : "Ouais, je n'ai pas été sélectionné dans le AA cette année et je vais prendre du retard sur tel ou tel gars." Je jouais pour moi et pour mon propre plaisir, sans vraiment voir plus loin que le bout de mon nez.

« D'après moi, il ne faut pas mettre de pression sur un enfant avant qu'il ait 15 ou 16 ans. Il faut que les jeunes s'amusent pour avoir éventuellement le goût de mettre l'effort. Quand tu es jeune, ça ne peut pas fonctionner si l'effort et les sacrifices arrivent avant le plaisir. »

LES CONSEILS DE MURIELLE ET DE MICHEL

« Moi, ce que je me dis, c'est que les enfants doivent s'amuser quand ils sont jeunes. Au départ, Francis jouait au hockey parce qu'il aimait les activités en groupe. Sa gang de *chums*, c'était très important pour lui. Déjà, à un très jeune âge, c'était un meneur d'hommes et notre maison servait de quartier général. L'hiver, il jouait au hockey et l'été, au baseball. Il avait ses amis d'Hochelaga-Maisonneuve et aussi beaucoup d'autres au camping Tropicana. Rendu plus vieux, vers le niveau bantam, là je voulais qu'il se consacre sérieusement au hockey. Je trouvais qu'il avait beaucoup de talent et je n'acceptais pas les demi-mesures. Dans le fond, ma philosophie c'était : "Si tu es bon, tu assumes ton talent et tu te défonces quand tu joues." Je ne me suis jamais gênée pour parler franchement à mon fils et lui dire ce que je pensais vraiment », explique Murielle avec conviction.

« Moi, je retiens surtout que les enfants ne doivent pas se préoccuper de ce qu'ils entendent raconter à leur sujet. Il y a beaucoup de jalousie dans le hockey mineur, enchaîne Michel. Les gens disent des choses méchantes dans les gradins et ça se rend parfois aux oreilles des enfants. Par exemple, qu'est-ce que ça donne de dire et de répéter qu'un bon joueur ne sera plus capable de se débrouiller dans deux ou trois ans en raison de son petit gabarit ? Amusez-vous, les enfants ! Profitez du moment présent et n'écoutez pas ce que les adultes colportent dans les gradins. »

FRANCIS BOUILLON

Né le 17 octobre 1975 à New York, NY
Défenseur
5 pi 8 po
201 livres
Jamais repêché

		SAISON RÉGULIÈRE				SÉRIES			
	SAISONS	PARTIES	BUTS	PASSES	POINTS	PARTIES	BUTS	PASSES	POINTS
Midget AAA	1991-1992	42	2	5	7	9	1	0	1
Laval LHJMQ	1992-1993	46	0	7	7				
Laval LHJMQ	1993-1994	68	3	15	18	19	2	9	11
Laval LHJMQ	1994-1995	72	8	25	33	20	3	11	14
Granby LHJMQ	1995-1996	68	11	35	46	21	2	12	14
Wheeling ECHL	1996-1997	69	10	32	42	3	0	2	2
Québec LIH	1997-1998	71	8	27	35				
Fredericton LAH	1998-1999	79	19	36	55	5	2	1	3
Montréal LNH	1999-2000	74	3	13	16				
Montréal LNH	2000-2001	29	0	6	6				
Québec LAH		4	0	0	0				
Montréal LNH	2001-2002	28	0	5	5				
Québec LAH		38	8	14	22				
Nashville LNH	2002-2003	4	0	0	0				
Montréal LNH		20	3	1	4				
Hamilton LAH		29	1	12	13				
Montréal LNH	2003-2004	73	2	16	18	11	0	0	0
Leksand 2e division Suède	2004-2005	31	10	21	31				
Montréal LNH	2005-2006	67	3	19	22	6	1	2	3
Montréal LNH	2006-2007	62	3	11	14				
Montréal LNH	2007-2008	74	2	6	8	7	1	2	3
TOTAL LNH		**431**	**16**	**77**	**93**	**24**	**2**	**4**	**6**

MARTIN BRODEUR

Quand sa carrière dans la LNH prendra fin, Martin Brodeur détiendra la majorité des records chez les gardiens de but. Mais au-delà des statistiques, il aura laissé le souvenir d'un joueur des plus agréables à côtoyer. Véritable ambassadeur pour son sport, Martin Brodeur fait partie d'une race d'athlètes très spéciale.

C'est un compétiteur féroce qui ne sait pas ce que veut dire le mot « pression ». Futur membre du Temple de la renommée du hockey, il est un des joueurs les plus respectés de la Ligue nationale. Mais une fois sur la patinoire, il s'amuse encore comme un gamin. Il suffit de l'observer, ne serait-ce que pendant une seule séance d'entraînement, et il est alors facile de constater que le gardien des Devils joue au hockey par pure passion, comme il le faisait à 10 ou 12 ans.

Fils du réputé photographe Denis Brodeur, il a grandi en voyant à l'œuvre les joueurs du Canadien et des Expos. Dernier rejeton d'une famille de cinq sportifs, il a pu compter sur de bons modèles à la maison… mais pas nécessairement des modèles qui lui ont appris comment bien garder les buts et viser l'excellence. Dans le clan uni des Brodeur, les règles de base tournent surtout autour du respect, de la modestie et du plaisir de jouer. C'est cette recette qui a permis à Martin de devenir l'un des meilleurs gardiens de l'histoire.

* * *

Avant de parler de Martin Brodeur et de tout ce qu'il a accompli dans le hockey, il est impératif de bien connaître son père, Denis. Et l'histoire du paternel s'avère presque aussi intéressante que celle de son célèbre fils.

IL ÉTAIT UNE FOIS... DENIS BRODEUR

Denis est né en 1930 dans la paroisse Saint-Victor, dans l'est de Montréal. Il s'initie au hockey sur des patinoires extérieures, comme tous les enfants de sa génération. Il ne se débrouille pas trop mal dans la position de gardien de but, de sorte qu'à l'adolescence, il joint les rangs de la formation juvénile spéciale de son quartier. Ses débuts devant le filet sont fulgurants et il aide son équipe à atteindre la finale de la ville de Montréal. Le match est présenté au parc Lafontaine et oppose la paroisse Saint-Victor à celle de Parc-Extension. L'événement attire de nombreux spectateurs dont les frères Georges et Sylvio Mantha, venus épier de nouveaux talents qu'ils pourraient éventuellement recruter au sein du National junior. La troupe de Saint-Victor s'incline trois à zéro, mais le jeune gardien s'illustre dans la défaite avec une soixantaine d'arrêts.

Cette brillante performance impressionne les frères Mantha, ce qui permet à Denis de décrocher une invitation pour le camp d'entraînement suivant où il ne connaîtra cependant pas le succès escompté. Quand même, on commence à parler de lui dans le monde du hockey. Denis se prépare donc à faire son entrée dans le Champêtre junior B de la ville de Saint-Laurent, puis avec l'équipe du collège Roussin. Vers la fin de la saison, le téléphone sonne chez les Brodeur. Il est plus de minuit et on se demande qui peut bien appeler à une heure aussi tardive. L'individu qui est à l'autre bout du fil se présente : c'est un dénommé Roland Hébert, il désire parler à Denis.

— Salut, Denis ! C'est moi qui dirige les Tigres de Victoriaville. Je sais qu'il est tard, mais je dois absolument me trouver un nouveau gardien de but. On vient de perdre deux parties aujourd'hui au Forum contre le Canadien junior et notre gars a pas fait la job devant le filet. Veux-tu venir jouer pour mon club ?

— Ça m'intéresse, mais j'appartiens à l'équipe du collège Roussin. Je sais pas s'ils vont vouloir me signer un formulaire de libération.

— Ça, je m'en occupe. Veux-tu venir jouer pour nous ?

— Bien sûr que oui, monsieur Hébert.

Denis connaît très bien l'homme à qui il vient de parler. Entraîneur-chef à Victoriaville, Roland Hébert occupe aussi un prestigieux poste de dépisteur pour le compte des Rangers de New York. Cette nuit-là, le jeune gardien tarde à trouver le sommeil. Et pour cause. En se joignant aux Tigres, il va se retrouver au sein de la même équipe que le plus bel espoir du hockey québécois, un grand joueur de centre doté d'un sens du jeu inégalé et d'un coup de patin élégant et fluide nommé Jean Béliveau.

Derniers du circuit, les Tigres disputent leur prochain affrontement contre les puissants Citadelles, à Québec, et on ne donne pas cher de la peau des visiteurs. La formation de la Vieille Capitale vient de signer 16 triomphes de suite. Menés par Jean Béliveau, qui réussit un tour du chapeau, les Tigres surprennent les Citadelles trois à un. Le nouveau gardien libéré par le collège Roussin réalise 41 arrêts. C'est le début de la carrière de Denis Brodeur.

UNE VIE DANS LES VALISES

Au terme de cette saison, au printemps de 1949, les Tigres de Victoriaville sont dissous. Comme aucune règle précise n'a été prévue pour ce genre de circonstances, tous les joueurs de l'équipe se retrouvent alors libres comme l'air. Denis signe un contrat avec le National junior de Montréal, avec qui il passe toute la saison suivante.

La carrière junior de Denis se termine avec l'arrivée du printemps. C'est le début d'un long exil pour le jeune gardien montréalais qui est sur le point de devenir un véritable nomade du sport professionnel.

À la fin de l'été, Denis met le cap sur Saint-Jean, au Nouveau-Brunswick, où il garde les buts de l'équipe locale dans la Ligue senior des Maritimes. Son contrat prend fin avec l'élimination du club au printemps, mais plutôt que de rentrer à la maison, il s'amène en renfort au sein de la formation de Charlottetown. À cette époque, les équipes ne misent que sur un seul portier et on lui demande de rejoindre cette équipe au cas où le gardien régulier, Hal Gordon, se blesserait. Le contrat est intéressant et la consigne est claire : « Assieds-toi dans les gradins et regarde-nous jouer. En échange, on s'occupe de toutes tes dépenses et tu seras payé à ne rien faire ! »

Au début de la demi-finale, face à Halifax, le scénario change brusquement. Gordon se fait malmener devant son filet. Il trébuche maladroitement et se blesse à une épaule. L'entraîneur se tourne alors vers les gradins et fait signe à Denis d'aller enfiler son uniforme. Les dirigeants de Halifax protestent pendant plusieurs minutes, mais le jeune Québécois possède un contrat en bonne et due forme. Aidé par Denis Brodeur, Charlottetown accède à la finale de la Ligue senior des Maritimes, que Sydney remporte cependant en sept parties.

La saison suivante, Denis poursuit sa carrière au sein du même circuit, cette fois avec l'équipe de Moncton. Mais pas pour longtemps. En novembre, il est échangé à Jonquière, une équipe qui traverse une période difficile. L'arrivée de Denis change les choses de façon radicale et le club aligne 10 victoires. Fort de cette séquence imprévue, tout le monde part pour les vacances de Noël, sauf quelques joueurs qui décident de demeurer au Saguenay. Denis fait partie de ce groupe et, en jouant avec ses coéquipiers à la patinoire du quartier, il se blesse sérieusement au genou gauche. Il doit passer sous le bistouri. C'est le réputé docteur Bill Head, le médecin du Canadien, qui se charge de l'intervention chirurgicale. Sa saison est terminée. Pour pouvoir procéder à l'acquisition d'un nouveau gardien, on demande à Denis de signer un pacte de libération. Son association avec Jonquière prend donc fin.

Moins de trois semaines après cette opération, Denis récupère lentement chez ses parents à Montréal quand la sonnerie du téléphone retentit.

— Salut, Denis ! C'est Roland Rossignol.

— Bonjour, monsieur Rossignol ! Comment va l'équipe à Jonquière ?

— Ah ben ! T'as pas appris la nouvelle ? Je suis rendu à Rivière-du-Loup. C'est moi le nouveau *coach* des Loups et imagine-toi donc que mon gardien a une pneumonie et les séries commencent bientôt. Ça te tente-tu de venir jouer avec nous ?

— Merci d'avoir pensé à moi, mais je viens juste de me faire opérer. Ça fait à peine deux semaines et je ne suis pas encore guéri à 100 %.

— Deux cents piastres la partie, ça t'aiderait-tu à guérir plus vite ? Arrête de « niaiser » ! Prends le « limité », le train de minuit. Tu vas arriver à Rivière-du-Loup demain vers 16 h. Je vais t'attendre à la gare.

Deux cents dollars, c'est une somme faramineuse en 1952 et Denis juge que ce serait une bonne idée que de mettre son genou à l'épreuve. La décision est finalement assez lucrative puisqu'il mène les Loups jusqu'à la finale, qui est remportée par Matane en neuf parties. Oui, en neuf parties, car on disputait à l'époque une série cinq de neuf en finale de la Ligue senior du Bas-du-Fleuve.

LES JEUX OLYMPIQUES DE 1956

Le gardien bohémien dépose ensuite son baluchon pour deux ans à Rivière-du-Loup où, en 1954, il rencontre celle qui fera chavirer son cœur, Mireille Bérubé.

Mais sa passion pour le hockey l'emporte sur l'amour. À l'automne de 1955, le gardien de 26 ans tente sa chance du côté des États-Unis. La décision n'est pas facile à prendre, car les deux amoureux vont être séparés durant tout l'hiver et seules quelques lettres leur permettront de garder contact. Malgré tout, Denis prend le chemin de Fort Wayne, en Indiana, afin de prendre part au camp d'entraînement des Comets de la Ligue internationale. À peine est-il arrivé en Indiana que Murph Chamberlain entre en contact avec lui. Cet ancien porte-couleurs du Canadien a entendu parler de ses prouesses des dernières années et lui offre un contrat avec son équipe, à Windsor. Brodeur accepte aussitôt l'invitation et met le cap sur le Canada sans hésiter, avant même d'avoir disputé une seule rencontre avec les Comets.

Tout baigne dans l'huile pour Denis, mais à la fin du mois de novembre, alors qu'il présente une fiche de 12 victoires et 2 revers, on l'échange à la formation des Dutchmen de Kitchener, où il termine la saison. Et quelle saison ! Après avoir mis la main sur le championnat de la Ligue senior de l'Ontario, les Dutchmen remportent la coupe Allen. C'est tout un exploit, car ce trophée très convoité se veut l'emblème de la suprématie du hockey senior canadien. Et en 1956, une prime extraordinaire se rattache à la conquête de la coupe Allen : la meilleure équipe amateur du pays a la chance de représenter le Canada aux Jeux olympiques d'hiver, à Cortina d'Ampezzo, en Italie.

Denis et ses coéquipiers des Dutchmen s'envolent donc vers l'Europe pour vivre une aventure inespérée. Malgré la grande nervosité qui les habite, les représentants du Canada disposent de l'Allemagne quatre à zéro lors de leur premier duel. Mis en confiance par ce jeu blanc, Denis aide ensuite son équipe à vaincre les Italiens trois à un, puis les Suédois cinq à deux.

La joute suivante oppose le Canada aux États-Unis. C'est un match que Denis Brodeur n'oubliera jamais. Après plus de 50 ans, tous les détails de cet affrontement présenté en soirée demeurent parfaitement clairs dans son esprit, et surtout ceux de la troisième période. À ce moment, les Américains possèdent une mince avance de deux à un, mais les Dutchmen reviennent à la charge et menacent régulièrement. Afin de dégager son territoire et ainsi permettre aux siens de souffler un peu, un joueur américain lobe le disque en direction du filet adverse. La rondelle tourbillonne lentement dans les airs et Denis, aveuglé par les puissants réflecteurs, la perd de vue quand elle commence à redescendre vers la glace. Il faut dire qu'à Cortina d'Ampezzo, il n'y a pas de toit pour protéger la patinoire, de sorte que les lampadaires sont accrochés dans le haut des gradins. Denis est ébloui. Il plisse les yeux, tentant en vain de trouver le petit morceau de caoutchouc, quand il sent soudainement quelque chose tomber sur son épaule droite. Il n'a même pas le temps de réagir : la rondelle glisse derrière lui et bondit directement dans le fond de sa cage. Les Américains prennent les devants trois à un. Brodeur et ses coéquipiers ne sont plus dans le coup et ce malheureux incident incitera l'entraîneur des Dutchmen à changer de gardien pour le match suivant.

Cette fois, c'est l'attaque qui fait défaut et l'URSS bat le Canada deux à zéro. Tout de même, les joueurs de Kitchener terminent le tournoi au troisième rang et rentrent au pays triomphalement, avec une médaille de bronze au cou.

Au cours de l'été, Mireille et Denis convolent en justes noces et se rendent ensemble à Kitchener où le gardien fait de nouveau partie des Dutchmen. Il joue ensuite deux saisons à North Bay. C'est dans cette ville ontarienne que Line, leur premier enfant, naît en 1957. La famille s'installe ensuite à Charlotte, en Caroline du Nord, pour deux autres saisons et, en 1959, pendant que les Brodeur vivent aux États-Unis, Mireille donne naissance à Claude, le premier fils du couple.

AUSSI BON AU BASEBALL

Entre les saisons de hockey, Denis gagne sa vie sur les terrains de baseball. Solide arrêt-court, il a joué au fil des ans pour Ville-Marie, Val-d'Or, Joliette, Victoriaville et Sainte-Thérèse, dans des formations semi-professionnelles. « C'était du maudit bon baseball dans ce temps-là, se souvient Denis. Il y avait plusieurs Américains qui venaient jouer au Québec et on gagnait 50 dollars par partie, ce qui était une belle somme pour l'époque. » Au cours de l'été de 1957, Denis fait même partie d'une formation professionnelle dans le Dakota du Nord.

Ce style de vie ne convient toutefois plus très bien à la famille et, après la naissance de Claude, les Brodeur, en quête de sédentarité, s'installent pour de bon à Montréal. Denis a parcouru des milliers de kilomètres depuis ses débuts à Saint-Victor et a vécu des aventures enivrantes, mais il est maintenant temps de rentrer au bercail et de déposer définitivement les valises.

De fil en aiguille, le gardien de but troque ses jambières pour un appareil photo. En 1962, Sylvie vient compléter les rangs de la petite famille – c'est du moins ce que pensent alors Denis et Mireille. Chez les Brodeur, c'est le parfait bonheur… D'autant plus que le destin se charge de la carrière de Denis. Grâce à ses réflexes aiguisés, il multiplie les clichés spectaculaires pour éventuellement décrocher le titre de photographe officiel du Canadien et des Expos.

Puis, le 21 août 1970, alors que la petite dernière est âgée de huit ans, la cigogne vient visiter les Brodeur de façon inattendue. Quelle surprise pour Mireille et Denis, qui n'avaient pas prévu le coup ! On nomme le petit Denis Junior. Le clan compte dorénavant deux filles et autant de garçons. Mais pas pour longtemps. Quelques mois plus tard, le 6 mai 1972, la famille s'agrandit encore. Une autre naissance que les parents n'avaient pas planifiée… C'est un garçon. On l'appelle Martin. C'est là que notre histoire débute réellement…

LES DÉBUTS DE MARTIN

Martin Brodeur a donc grandi baigné, voire submergé de sports. Non seulement il accompagne régulièrement son père aux entraînements du Canadien et des Expos, mais en plus, son grand frère Claude se distingue autant au hockey qu'au baseball. Véritable force de la nature, Claude mesure déjà 6 pieds et 1 pouce à 12 ans. Au hockey, son violent lancer frappé ne laisse aucune chance aux gardiens alors qu'au baseball, il peut envoyer la balle en orbite à chacune de ses présences ou presque. Lanceur gaucher, doté d'une balle rapide destructrice, il est également capable de museler n'importe quel frappeur à l'aide d'une courbe très efficace.

Au hockey, la carrière de ce gros défenseur (à l'âge junior, il mesure 6 pieds 4 pouces et pèse 230 livres) se termine après la saison 1976-1977, alors qu'il porte les couleurs des Saguenéens de Chicoutimi de la LHJMQ. Un de ses coéquipiers de l'époque se nomme Guy Carbonneau.

Pour Claude, l'avenir s'avère beaucoup plus prometteur au baseball. Puissant frappeur, ce joueur de premier but se débrouille relativement bien au monticule et, en 1979, il signe un contrat avec les Expos de Montréal. Sa carrière professionnelle débute plus ou moins bien. Dans la Ligue des recrues, il se retrouve dans l'ombre d'un jeune joueur très prometteur qui ne prend pas souvent congé au premier coussin. Plus souvent qu'autrement, Claude cède sa place à Andrès Galarraga.

« Les Expos m'avaient fait signer un contrat comme joueur de premier but, relate Claude. Mais je jouais tellement peu souvent que j'allais régulièrement dans l'enclos des releveurs pour lancer un peu. Le *coach* me voyait et il devait me trouver bon, car à ma deuxième année, alors que je jouais à Jamestown, en Floride, pendant une partie où on se faisait "planter" par sept ou huit points, on m'a envoyé au monticule. J'ai retiré les trois gars sur des prises… un, deux, trois ! J'ai fini l'année releveur numéro un de l'équipe et ma rapide atteignait régulièrement plus de 90 miles à l'heure. »

Une déchirure à la coiffe du rotateur vient toutefois contrecarrer ses plans et écourter une carrière qui s'annonçait prometteuse.

Martin, de son côté, effectue ses premiers pas dans le sport en assistant aux prouesses de son grand frère et en côtoyant Andre Dawson, Gary Carter, Larry Robinson et Serge Savard.

Dans cette famille où le sport est omniprésent, le petit dernier débute sa propre carrière dans le hockey organisé à l'âge de quatre ans. Avec les autres bouts de chou du prénovice, Martin évolue à l'attaque et se débrouille bien. Quelques années plus tard, lors de sa première année comme novice, il s'illustre au niveau A, où il représente l'un des bons éléments offensifs de son équipe. L'entraîneur désire tout de même que chaque joueur essaie toutes les positions au moins une fois et Martin, comme tout le monde, se retrouve un beau jour devant le filet. Il s'en sort plutôt bien et adore l'expérience.

Sa performance a été assez impressionnante pour que l'entraîneur d'un groupe de niveau novice de Saint-Léonard lui demande d'accompagner son club à titre de gardien d'urgence lors d'un tournoi. En théorie, le jeune Brodeur doit se contenter d'un rôle de spectateur. Assis au bout du banc, il encourage ses nouveaux coéquipiers. Mais les plans changent rapidement et Martin est appelé à la rescousse. Il garde finalement les buts de cette formation jusqu'à la fin de la saison, et ce, tout en continuant à jouer à l'attaque avec sa première équipe.

À sa première année dans le hockey organisé, Martin Brodeur évoluait à l'attaque et il se débrouillait très bien.

LA DÉCISION DE SA VIE À HUIT ANS

Un matin de septembre de 1981, alors qu'il se trouve à l'aréna Hébert de Saint-Léonard, Martin doit prendre une décision anodine, mais qui, tout compte fait, bouleversera à jamais le cours de sa vie. Avant de sauter sur la patinoire pour la première séance d'entraînement de la saison, l'homme qui dirige l'équipe novice A spéciale de Saint-Léonard le prend à l'écart, car il désire lui parler.

— L'an passé, t'as été chanceux! T'as fini l'année avec deux équipes, mais là, va falloir que tu décides si tu aimes mieux jouer à l'avant ou être gardien. C'est toi qui choisis. Où veux-tu jouer cette année? Un comme l'autre, tu vas faire le club, Martin.

— Bof! Je pense que je veux être gardien...

À huit ans, dans l'étroit corridor de l'aréna Hébert de Saint-Léonard, avec toute la désinvolture qui le caractérise encore aujourd'hui, Martin Brodeur, sans se casser la tête, a pris une décision banale et il a annoncé la nouvelle à ses parents en arrivant à la maison.

« Je trouvais ça le *fun* que Martin se retrouve devant le filet, comme moi, se souvient Denis. Claude avait essayé la position de gardien de but, mais pas très longtemps. En fait, si je m'en souviens aujourd'hui, c'est parce que, quelque part dans mes archives, j'ai une photo de lui, tout petit et habillé en gardien, en compagnie de Jacques Plante. »

La saison se déroule très bien pour Martin et il n'est désormais plus question qu'il retourne à l'avant. À l'instar de son père, il sera dorénavant gardien de but pour la vie.

À l'automne de 1982, Martin passe au niveau atome et se taille immédiatement une place au sein de l'équipe AA, dirigée par Christian Bergeron, le frère de Michel, qui dirige les Nordiques de Québec. Claude Brodeur, qui a été contraint de quitter le baseball, profite de beaucoup de temps libre et s'enrôle comme adjoint dans l'équipe de son petit frère. Il s'agit d'une excellente nouvelle pour Denis qui, à l'époque, ne compte pas ses heures au travail.

L'ancien gardien vedette des Dutchmen de Kitchener prend tout de même le temps de chausser les patins à deux reprises au cours de l'hiver. « Je n'avais pas trop envie de m'ingérer dans les affaires de Claude et de Christian, mais je me souviens que j'étais allé les aider pour deux entraînements. Je ne voulais pas trop commencer à travailler sur le style de Martin et on avait beaucoup pratiqué son jeu en dehors du filet. Je me rappelle que je lui avais montré comment couper des passes et je lui répétais de pratiquer son lancer quand il ne se passait rien pendant les entraînements. Mais honnêtement, c'est au niveau midget AAA qu'il a commencé à se distinguer dans cette facette du jeu. »

« Mon père était venu à quelques entraînements avec ses vieux patins, continue Claude en rigolant. Il avait passé du temps à travailler le harponnage et les sorties en dehors du filet. »

« Pour moi, c'est un souvenir très vague, de dire Martin. La chose dont je me souviens le plus, c'est que mon père m'a toujours laissé aller sans me mettre aucune pression. J'ai vraiment apprécié qu'il ne me pousse jamais. Encore aujourd'hui, après les parties, on revient un peu sur le match, mais de toute façon, avec lui, ce n'est jamais de ma faute! Et c'est très bien comme ça. Si ton père ne te supporte pas, qui va le faire?

« Des fois, je regarde des jeunes et je me dis qu'ils vont finir par haïr le sport tellement ils se font pousser, poursuit-il. Pour moi, c'était le contraire. Mon père était occupé avec le Canadien, les Expos, les Alouettes et le Manic, et il n'avait pas le temps de s'engager. »

Si Denis n'a pas réellement le temps de s'occuper de la carrière de son cadet, Martin peut toutefois compter sur l'aide de son grand frère, Claude. Âgé de 23 ans, l'ancien défenseur des Saguenéens passe beaucoup de temps à peaufiner la technique des gardiens.

« J'avais peur quand il me lançait dessus. Même aujourd'hui, je pense que je serais encore effrayé, de lancer très sérieusement Martin. Il aimait se placer à la ligne rouge et lancer le plus fort possible. La rondelle devait aller à 100 milles à l'heure! Mon frère, c'était toute une pièce d'homme. Il devait peser 250 livres dans ce temps-là et il m'impressionnait pas mal! »

« C'était un très bon gardien, dit Claude, mais il ne se démarquait pas encore réellement. Même tout petit bonhomme, on pouvait par contre percevoir qu'il était déjà extrêmement dévoué à son sport. Il s'amusait beaucoup, mais en même temps, il prenait son rôle très au sérieux. »

« Martin, c'était un petit gars vraiment pas compliqué, se souvient Christian Bergeron. Claude faisait du bon travail avec son frère, car il se servait de son puissant lancer pour donner confiance à Martin. Quand le petit arrêtait un de ses lancers, il devait se dire qu'il pouvait stopper n'importe qui! Même quand il n'était pas dans les buts, il encourageait les autres et il était toujours de bonne humeur. C'était un gardien très méfiant qui essayait toujours d'anticiper les jeux des adversaires. S'il avait été un attaquant, il aurait été tout un passeur, car il possédait une lecture du jeu hors du commun. »

Pour la première fois de sa vie, Martin se retrouve au sein d'un groupe bien structuré. L'apprentissage se poursuit, mais tout est encadré et les mots « performance » et « victoire » reviennent souvent dans le vocabulaire des entraîneurs. « Christian était *tough* et il nous criait après, mais de la bonne manière. C'était plaisant et on était impressionné par nos entraîneurs parce que Christian était le frère de Michel Bergeron. Mon frère Claude avait joué pour les Saguenéens et l'autre adjoint, c'était Daniel Veilleux, qui devait mesurer six pieds et quatre pouces. On avait un fort sentiment de confiance et d'appartenance envers nos entraîneurs. On trouvait ça bien agréable d'arriver dans un aréna avec eux. »

L'hiver, lorsque Martin n'est pas à l'aréna, il se rend avec ses copains à la patinoire du parc Ferland. Et quand il ne fait pas assez froid pour jouer sur une glace extérieure, il joue au hockey devant la maison familiale de la rue Mauriac, à Saint-Léonard.

« Été comme hiver, nos repas duraient rarement plus de trois minutes. On n'avait pas de temps à perdre, car le reste de la gang attendait pour jouer. On était chanceux, car il y avait plusieurs enfants du même âge qui habitaient dans la rue Mauriac. Notre cercle d'amis qui jouaient au hockey était énorme. Dans notre rue, il y avait Guy Martin, François Dupuis, Claude Roméo, les frères Paquin, les frères Martin, les Phaneuf, les Héroux, les Hébert et Philippe Roy ! Tout le monde était toujours accepté. Suffisait qu'il y ait un gars qui sorte son but et une partie commençait immédiatement. »

LE PASSAGE AU NIVEAU PEE-WEE

Quand Martin gradue comme pee-wee, Hockey Québec modifie sa réglementation sur l'âge des joueurs, de sorte qu'il passera trois saisons complètes dans cette catégorie de jeu.

La première année, il se retrouve avec la bande habituelle. Mais Saint-Léonard fusionne ensuite ses activités avec la région de Bourassa pour le niveau AA. À cette époque, il y a deux équipes : le pee-wee AA mineur et le pee-wee AA majeur.

« À partir du moment où Martin est devenu pee-wee, je trouvais la situation assez difficile, se remémore Denis. Les entraîneurs voulaient absolument gagner et ils faisaient jouer Martin beaucoup plus souvent que l'autre gardien. On allait régulièrement jouer contre la Fédération de l'Est, qui avait toujours des clubs "paquetés" alors que nous, à Saint-Léonard, on n'avait pas d'équipe. On perdait un à zéro et on ne paraissait pas trop mal parce que Martin faisait des miracles. Sauf que l'autre petit gardien ne jouait pas. Mireille et moi, on se sentait très mal.

« Des fois, j'entendais des gens dans les gradins qui me passaient des commentaires méchants comme : "Allez, Brodeur ! Pose-le, ton gars, pis mets sa photo dans le *Montréal-Matin*", de continuer le chef du clan Brodeur. Ça me dérangeait d'entendre des affaires comme ça, car c'était de la pure jalousie. J'avais commencé à me faire une carapace avec Claude. Je me souviens d'une fois, entre autres, lors d'un match de baseball contre Pointe-aux-Trembles. Un gars en haut des gradins avait fait un commentaire de ce genre-là. Habituellement, je ne disais jamais un mot, mais cette fois-là, je ne sais pas pourquoi, je m'étais levé et j'étais allé le voir.

— Tu fais quoi, toi, dans la vie ?

— C'est pas de vos affaires.

— O.K. Pis moi, parce que je suis photographe, ça c'est de tes affaires ? Écoute-moi ben là, j'espère que mon gars va en sacrer deux ou trois "de l'autre bord" pour te fermer la gueule. »

Et si Denis s'en souvient aussi bien 35 ans plus tard, c'est justement parce que dans les secondes qui suivirent, son fils frappa un long circuit au champ centre alors que les sentiers étaient tous occupés. Avec un petit sourire en coin, le sympathique photographe dirigea son regard vers le haut des gradins et fit un petit signe de la main au pauvre type, soudainement bien silencieux.

« C'était de la jalousie inutile et ça arrivait de temps en temps. J'avais parlé de ces histoires-là avec Émile Butch Bouchard, l'ancien capitaine du Canadien, qui avait vécu la même situation avec son fils Pierre. Son épouse et lui entendaient souvent des amateurs crier : "Bouchard, tu joues pour le Canadien juste parce que ton père c'est Butch." Il m'avait dit qu'ils préféraient souvent aller s'asseoir dans le haut des gradins pour ne pas entendre ce genre de commentaire blessant. Heureusement pour moi, cette jalousie-là a arrêté à partir du junior. »

À sa deuxième année comme novice, Martin décide de devenir gardien de but... une décision qu'il ne regrettera jamais.

AVEC SON PÈRE AU FORUM

Si Denis avait le privilège de recevoir des conseils d'illustres personnages tels que Butch Bouchard, le petit Martin avait la chance inouïe de côtoyer régulièrement les joueurs du Canadien et des Expos. Malheureusement pour lui, à l'époque où il commence à garder les buts et qu'il suit le paternel à l'occasion, il n'y a pas de modèle dont il peut vraiment s'inspirer à Montréal.

« J'aimais beaucoup accompagner mon père, mais je ne m'attardais pas vraiment au travail des gardiens. J'allais surtout au Forum dans les années de Denis Herron, Richard Sévigny et Steve Penney. Tous les trois étaient de bons gardiens, mais aucun d'entre eux n'était mon idole, précise Martin. Quand j'avais la chance d'aller au Forum, j'aimais surtout voir l'attitude des joueurs et comment ça se passait sur la patinoire ou près du vestiaire. Je me sentais privilégié de me retrouver dans cet environnement, et parfois, on amenait des amis. C'est aussi en suivant mon père que j'ai réalisé que tout se passe en anglais dans le monde du hockey. La langue peut être une barrière importante pour un jeune Québécois ou un jeune Russe et moi, j'ai pu le réaliser très rapidement.

« Sans le savoir, les joueurs professionnels m'ont appris énormément, surtout ceux du baseball, poursuit-il. Quand mon père rentrait à la maison, il racontait ses journées de travail à ma mère et il avait souvent à redire sur l'attitude des joueurs à son égard. J'entendais ses histoires et ça rentrait inconsciemment dans ma tête. Une journée, il pouvait arriver deux heures après l'heure prévue parce qu'un joueur des Expos l'avait fait poireauter. Le lendemain, il pouvait rater un de mes matchs, car un joueur du Canadien avait oublié son rendez-vous et mon père avait été obligé de courir après lui pour pouvoir finir ses photos. Je n'ai jamais oublié ça, et parfois, quand ça me tente moins d'aller voir un journaliste ou un photographe, je pense à mon père et je sais à quel point c'est important pour l'individu qui m'attend que je respecte mes engagements. »

JAMAIS DE HOCKEY L'ÉTÉ

Pour Martin, les visites au Stade olympique se veulent aussi intéressantes que celles au Forum, car pendant l'été, il troque ses jambières pour un gant de baseball. Doué d'un talent certain pour ce sport, il a toujours évolué au niveau AA. Il excelle à l'arrêt-court et se débrouille aussi très bien au monticule. Il se retrouve notamment au sein de la même équipe que Tony Marabella, ancien espoir des Expos.

« Les Expos étaient populaires dans les années 1980 et j'ai grandi dans le sillon de mon frère Claude. J'adorais ça ! J'ai aussi beaucoup joué au golf entre 10 et 15 ans. Je faisais partie du club de golf junior de Saint-Léonard, et chaque jour, on prenait l'autobus pour aller disputer au moins une ronde au terrain Montcalm de Saint-Liguori.

« Je ne jouais pas au hockey, l'été, de continuer Martin. Maintenant, c'est rendu stupide. Les jeunes jouent à peu près 11 mois par année et au New Jersey, à bien y penser, c'est pas mal

12 mois par année. Quand j'étais jeune, l'été, je jouais au golf et au baseball, et il était hors de question que je manque une de ces activités pour aller à un camp de hockey. Mon père a toujours insisté sur le fait qu'il était primordial de pratiquer d'autres sports. »

Même au milieu des années 1980, les Brodeur font plutôt bande à part à ce chapitre. À l'été de 1986, les jeunes qui passent du pee-wee au bantam sont invités à un camp de mise en forme, au début du mois d'août. Au même moment, l'équipe de baseball pee-wee AA de Martin est au plus fort de la course aux séries éliminatoires.

« Si je me souviens bien, raconte Denis, c'était une nouvelle politique de Hockey Québec cette affaire-là. Le règlement stipulait que si le joueur n'allait pas à ce camp de mise en forme, il ne pouvait pas se présenter ensuite au vrai camp du bantam AA. J'avais téléphoné aux organisateurs et je leur avais dit que ça ne donnait rien d'aller à ce camp-là, car, de toute façon, Martin manquerait trop souvent à cause du baseball. Ça avait rouspété à l'autre bout du fil et je leur avais dit que c'était correct comme ça, que je changerais pas d'idée et qu'ils n'avaient qu'à pas inviter mon gars au camp de sélection du bantam AA si ça ne faisait pas leur affaire. »

« Il y avait eu de la politique d'aréna, renchérit Martin. Les dirigeants avaient appliqué leur règlement et j'avais été exclu du camp bantam AA. Dans le fond, comme j'étais un joueur de première année, ça avait été une très bonne excuse pour ne pas me prendre, car j'étais bien meilleur que ceux qui avaient été sélectionnés. J'ai donc joué bantam BB et ce fut la pire saison de ma vie. Quand tu descends de calibre, il y a pas que les joueurs qui sont moins forts… Les entraîneurs sont souvent moins bons et, cette année-là, disons que c'était très ordinaire. »

MARTIN PREND SA RETRAITE

Lors de cette saison de 1986-1987, Martin Brodeur est venu vraiment très près d'accrocher ses jambières. Dans le monde sérieux et autoritaire du hockey mineur, la victoire passe souvent bien avant les intérêts personnels des enfants et certains adultes comprennent difficilement qu'il existe aussi une vie en dehors de l'aréna.

Après les fêtes, Martin s'absente d'abord pour quelques jours en raison du décès de Simone, sa grand-mère paternelle. Quelques semaines plus tard, toute la famille va rejoindre Denis, qui travaille à West Palm Beach où, chaque printemps, il immortalise sur pellicule le camp d'entraînement des Expos. Pour les Brodeur, quand arrive la semaine de la relâche scolaire, ce périple est un incontournable. Non seulement la famille échappe au dernier souffle des rigueurs de l'hiver québécois, mais en plus, les enfants passent des moments inoubliables à côtoyer les vedettes du baseball majeur.

Par contre, quand Martin est en Floride, il n'est pas avec son équipe de hockey. Frustré par la situation, l'entraîneur se venge à sa manière lorsque le jeune homme revient de voyage. Le système de rotation qui prévalait devant le filet ne tient plus et Martin est cloué au banc. Après s'être contenté d'un rôle d'observateur pendant quatre ou cinq parties, il décide qu'il en a assez. Le plaisir n'est plus au rendez-vous. Il quitte le hockey et profite des derniers soubresauts de l'hiver en s'adonnant au ski alpin avec ses amis.

« Je me souviens très bien de cette histoire-là, raconte Guy Martin, un ami d'enfance de Martin, en levant les yeux au ciel. Je marchais dans la rue avec mon frère Yvan quand on a croisé Martin. On lui a demandé comment ça allait et il nous a dit qu'il avait lâché le hockey. On n'y croyait pas, mais il était très sérieux ! »

Oui, Martin est très sérieux… mais son frère Claude n'est pas d'accord. Si Denis et Mireille comprennent et respectent la décision de leur plus jeune fils, l'aîné des garçons s'objecte et les choses n'en restent pas là.

« J'ai attrapé Martin et je lui ai parlé, relate Claude sur un ton encore assez autoritaire. S'il n'avait pas été un bon gardien, je l'aurais laissé faire et je l'aurais encouragé à faire du ski. Mais je voyais qu'il avait beaucoup de talent. Je lui ai dit de finir son année, que tout allait se replacer la saison prochaine. La pire affaire qui pouvait lui arriver, c'était d'arrêter de jouer au hockey. »

— Dans 20 ans, tu vas te dire « Maudit que j'aurais donc dû continuer à jouer. » Regarde-moi, Martin, je suis l'exemple parfait. J'ai joué dans les filiales des Expos et je me suis déchiré une épaule. Jamais je saurai ce qui aurait pu m'arriver si j'avais pas été blessé. J'aurais peut-être réussi... peut-être pas. Mais je vais toujours avoir un doute. Rappelle ton *coach* pis tes amis et retourne avec ton équipe.

« Si mon frère Claude n'avait pas été là, je n'aurais peut-être plus jamais joué au hockey, dit Martin. Je n'avais plus de plaisir. Dans la vie, c'est certain qu'à l'occasion, on est obligé de faire certaines choses qui nous intéressent moins, mais quand je décide de m'engager dans une activité, c'est parce que j'en ai envie et que ça m'amuse. C'est encore comme ça aujourd'hui. J'aime jouer au hockey et j'ai du *fun*. Un jour, ça va me frapper ; je n'aurai plus de *fun* à jouer au hockey... Je prendrai alors ma retraite. »

LE DÉBUT DES CHOSES SÉRIEUSES

Claude avait vu juste. Martin termine cette saison difficile, puis tout rentre dans l'ordre lors de sa deuxième année comme bantam, alors qu'il se taille aisément une place au sein de l'équipe AA, dirigée par Marc Lamontagne.

À la fin de la saison, Martin est l'un des quatre gardiens de but invités au camp de sélection de l'équipe du Québec qui ira représenter la province au Championnat du monde des moins de 17 ans. Le jeune homme est étonné d'avoir été choisi.

« On n'avait pas une bonne équipe avec Montréal-Bourassa, explique-t-il sans hypocrisie. D'ailleurs, la première fois que j'ai réellement gagné quelque chose comme gardien de but... c'était la coupe Stanley. Je n'avais aucune idée de ce que pouvaient être mes statistiques. Les moyennes de buts alloués n'étaient pas calculées, je ne savais pas combien je pouvais avoir donné de buts. Je ne savais même pas mon nombre de victoires et de défaites ! J'étais le seul gars de Bourassa qui avait été choisi pour tenter sa chance avec l'équipe du Québec et, honnêtement, je me demandais même pourquoi on m'avait invité à ce camp-là ! »

Martin était probablement le seul à se poser autant de questions ! Les dirigeants de la formation savaient bien ce qu'ils faisaient en conviant le gardien léonardois à la sélection. Brodeur fait d'ailleurs partie du groupe qui s'envole vers Calgary pour le tournoi national. « Je ne savais pas trop à quoi m'attendre et je n'en revenais tout simplement pas qu'on parte en avion pour aller jouer au hockey ! J'ai joué tous les matchs là-bas et, à partir de ce moment-là, je me suis dit que j'allais sûrement être assez bon pour jouer midget AAA, ce qui ne m'avait jamais réellement effleuré l'esprit auparavant. »

De retour au Québec, Martin célèbre son 16e anniversaire de naissance et commence à peine à réaliser toute l'ampleur de son énorme potentiel. Lors de cet été de 1988, il participe à une école de hockey pour la toute première fois de sa vie. Et pas n'importe laquelle, puisqu'il travaille pendant une semaine sous la direction du grand Vladislav Tretiak, de passage à Montréal comme enseignant. Le célèbre gardien russe aime tellement le savoir-faire de l'adolescent que Martin sera son adjoint lors de ses passages subséquents dans la province.

Durant la même période, Martin s'adonne aussi pour la première fois au hockey d'été – il s'agit du fameux hockey AAA, maintenant si populaire auprès des jeunes, qui en est, à l'époque, à ses premiers balbutiements. Brodeur est recruté au sein d'une formation de Laval avec qui il participe à deux tournois d'élites. Malheureusement, avec les années, Martin a oublié le nom de celui qui dirigeait cette équipe d'étoiles. Sans même s'en rendre compte, cet homme a changé la façon de travailler du jeune Brodeur. S'il a oublié le nom de cette personne, Martin a encore fraîchement en mémoire la conversation qui a tout changé dans sa manière de garder les filets.

« Martin ! T'es tout un gardien de but… Mais la différence entre l'autre gardien et toi, c'est qu'il est capable de jouer la rondelle alors que toi, tu ne fais jamais rien avec. Tu devrais travailler là-dessus. Tu devrais aussi faire attention à ta posture. Quand la rondelle est à l'autre bout de la patinoire, t'as l'air nonchalant», relate Martin en citant son entraîneur du moment.

« Ça m'avait frappé, ces deux points-là, poursuit-il. J'ai pris ça à cœur et j'ai travaillé fort là-dessus en arrivant au midget AAA. J'ai lancé des rondelles tout l'été et je me suis amélioré énormément parce que ce monsieur-là m'avait dit ça. »

La transition au midget AAA s'effectue donc sans heurts pour Martin, qui présente une fiche de 13 victoires et 12 revers avec le Canadien de Montréal-Bourassa, alors guidé par Norman Flynn. Au cours de cette saison, le cadet de la famille Brodeur réalise aussi un rêve d'enfance en participant au tournoi midget de Saint-Léonard.

« Aussi loin que je me souvienne, à chaque année, je passais tout mon temps libre au tournoi et je donnais un coup de main comme je pouvais. J'aimais bien aller porter des morceaux d'oranges ou du jus aux joueurs après les matchs. Je les regardais jouer et je les trouvais tellement forts. Je me disais que je ne serais jamais assez bon pour participer à ce tournoi-là. Je me disais qu'il fallait être malade pour garder les buts contre des gars qui avaient d'aussi bons *slap shots* ! »

C'est maintenant à son tour d'impressionner les jeunes et il s'en promet énormément. Toutefois, le rêve vire pratiquement au cauchemar lors de la première rencontre, alors que Montréal-Bourassa affronte une équipe de la Colombie-Britannique. Martin quitte précipitamment son filet pour aller harponner la rondelle à la ligne bleue, car un adversaire risque de se retrouver seul contre lui. Martin plonge, rate le disque et glisse pratiquement jusqu'en zone centrale. Le but n'est qu'une formalité pour son rival. C'est la honte ! L'entraîneur, Norman Flynn, est hors de lui et retire son gardien au profit d'Éric Raymond. Ce dernier connaît tout un tournoi et le Canadien de Montréal-Bourassa remporte les grands honneurs de la compétition. Martin rentre à la maison avec une médaille au cou, mais il n'a pas encore réellement connu l'effervescence et l'euphorie qui envahissent brusquement le corps des vainqueurs après le dernier coup de sifflet.

REPÊCHÉ PAR SAINT-HYACINTHE

Comme l'ont fait avant lui son père, Denis, et son frère Claude, Martin songe à aller tenter sa chance du côté des États-Unis. Pierre McGuire, aujourd'hui analyste réputé à TSN et NBC, est celui qui courtise le clan Brodeur le plus sérieusement. À l'emploi de St. Lawrence University, McGuire avait déjà réussi à convaincre Daniel Laperrière ainsi que Martin et Éric Lacroix de joindre les rangs de cette vénérable institution d'enseignement située dans l'État de New York.

« Je suis allé passer un week-end là-bas, le temps de bien visiter le campus et d'assister à une rencontre des Saints, l'équipe de la place. On a pris soin de nous, on nous a amenés manger et j'ai décidé d'aller jouer à St. Lawrence après la conclusion de mon stage midget AAA. »

Même si la vie et le programme d'études offert là-bas l'attirent passablement, il y a toutefois un petit irritant avec St. Lawrence University : Martin ne jouera peut-être pas très souvent. L'équipe compte déjà sur les services d'un dénommé Les Kuntar. C'est un nom qui ne dit peut-être rien aux plus jeunes, mais les plus vieux se souviennent fort probablement de cet Américain repêché en sixième ronde par le Canadien en 1987, qui allait éventuellement disputer un total de six parties dans l'uniforme du Tricolore lors de la saison de 1993-1994.

« Il lui restait encore deux ans à St. Lawrence. Comme le calendrier universitaire ne comptait qu'une trentaine de parties, je calculais ça et je me disais que je ne verrais pas beaucoup d'action pendant les deux prochaines années… Mais ça m'intéressait quand même d'y aller. J'ai donc décidé d'examiner ce que les autres écoles américaines pouvaient me proposer et je me suis retrouvé avec une douzaine d'offres sur la table, de la part de différentes universités. »

De son côté, Denis se renseigne auprès du Canadien. Alors qu'il s'affaire à prendre des photos au Forum, il sonde l'opinion du « prof », Ronald Caron ; de l'entraîneur, Jean Perron ; et même du directeur général, Serge Savard. Les trois hommes lui donnent la même réponse : « Si ton fils est très bon à l'école et que tu penses que sa carrière s'arrêtera après le junior, dis-lui d'aller aux États-Unis. Mais s'il a le potentiel pour aller loin, qu'il aille dans la LHJMQ. Il va disputer beaucoup de matchs et il va voir beaucoup de lancers dans cette ligue-là. »

Malgré son jeune âge, Martin prend le temps de mûrir sa décision et d'analyser consciencieusement les diverses options qui s'offrent à lui. Même si l'aventure de la NCAA demeure un choix très intéressant, la LHJMQ n'est pas totalement écartée de ses pensées pour autant. Il décide donc, de concert avec ses parents, de jouer au Québec si une équipe le sélectionne au cours des deux premières rondes du repêchage. S'il est choisi plus tard, il fera ses valises et ira s'installer au pays de l'Oncle Sam, où d'alléchantes bourses d'études l'attendent.

« Il y avait 13 équipes au sein de la LHJMQ en 1989, ce qui fait que je devais sortir parmi les 26 premiers joueurs, sinon je quittais pour les États-Unis. Les deux premières rondes se sont déroulées sans que mon nom soit prononcé. C'était donc pas mal réglé dans ma tête. »

Il n'a pas été repêché pendant les deux premières rondes, mais c'est passé bien près. Martin est choisi 27e au total. Il est le tout premier choix… de la troisième ronde. Comme il avait annoncé ses couleurs, il est inondé d'appels en provenance des universités américaines. Mais après avoir étudié la question de long en large, il opte quand même pour la LHJMQ.

« C'est le Canadien junior de Verdun qui m'a repêché et il ne lui restait qu'un seul gardien : Yanick DeGrâce. L'autre avait terminé son stage junior. Je voyais donc qu'en allant à Verdun, j'aurais probablement la chance de jouer tout de suite. L'équipe est déménagée à Saint-Hyacinthe pendant l'été, et quelques semaines plus tard, je me taillais une place avec le Laser. »

SOUS LES RÉFLECTEURS À SAINT-HYACINTHE

La saison du Laser n'est vieille que d'un mois, et déjà, des dépisteurs de la LNH viennent épier Martin pratiquement à chaque match. Tout a déboulé plutôt rapidement depuis un an et demi et, à ce moment, le jeune gardien prodige n'a toujours pas d'agent qui travaille pour lui. En fait, dénicher une personne compétente pour le représenter ne figure même pas encore dans les plans.

Un journaliste local à la recherche d'un peu de publicité clame toutefois à qui veut l'entendre qu'il a le mandat de veiller sur les intérêts de Martin. Quand il aperçoit un dépisteur à l'aréna L.-P. Gaucher de Saint-Hyacinthe, l'hurluberlu en question va à sa rencontre pour lui parler de son jeune protégé. Accompagné par son bon ami Christian Bergeron, Claude Brodeur rate très rarement les matchs de son frère et les potins d'aréna se rendent rapidement à ses oreilles. Il a vent de ce qui se trame et une petite visite de courtoisie s'impose auprès de l'usurpateur. Cette histoire somme toute banale se règle sans incident, mais cet épisode sonne une cloche chez les Brodeur : Martin est devenu un joueur convoité qui attire l'attention. Le repêchage de la LNH a lieu dans moins de sept mois au BC Place de Vancouver. Il faut lui trouver un agent fiable et crédible qui fera du bon boulot et qui « connaît le tabac ».

Comme Denis connaît des gens, les approches se font rapidement et facilement. Quelques agents défilent devant les Brodeur et on décide finalement de faire confiance à Gilles Lupien, même s'il n'est pas, à l'époque, le plus expérimenté du groupe. Contrairement à certains autres, l'ancien joueur du Canadien ne possède pas une écurie surpeuplée et offre un service personnalisé. Le plan qu'il propose plaît à Martin et il servira adroitement son jeune protégé dans les premières années de sa carrière.

« C'était important de prendre un gars du Québec et c'est lui qui nous offrait la meilleure structure », explique Martin.

Si l'affaire du faux agent en quête de notoriété est venue légèrement perturber les premiers pas de Martin dans le hockey junior, sur la patinoire, les choses se déroulent relativement bien pendant cette première année dans la LHJMQ. Il faut dire que le jeune portier se retrouve en terrain connu. Pendant l'été, les dirigeants du Laser ont embauché son ancien entraîneur, Norman Flynn, pour prendre les rênes de l'équipe. En acceptant le poste, il emmène avec lui Mario Baril, son entraîneur des gardiens avec Montréal-Bourassa. Martin ne pouvait demander mieux pour bien vivre son passage chez les juniors.

Martin a connu trois belles saisons dans la LHJMQ avec le Laser de Saint-Hyacinthe.

« Mario Baril était écœurant ! de s'exclamer Martin en souriant à pleines dents. Ce n'était peut-être pas le meilleur *coach*, techniquement parlant, mais il me disait toujours de bonnes choses. Ses commentaires m'aidaient à me sentir bien. Je me souviens entre autres choses qu'il me répétait constamment la même phrase : "Martin, il faut toujours que tu laisses planer un doute dans la tête de l'adversaire. Reste debout, jette-toi par terre, essaie de harponner la rondelle… Varie ta façon de faire et les adversaires ne sauront jamais à quoi s'en tenir avec toi." Je n'ai jamais oublié cette philosophie-là et ça m'a beaucoup aidé. Après ma deuxième année junior, je suis allé rejoindre les Devils pour quelques séances d'entraînement et on faisait des fusillades à la fin des pratiques. Une bonne journée, Brendan Shanahan était venu me voir et il m'avait dit : "Je trouve ça vraiment difficile de marquer en échappée contre toi, le jeune ! On sait jamais ce que tu vas faire." Sur le coup, j'ai immédiatement pensé à Mario, qui me chantait ça à répétition depuis quelques années ! Et là, ça venait d'un joueur établi de la LNH. »

Quand il repense à cette première année dans les rangs du junior, Denis rigole en pensant à une anecdote qui l'avait inutilement troublé pendant quelques jours. « Dans le temps, la référence en hockey junior, c'était Marc Lachapelle du *Journal de Montréal*. Cette année-là, à un moment donné, Martin avait donné des mauvais buts dans quelques parties de suite et Lachapelle avait écrit qu'il avait peut-être des problèmes de vision. On avait pris rendez-vous chez l'optométriste pour un examen de la vue et les yeux de Martin étaient corrects, poursuit-il. Gilles Lupien m'avait téléphoné à la maison et il était allé à Saint-Hyacinthe pour rencontrer Martin et le rassurer un peu. Gilles a fait de la méchante bonne job avec notre fils. »

LES DEVILS CHERCHENT UN GARDIEN

Sans avoir besoin de lunettes, Martin termine sa première année junior avec brio. Participant à 42 parties, il présente une fiche de 23 gains, 13 revers et 2 verdicts nuls. De telles statistiques lui valent d'être élu au sein de l'équipe d'étoiles des joueurs recrues.

Les recruteurs professionnels lui démontrent énormément d'intérêt. Durant cette saison-là, la LNH compte 21 formations dans ses rangs et 17 d'entre elles délèguent un éclaireur à Saint-Hyacinthe pour rencontrer en personne le jeune prodige. Mais Martin n'a pas besoin d'une boule de cristal. Pour lui, il est très clair que les Devils du New Jersey l'ont dans leur mire.

« Le gars des Devils est venu à Saint-Hyacinthe et il s'est assis tout juste derrière mon but pour m'épier pendant cinq jours de suite lors des matchs et des entraînements. Ce n'était pas n'importe quel dépisteur, c'était le vrai entraîneur des gardiens des Devils, Warren Strelow. Sa mission, c'était de trouver le meilleur gardien de but possible pour la première ronde... C'était tout ce que Lou Lamoriello voulait, au printemps de 1990. Cette année-là, on parlait surtout de Trevor Kidd et de moi, mais il y avait aussi Félix Potvin, qui n'avait pas été choisi l'année d'avant. Par contre, il avait un an de plus que nous. »

C'est donc accompagné de son père que Martin fait le trajet jusqu'à Vancouver. Dans les gradins, ils se retrouvent en compa-

Le 16 juin 1990, Martin sourit à pleines dents après avoir été sélectionné en première ronde par les Devils du New Jersey. Déjà bien nanti devant le filet avec Patrick Roy, le Canadien qui choisissait au 12e rang avait préféré opter pour Turner Stevenson.

gnie des autres clients de Gilles Lupien admissibles au repêchage, soit Enrico Ciccone, Gino Odjick et Félix Potvin.

Malgré l'intérêt flagrant manifesté par les Devils, Martin se retrouve tout de même classé au milieu de la seconde ronde par la centrale de recrutement de la LNH. Comme Lou Lamoriello montera au podium le 11e, Martin n'est pas nerveux puisqu'on prévoit qu'il sera repêché autour du 30e rang. Pendant la séance, le futé directeur général du New Jersey cède son choix de première ronde aux Flames de Calgary en retour de leur propre sélection du premier tour. L'équipe des Prairies, alors sous la gouverne de Cliff Fletcher, fait ainsi plaisir à ses partisans en mettant la main sur Trevor Kidd, qui n'a pas grandi très loin de là, à Brandon, au Manitoba.

« Là, je ne comprenais plus trop ce qui se passait. Trevor Kidd était classé 20e et le Canadien choisissait tout de suite après Calgary, au 12e rang. Je n'étais pas nerveux avant, mais là, j'ai commencé à l'être ! J'avais déjà rêvé de jouer pour le Canadien, mais Patrick Roy était là. Finalement, le groupe de Serge Savard a décidé de prendre Turner Stevenson. Je me suis dit qu'ils allaient peut-être me repêcher en deuxième ronde.

« Un peu plus tard, arrive enfin le choix des Flames qui avait été cédé aux Devils. C'était la 20e sélection au total. Et voilà que je suis repêché par le New Jersey ! Je n'en revenais tout simplement pas ! Je ne pensais jamais sortir en première ronde ! »

« La grande chance de Martin, dans sa vie, a été que le Canadien lui préfère Turner Stevenson, confie Denis sans hésitation. Ça a été le plus gros *break* de sa carrière, surtout que je savais que Claude Ruel l'aimait beaucoup. Si Montréal l'avait pris, il se serait retrouvé derrière Patrick Roy. Il n'aurait pas joué et il aurait peut-être poireauté à Sherbrooke, dans la Ligue américaine. »

Martin Brodeur n'a cependant pas perdu son temps dans les filiales des Devils, à Utica. Au contraire, on pourrait même dire qu'il a brûlé des étapes, car trois ans plus tard, à 21 ans, il devenait le gardien numéro un au New Jersey... Une place qu'il occupe encore aujourd'hui avec beaucoup de panache.

Depuis la sélection de Martin en 1990, à Vancouver, Lou Lamoriello n'a plus jamais demandé à ses dépisteurs de lui trouver un jeune gardien de but prometteur pour le repêchage.

LES CONSEILS DE MARTIN

« Pour connaître du succès dans une équipe, je trouve que c'est très important de pratiquer également un sport individuel. Dans une équipe, on travaille beaucoup sur l'aspect collectif et on peut, à l'occasion, se fier à nos coéquipiers. Mais c'est bon de savoir où se situent nos propres limites comme athlète. Peu importe que ça soit le tennis ou le golf, dans un sport individuel, tu as la possibilité de développer cet aspect où tu ne peux pas te fier aux autres afin de connaître du succès.

« Souvent, ce qui arrive dans un sport d'équipe comme le hockey, c'est que tu peux te mouler dans un trio, et même si tu travailles moins bien, l'équipe va quand même gagner sans toi. C'est facile à ce moment-là de se laisser aller. Dans un sport individuel, si tu flânes, tu ne peux pas gagner.

« Ça, c'est un conseil pour ceux qui visent l'excellence.

« Je suis devenu un meilleur gardien de but parce que j'ai beaucoup joué au golf dans ma jeunesse. Quand tu rates un petit roulé de trois pieds, tu ne peux blâmer personne d'autre que toi. J'ai la même approche au hockey. »

LES CONSEILS DE DENIS

« Mon conseil n'est pas très sorcier ! Je dirais tout simplement qu'il est très important de laisser aller les jeunes. Il faut les encourager et ne pas leur crier après quand ça va mal. Si votre gars donne un mauvais but, ce n'est pas grave… Des mauvais buts, dans la LNH, on en voit tous les soirs. Quand ça va mal pour le jeune, le plus important, c'est d'être là pour l'encourager et lui remonter le moral.

« Je pense aussi qu'il est très souhaitable que les enfants ne jouent pas au hockey l'été. »

LES CONSEILS DE CLAUDE

« Mon conseil, ça revient un peu à ce que j'ai vécu comme athlète et c'est aussi l'essence de mon intervention auprès de Martin quand il a voulu lâcher le hockey.

« Ce que je voudrais dire à un jeune, c'est : "Va au bout de tes rêves. Travaille fort et accroche-toi jusqu'à ce qu'on te dise officiellement que tu n'es plus assez bon pour continuer. Quand ça arrive, passe à autre chose en te disant que tu as fait ton possible." »

MARTIN BRODEUR

Né le 6 mai 1972 à Montréal, Québec
Gardien
6 pi 2 po
215 livres
Repêché par le New Jersey en 1re ronde en 1990
20e choix au total

	SAISON RÉGULIÈRE						SÉRIES			
	SAISONS	VICTOIRES	DÉFAITES	NULLES/ DÉF. PROL.	JEUX BLANCS	MOYENNE	VICTOIRES	DÉFAITES	JEUX BLANCS	MOYENNE
Mtl-Bourassa midget AAA	1988-1989	13	12	1	0	3,72	0	3	0	3,99
St-Hyacinthe LHJMQ	1989-1990	23	13	2	0	4,01	5	7	0	4,07
St-Hyacinthe LHJMQ	1990-1991	22	24	4	2	3,3	0	4	0	4,14
St-Hyacinthe LHJMQ	1991-1992	27	16	4	2	3,39	2	3	0	2,65
New Jersey LNH		2	1	0	0	3,35	0	1	0	5,63
Utica LAH	1992-1993	14	13	5	0	4,03	1	3	0	4,19
New Jersey LNH	1993-1994	27	11	8	3	2,4	8	9	1	1,95
New Jersey LNH	1994-1995	19	11	6	3	2,45	16	4	3	1,67
New Jersey LNH	1995-1996	34	30	12	6	2,34				
New Jersey LNH	1996-1997	37	14	13	10	1,88	5	5	2	1,73
New Jersey LNH	1997-1998	43	17	8	10	1,89	2	4	0	1,97
New Jersey LNH	1998-1999	39	21	10	4	2,29	3	4	0	2,82
New Jersey LNH	1999-2000	43	20	8	6	2,24	16	7	2	1,61
New Jersey LNH	2000-2001	42	17	11	9	2,32	15	10	4	2,07
New Jersey LNH	2001-2002	38	26	9	4	2,15	2	4	1	1,42
New Jersey LNH	2002-2003	41	23	9	9	2,02	16	8	7	1,65
New Jersey LNH	2003-2004	38	26	11	11	2,03	1	4	0	2,62
n'a pas joué	2004-2005									
New Jersey LNH	2005-2006	43	23	7	5	2,57	5	4	1	2,25
New Jersey LNH	2006-2007	48	23	7	12	2,18	5	6	1	2,44
New Jersey LNH	2007-2008	44	27	6	4	2,17	1	4	0	4
TOTAL LNH		**538**	**290**	**125**	**96**	**2,2**	**95**	**74**	**22**	**1,97**

1990 Équipe d'étoiles des recrues LHJMQ

1992 Deuxième équipe d'étoiles de la LHJMQ

1994 Équipe d'étoiles des recrues LNH

1996 Représente le Canada à la Coupe du monde

1998 Représente le Canada aux Jeux olympiques de Nagano (ne dispute aucun match)

2002	Remporte l'or avec le Canada aux Jeux olympiques de Salt Lake City (4 victoire, 0 défaite, 1 nulle, moyenne de buts alloués de 1,80)
2004	Remporte la Coupe du monde avec le Canada et est nommé sur l'équipe d'étoiles
2006	Représente le Canada aux Jeux olympiques de Turin (2 victoire, 2 défaites, moyenne de buts alloués de 2,02)

Trophées LNH

Trophée Calder (recrue de l'année) :	1994
Coupe Stanley :	1995, 2000, 2003
Trophée Vézina (meilleur gardien) :	2003, 2004, 2007, 2008
Trophée Jennings (meilleure moyenne d'équipe) :	1997, 1998, 2003, 2004
Match des étoiles LNH :	1996, 1997, 1998, 1999, 2000, 2001, 2003, 2004, 2007

Le 17 avril 1997, Martin Brodeur a aussi compté un but lors d'un match de séries contre le Canadien.

REMERCIEMENTS

Ce projet n'aurait jamais vu le jour si je n'avais moi-même été père de trois jeunes sportifs accomplis.

Depuis déjà quelques années, Guillaume, Daphnée, Pénélope et leurs amis me bombardent quotidiennement de questions sur les habitudes de leurs héros, mais aussi sur leur jeunesse. Qu'ont-ils fait autrefois pour réussir à devenir des hockeyeurs professionnels ? Comme je passe mes hivers dans les vestiaires de la LNH, je devrais bien savoir si les joueurs mangeaient beaucoup de légumes à douze ans ou s'ils s'entraînaient déjà en gymnase à dix ans. Que de questions sans réponses ! En bon papa, je me suis intéressé à reconstituer le cheminement de ces athlètes exceptionnels et j'ai découvert que chaque enfance était parsemée d'anecdotes savoureuses et de moments très étonnants... Et voilà qu'au fil des conversations, l'idée de ce livre a fait son petit bonhomme de chemin.

Merci donc à nos trois sportifs qui nous tiennent si occupés, mon épouse Nathalie et moi, mais qui chaque jour remplissent nos vies de rayons de soleil éblouissants... et qui, à l'occasion, m'inspirent aussi !

Inspiration ou pas, ce livre n'aurait jamais vu le jour si les joueurs et leurs familles n'avaient pas accepté de dévoiler une partie importante de leur vie et je les remercie sincèrement d'avoir raconté leurs histoires sans pudeur ou fausse modestie.

Merci aussi à mon ami et collègue Stéphane Leroux, la référence au Québec en matière de hockey junior.

CRÉDITS PHOTOGRAPHIQUES

Vincent Lecavalier :
pages 15, 29, 40 et page 1 du cahier-photos, photo du haut : archives de la famille Lecavalier.

Steve Bégin :
pages 50, 58, 70, 75, 77 et page 2 du cahier-photos : archives de la famille Bégin.

Roberto Luongo :
pages 81, 83, 87, 90, 98 et page 3 du cahier-photos : archives de la famille Luongo.

André Roy :
pages 105, 106, 123 et page 4 du cahier-photos : archives de la famille Roy.

Simon Gagné :
pages 132, 137, 141 et page 5 du cahier-photos : archives de la famille Gagné.

Ian Laperrière :
pages 166, 169, 181 et page 6 du cahier-photos : archives de la famille Laperrière.

Francis Bouillon :
pages 189, 190, 194, 211 et page 7 du cahier-photos, photos du haut : archives de la famille Bouillon.

Martin Brodeur :
pages 230, 235, 245, 247 et page 8 du cahier-photos : archives de Denis Brodeur.

Un merci tout particulier à Denis Brodeur pour son aimable collaboration.

TABLE DES MATIÈRES

Réimprimé en octobre 2008
sur les presses de Transcontinental,
Louiseville, Québec.